KB057858

중국 동북지역과
한민족

중국 동북지역과 한민족

잊혀져 가는 역사의 흔적을 찾아서

곽승지 지음

도서 출판 모시는사람들

일러두기

1. 한민족이 중국 동북지역과 맺어온 인연을 다룬 이 글의 특성상 우리 민족을 지칭해야 하는 경우가 많다. 우리 민족을 총칭할 경우에는 기본적으로 한민족이라는 용어를 사용했다. 그러나 각 시대별로는 해당 시기의 왕조의 명칭을 차용해 고구려인, 발해인, 고려인 등으로 구별했다. 그리고 근대화 이후 중국 동북지역으로 이주해 이곳에서 독립운동을 전개한 사람들에 대해서는 조선인이라는 명칭을 주로 사용했다. 당시 우리 민족을 지칭할 때 한인 한족 대한인 부여족 조선인 등 다양하게 불렀지만 대체로 조선인(사람)이 많이 사용됐으며 현재 중국 동북지역에 살고 있는 동포를 지칭하는 조선족도 조선인의 연장선에서 이해할 수 있기 때문이다.
2. 대한민국(한국)을 지칭하는 명칭은 구한말 이후 몇 차례 변화를 거쳐 왔다. 고종이 1897 건원칭제를 통해 조선을 대한제국으로 칭하면서 나라 이름이 바뀌었다. 불과 13여년 만인 1910년 일제의 완전한 식민지로 전락하면서 대한제국은 사라졌다. 1919년 상해에 대한민국 임시정부가 수립되면서 대한이란 명칭이 다시 사용되었지만 이 역시 한민족이 보편적으로 사용할 수 있는 명칭은 아니었다. 조선이라는 이름이 보다 널리 사용되었기 때문이다. 이러한 이유로 이 글에서는 일제 식민지하에서의 나라의 명칭을 주로 조선으로 표기하였다.
3. 중국 동북지역을 다루면서 이 지역의 지명, 중국사람 이름 등의 발음을 표기할 경우가 많았는데 한국의 외래어표기법을 적용하기보다 한자 음역이든 중국식발음이든 한국인에 더 익숙한 표현을 사용하였다. 지명의 경우 옌볜과 옌지가 아니라 연변과 연길로, 인명의 경우 마오쩌뚱이 아니라 모택동으로 표기했다. 그러나 예외적인 경우도 있다. 하얼빈의 경우 한자음인 합이빈(哈爾濱/ 하얼빈) 보다 중국 조선족사회에서 일반적으로 사용하는 할빈으로 기술했다.
4. 중국 동북지역의 행정구역은 만주국 시기를 거치면서 많은 변화를 거쳤다. 따라서 독립운동의 무대로서 중국 동북지역의 지명은 당시의 명칭과 현재의 명칭이 다른 경우가 적지 않다. 이 경우 당시의 명칭이 중요하게 사용된 것은 그 명칭을 주로 사용하고 필요할 경우 병기하였다. 예컨대 '홍경(현재의 신빈)' 등이다.

1.

한민족과 중국 동북지역은 떼려야 뗄 수 없는 특별한 관계이다. 고대와 중세 역사는 말할 것도 없고 근현대 역사를 통해서도 확인할 수 있다. 그런 만큼 많은 한국인들이 이곳을 찾으며 이 지역에 관심을 표명해 왔다. 그럼에도 한국인들의 중국 동북지역에 대한 관심은 매우 표피적인 것 같다. 발해와 고구려 심지어 고조선의 역사를 들먹이며 이 땅의 연고(?)를 말하지만 단지 광대한 영토를 가졌던 그때를 그리워하는 감상적 표현에 지나지 않을 뿐이다. 근대 이후 일제의 지배하에서 이곳이 독립운동의 무대였음을 말하며 지정학적 의미를 되새기지만 그 역시 특별한 마음을 담은 것으로 보이진 않는다.

연변에서 생활하며 이런저런 사람들을 만나면서 그런 생각은 더 분명해졌다. 여행차 이곳을 찾는 대부분의 사람들은 짧은 일정으로 백두산을 밟아 보려고 온다. 그러니 이 땅과 이곳에서 살아온 사람들의 역사에 별다른 생각이 있을 수 없다. 사업차 이곳을 드나드는 사람들의 다수도 이 땅과 이곳 사람들은 단지 돈벌이 수단일 뿐이다. 이 땅의 역사와 이곳 사람들이 겪었던 슬픈 역사는 그저 지나간 옛 얘기일 뿐이다. 그래도 이곳을 찾은 사람들은 표면적일지라도 무엇인가에 이끌림이 있었고 그로 인해 작은 울림이라도 경험했을지 모른다. 찾지 않은 사람보다는 낫다는 말이다. 그래서 한 사람이라도 더 이곳을 찾도록 하고 기왕에 이곳을 찾은 사람들이 더 많은 것을 느낄 수 있도록 해야 한다.

한민족에게 중국 동북지역은 특별한 감상이 필요한 곳이다. 이곳에는 근현대 한민족의 흔적이 켜켜이 쌓여 있으며 현재도 조선족동포들이 한민족의 역사를 만들고 있다. 중국 동북지역은 두만강과 압록강을 사이에 두고 한반도의 반쪽인 북한과 맞닿아 있다. 쉽게 갈 수 없는 닫힌 공간이지만 휴전선을 통해 바라보는 북녘 땅과 두만강 · 압록강 너머로 바라보는 북녘 땅의 느낌은 다르다. 중국 동북지역만이 우리에게 주는 특별한 선물인 셈이다. 또한 중국 동북지역은 한반도와 대륙을 연결할 수 있는 유일한 곳으로서 한민족이 대륙의 꿈을 안고 미래로 나아가기 위해서는 반드시 통과해야 하는 땅이다. 그래서 중국 동북지역은 한민족이 숙명과도 같이 껴안고 살아가야 할 그런 곳이다.

그러나 현실은 그렇지 않아 보인다. 한민족 주류인 한국 사회가 그렇게 생각하고 행동하지 않기 때문이다. 그러면 어떻게 한국 사람이 한 사람이라도 더 중국 동북지역의 지정학적 · 지경제적 · 지문화적 가치를 헤아리며 이곳을 찾도록 할 수 있을까? 어떻게 하면 중국 동북지역을 찾은 사람들이 이 지역 역사의 저변에 깔려 있는 한민족과 관련된 수많은 이야기를 들추어보게 할 수 있을까? 또한 한국 사람들이, 한민족이면서도 광복 후 한반도로 돌아가지 않고 이곳에 남아 중국 공민으로 살아온, 조선족동포들의 슬픈 역사를 돌아보며 그들을 이해하고 포용하게 할 수 있을까? 이런 생각들이 이 책을 저술하도록 떠밀었다. 중국 동북지역에 대한 단편적 역사기행문이나 조선족동포들에 대한 감상적 글들은 있지만 중국 동북지역의 역사와 문화를 한민족사의 관점에서 살펴보면서 미래 지향적 가치를 담은 종합적 안내서는 눈에 띄지 않기 때문이다.

2.

21세기의 새로운 역사적 트렌드 속에서 중국 동북지역은 동북아시아의 미래를 견인할 소통의 공간으로 주목받는다. 비록 아직 북한이 문을 닫아 소통의 중심으로서 제대로 기능하지는 못하지만 이 지역은 점점 주변 국가들의 관심의 대상이 되고 있다. 시간이 지난 후 북한이 변하면 남북 관계가 변하고, 남북 관계가 변하면 동북아시아 질서가 전반적으로 변하는 그런 날이 올 것이다. 그런 세상이 올 때 중국 동북지역은 명실상부하게 동북아시아의 중심으로 자리매김될 것이다. 당장은 북한의 변화 가능성이 불투명하고 동북아시아 역내 국가들 간의 영토와 역사 갈등이 예사롭지 않아 동북아시아공동체를 말하는 것이 섣부른 감이 없지 않지만 동북아시아 질서가 변하게 될 때면 동북아시아공동체의 비전도 더욱 투명해질 것이다.

그러면 한민족은 그런 미래를 준비하고 있나? 대답은 부정적이다. 남북 관계가 최악의 상황을 치닫고 있고 그로 말미암아 한국 사회의 남남갈등 수위도 높아졌다. 경제의 저성장이 구조화된 뉴노멀(New Normal)시대가 도래함으로써 경제 여건마저 악화되고 있다. 이런 상황에서는 현실 문제에 집착하기 마련이고 미래의 문제는 주된 관심사에서 멀어질 수밖에 없다. 그러나 조금 더 생각해 보면 그래서는 안 된다. 당장은 북한의 변화가 요원해 보이지만 10년쯤 후에는 크게 달라져 있을 수 있다. 실제로 21세기의 새로운 트렌드를 주목하며 북한의 변화와 통일의 실현 가능성을 낙관하는 전망이 심심치 않게 나온다.

동북아시아에서 새로운 질서가 전개되고 동북아시아공동체의 비전이 가시화될 때를 상상하면 우리가 지금 무엇을 해야 할지는 자명해진다. 중국 동북지역의 지정학적 가치를 올바로 평가하고 이곳에 사는 조선족동포들과의 좋은 관계를 맺어 함께 미래로 나아가기 위한 비전을 만드는 것은 중요한 과제 중의 하나이다. 그러나 중국 동북지역에 대한 관심은 표피적이고 조선족동포들과의 관계는 여전히 갈등적이다. 이를 어떻게 극복할 것인가? 여러 가지 방법이 있겠지만 무엇보다도 이 지역과 이곳에 사는 사람들의 역사와 문화를 이해하고 그것을 통해 바람직한 관계를 맺는 것이 중요하다.

이 책을 쓰게 된 동기는 여기서 출발했다. 중국 동북지역 땅의 역사와 한민족과의 끊으려야 끊을 수 없는 질긴 인연을 역내 국가와 민족과의 관계 맺기에 초점을 맞춰 살펴봄으로써 이 지역에 대한 관심을 제고하고, 근대 이후 이 땅에서 이루어진 한민족의 역사와 광복 후 이곳에 정착한 조선족동포들의 삶을 깊이 헤아리며 미래를 준비하려는 것이다. 보다 많은 사람들이 중국 동북지역을 찾고 이곳을 찾은 사람들이 너 나 할 것 없이 이 지역 역사의 저변에 깔려 있는 한민족과 관련된 이야기에 귀기울이도록 하려는 것이다. 또한 광복 후 동북아시아의 질서 재편 과정에서 고국으로 돌아가는 대신 이곳에 정착하기로 결심한 후 중국 공민으로 살아온 조선족동포들의 삶의 역정을 돌아보며 이들을 더 많이 이해하고 더 적극적으로 포용하기를 바라는 마음을 담고자 했다. 이는 과거의 문제가 아니라 현재의 문제일 뿐 아니라 미래의 문제이기 때문이다.

필자의 뜻이 독자들에게 전달된다면 이 책은 한국인들이 중국 동북지역을 다시금 생각하는 계기가 될 것이다. 그리하여 더 많은 사람들이 이 지역을 찾을 것이고 이 지역의 역사와 이곳에서 살아온 조선족동포들을 더 많이 이해할 것이다. 그러면 중국 동북지역의 지정학적 가치는 더 올바로 평가될 것이고 조선족동포들을 더 적극적으로 포용할 것이다. 그렇게 되면 한국 사회와 조선족 사회 간의 갈등적 요소는 크게 줄어들어 두 사회 간의 좋은 관계맺기가 이루어지리라 믿는다.

3.

　중국 동북지역은 한민족의 고대와 중세 그리고 근현대 역사와 직간접적으로 밀접히 연관되어 있다. 나아가 한민족의 현재는 물론 미래와도 결코 무관치 않은 곳이다. 역사의 굽이마다 한민족이 겪은 희로애락이 점철된 삶의 터전이었을 뿐 아니라 지금도 중국 공민으로서 조선족으로 불리는 한민족의 일원이 곳곳에 뿌리를 내리고 살아간다. 그리고 이곳은 한민족이 앞으로 대륙의 꿈을 안고 역내 여타 민족과 함께 더불어 살아가야 할 꿈과 희망의 미래 공간이기도 하다.

　그러나 오늘날 중국 동북지역은, 한민족에게는 과거의 향수에 젖어서 혹은 어쩌다 생각이 나면 들춰보는, 그래서 버리기는 아깝고 그렇다고 어쩌지도 못하는, 계륵과도 같은 그저 그런 땅으로 인식되는 듯하다. 중국 동북지역은 결코 그렇게 가벼이 대할 수 있는 곳이 아니다. 지난 역사 때문만이 아니다. 한민족의 현재는 물론 미래를 위해 이 지역의 가치는 온전히 평가되어야 한다.

　간도나 만주로 불려 온 이 지역은 동아시아가 근대를 맞이하는 과정에서 역내 질서 변동의 중요한 진원지였다. 근대 이전에도 요동으로 불려온 이 지역은 중국과 동북아시아에서의 질서 변화를 추동해 온 지역이었다. 지난 역사가 이 지역의 지정학적 가치가 특별함을 웅변한다. 중국 동북지역이 지닌 지정학적·지경제적·지문화적 가치는 소통의 시대인 21세기에 더 크게 빛을 발할 것이다.

　더 중요한 것은 중국 동북지역에서 펼쳐진 역동적인 역사가 결코 일원적이거나 단선적인 것이 아니라는 점이다. 이 지역은 역내의 민족과 민족, 나라와 나라, 그리고 문화와 문화가 융합하면서 새로운 것을 만들어 온 특별한 공간이었다. 이는 열린 세상을 지향하는 21세기의 새로운 시대적 트렌드에 부합할 뿐 아니라 갈등과 대립으로 점철된 근현대 이 지역 역사의 부정적 면면들을 훌훌 털어 버릴 자산이기도 하다.

중국 동북지역에 대한 우리의 관심은 바로 여기에서 출발해야 한다. 내 땅 네 땅을 주장하고 우리 역사 너희 역사를 논하는 편협함과 시대착오적인 배타적 인식을 떨쳐 버리고 그 융합의 과정을 이해하며 그 정신을 오늘에 되살려야 하기 때문이다. 그리하여 역내에 뿌리를 둔 모든 민족이 함께 어우러져 더불어 살아가는 공동체적 의식을 바탕으로 모두에게 꿈과 희망을 주는 열린 공간으로 만들어 가야 한다.

그러나 그것은 그렇게 쉽게 만들어지는 것이 아니다. 얽히고설킨 실타래를 풀려면 먼저 실타래를 차분하게 정리해야 하듯 중국 동북지역을 무대로 하여 일어난 지난 시기의 질곡의 역사를, 그리고 그 때문에 형성된 배타적 문화를 정리하지 않고는 새로운 미래로 나아갈 수 없다. 그것은 이 지역 역사와 문화의 재인식을 통해서만 만들 수 있다. 그것은 너와 나를 구분하는 것이 아니라 너와 내가 함께 미래로 나아갈 수 있다는 믿음 위에서 실천되어야 한다. 중국 동북지역 곳곳에 산재한 한민족이 겪은 지난 역사의 자취를 찾아 나선 것은 과거를 넘어 새로운 미래로 나아가기 위한 정지 작업인 셈이다.

그래서 이 책은 역사 문제에 천착하여 갈등과 대립을 부각시키기 위한 것이 아니다. 근대 이후 갈등과 대립의 공간이었던 중국 동북지역에서 어떻게 화합과 융합의 역사가 만들어졌는지, 한민족은 그 시간들을 어떻게 견디며 자신을 지키고 또 타인과 융합하며 살아왔는지를 현장의 모습과 거기서 살아온 사람들의 이야기를 통해 다시 한 번 헤아려 보려는 것이다. 그것은 또한 한민족과 역내 여타 민족들이 과거와 현재를 넘어 함께 미래로 나아가기 위해 인식을 확장하는 과정이기도 하다.

또한 이것은 중국 동북지역이 동북아시아의 심장지역(heartland)으로 기능하는 지정학적 가치를 들추어 보고, 역내의 질서 재편 과정에서 수많은 아픔을 겪은 한민족이 그 아픔을 견뎌낸 과정을 치유의 역사의 관점에서 정리하려는 것이기도 하다. 중국 동북지역의 지리적 특성을 이해하고 그 가치를 되새김으로써 갈등과 대립의 역사를 넘어 이 지역을 화합과 융합을 위한 미래의 꿈과 희망의 공간으로 자리매김하려는 발버둥이기도 하다. 따라서 이 글은 역사적인 문제를 적시하는 것 못지않게 한민족이 이 지역에서 살아온 삶의 융합 과정을 드러내는 데도 중점을 두고자 한다.

4.

그동안 한국인들은 중국 동북지역에 대한 관심이 제한적이었다. 그것은 한국인들이 중국 동북지역을 방문하는 유형에서도 유추해 볼 수 있다. 그 유형은 대략 다음과 같이 몇 가지 측면으로 나누어 볼 수 있다. 첫째는 민족의 영산 백두산을 보기 위함이다. 중국인들의 국내 관광이 보편화되기 전까지 백두산을 찾은 사람들의 다수가 한국인이었다는 것이 그 증거이다. 요즘도 중국 동북지역을 찾는 대부분의 사람들은 백두산 방문을 중심으로 일정을 짠다.

둘째는 다크투어리즘(dark tourism)의 차원에서 일제 때문에 한민족이 겪은 현장을 살피는 것이다. 연변지역에서 봉오동전투와 청산리전투 현장을 방문하고, 용정의 윤동주 생가와 간도 일본총영사관 자리를 찾는 것이나, 안중근의사 등이 순국한 여순의 감옥과 할빈지역에서 마루타로 유명한 731부대 현장을 찾는 것 등이 그것이다. 다크투어리즘이라고 할 수는 없지만 환인의 오녀산성(졸본성)이나 집안의 국내성 그리고 영안 발해진의 동경성(상경용천부) 등 한민족과 관련된 역사적 현장을 찾는 것도 이 범주에 포함시킬 수 있을 것이다.

셋째는 압록강과 두만강 변에서 북한을 바라보기 위함이다. 이는 중국 동북지역의 지정학적인 특별한 가치를 보여주는 구체적 사례이기도 하다. 한국에서는 휴전선 근처에 조성된 전망대에서 망원경을 통해 고작 북한지역의 군사시설이나 철조망으로 가로막힌 북한 산하를 바라볼 수 있을 뿐이지만 이곳에서는 지근거리에서 북한 사람들의 생생한 삶의 모습을 볼 수 있기 때문이다. 한국에서 휴전선 너머로 북한을 조망하는 것은 긴장감과 함께 대립 의식이 고취된다. 그러나 두만강과 압록강 너머로 북한 주민들과 산천을 바라보면 동포애적 연민과 함께 평화와 통일이 더 크게 생각된다. 그것은 이 지역이 우리에게 주는 특별한 선물이기도 하다. 그러나 남북한의 대립과 갈등 상황으로 말미암아 이마저도 제약되어 안타깝다.

그리고 넷째는 이곳에 사는 조선족동포와 만나기 위한 것이다. 이곳에는 한때 192만여 명에 이르는 조선족동포가 살았다. 지금은 조선족동포들이 다시 탈영역화의 길로 나서고 있어 중국 동북지역에 거주하는 사람들이 현저히 줄었지만 그래도 마음만 먹으면 비교적 쉽게 조선족동포를 만날 수 있다. 특히 연변조선족자치주에는 상대적으로 조선족동포들이 더 많이 살고 있을 뿐 아니라 우리 말과 글이 통용되어 처음 방문한 사람도 낯설지 않다. 그러나 안타깝게도 한국 사회와 조선족 사회의 외형적인 관계는 크게 확대됐음에도 내면적으로는 여전히 갈등적 관계에 있다. 더 많은 사람들이 이곳을 찾아 조선족동포의 슬픈 역사를 이해하고 포용함으로써 좋은 관계 맺기에 앞장서야 한다.

굳이 말하자면 이 같은 방문 유형 중 첫째와 둘째 유형이 다수이다. 셋째와 넷째 유형의 방문자는 상대적으로 소수에 불과하며 그 역시 스스로 마음에서 우러난 것이기보다 여행사나 가이드의 안내에 따른 기계적 선택이 대부분이다. 여러 가지 이유가 있지만 이제는 달라져야 한다. 좀 더 많은 사람들이 이곳을 찾고 이곳을 찾은 사람들은 스스로의 선택으로 조선족동포를 만나고 북한 주민과 산천에 대해 연민을 느껴야 한다. 그리하여 중국 동북지역에서 고단한 삶을 살아온 조선족동포와 두만강과 압록강 너머의 북한 주민을 더 많이 이해함으로써 이들과 함께 미래로 나아가려는 생각을 품어야 한다. 그것은 또한 중국 동북지역의 지정학적 가치를 정당하게 평가한 위에서 이루어져야 한다.

그래야 하는 이유는 분명하다. 중국 동북지역과 이곳에서 만나는 사람들은 장차 한민족의 미래뿐 아니라 동북아시아의 미래를 견인할 공간이고 주인공이기 때문이다. 우리가 그리는 그러한 미래는 그 같은 비전을 믿고 실천하는 사람이 더 많아져야만 가능하다. 그래서 더 많은 사람들이 중국 동북지역을 방문하고 이곳을 찾는 사람들이 이 지역과 이곳에 사는 사람들을 미래지향적 꿈의 공간과 대상으로 인식하기를 소망한다. 또한 이 지역의 지리적 가치와 이곳에 사는 사람들의 의미를 이해하고 적극 포용함으로써 동북아시아의 평화와 번영을 모색하는 길에 나서기를 희망한다. 다크투어리즘을 통해 과거를 성찰하며 슬픈 역사를 반복하지 않으려는 각오를 다지는 것처럼 중국 동북지역을 찾는 사람들도 갈등과 대립으로 점철됐던 이 지역이 꿈과 희망의 공간임을 인식함으로써 새로운 역사를 만드는 데 동참하려는 마음을 가지게 될 것으로 믿기 때문이다.

5.

    중국 동북지역은 근대 이전 북방민족이 지배했던 땅으로 일방적 단선적으로 이루어진 역사가 아니라 뺏고 뺏기는 갈등 속에서도 서로 섞이는 융합의 땅이었다. 이러한 가치는 탈냉전체제 이후 세계화가 구가되면서 소통의 시대를 맞는 오늘날의 시대정신과 맥을 같이한다. 따라서 중국 동북지역에서 한국 사회와 조선족 사회 간의 좋은 관계 맺기는 곧 한민족공동체를 견인할 것이며 나아가서 동북아시아 역내에서 한민족이 중심이 되어 동북아시아공동체의 비전을 구체화하는 계기가 될 것이다.

    결국 중국 동북지역에서 한민족의 발자취를 찾아 근현대의 역사를 들추는 것은 지난 역사의 아쉬움 때문이 아니라 새로운 미래로 나아가기 위해서다. 즉 한국인들이 이 책을 통해 중국 동북지역의 지정학적 가치를 인식하고 조선족동포의 의미를 되새기는 계기가 되기를 바라며, 궁극적으로는 동북아시아 질서가 변할 때, 동북아시아공동체의 비전이 구체화될 때를 준비하는 데 일조하기를 기대한다.

    그런 점에서 이 책은 장차 동북아시아에서 질서 재편이 추동될 때를 대비한 준비서라고 할 수 있다. 또한 이 책은 중국 동북지역을 찾는 사람들의 여행 안내서로, 중국동북지역에서 행한 항일투쟁 등 한민족의 삶의 족적을 이해하기 위한 참고서로, 나아가서 중국 동북지역의 지정학적 가치와 조선족동포들의 지문화적 가치를 조명하는 지침서로 기여할 수 있을 것이다.

중국 동북지역과 한민족

프롤로그 ————5

| 제1부 | 중국 동북지역의 이모저모 | 19 |

1. 중국 동북지역의 범위와 행정구역의 변천 ————20
   1) 범위와 명칭 ····· 20
   2) 중국 행정구역의 변천 과정 ····· 22
   3) 동북 3성의 행정체계 변화 ····· 23
   4) 동북지역 지역별 특징 ····· 26
   5) 연변지역 행정구역 변천 ····· 28
   6) 연변지역 주요 지명의 유래와 변화 ····· 30

2. 중국 동북지역 질서에 영향 미친 주요 사건들 ————37
   1) 청나라 건국과 봉금령 ····· 37
   2) 백두산정계비/ 간도협약/ 조중변계조약 ····· 40
   3) 러시아와 일본 간 역내 각축 ····· 43
   4) 간도 일본총영사관과 조선인 ····· 46
   5) 동북군벌과 관동군 ····· 48
   6) 만주사변과 만주국 ····· 52
   7) 소련군의 대일 선전포고와 국공내전 ····· 55

3. 중국 동북지역과 남북한과의 관계 ————58
   1) 역내 한국인 거주 실태 ····· 58
   2) 한국 지자체와 기업의 역내 진출 실태 ····· 60
   3) 북한과 동북지역 경계로서 북중 접경지역 ····· 62
   4) 북한과 중국 동북지역을 이어 주는 통로 ····· 64

1. 역내 한민족 관련 역사 이해 ──────── 70
  1) 중국 동북지역 역사를 보는 시각 ──────── 70
  2) 한민족과 역내 국가들과의 관계 ──────── 72
  3) 한민족과 역내 북방민족과의 관계 ──────── 75
  4) 한민족의 강역이 한반도로 제한된 과정 ──────── 77

2. 한민족의 중국 동북지역 이주 역사 ──────── 80
  1) 한민족의 동북지역 이주 역사 개관 ──────── 80
  2) 근대 이전 한민족의 이주 역사 ──────── 82
  3) 근대 이전 이주한 한민족 마을들 ──────── 84
  4) 근대 이후 한민족의 이주 역사 ──────── 86
  5) 탈냉전 이후 한민족의 이주 역사 ──────── 88

3. 한민족의 동북지역 이주 과정과 생활상 ──────── 89
  1) 조선인의 동북지역 이주 배경 ──────── 89
  2) 용정에 조선인이 모이게 된 과정 ──────── 91
  3) 이주 초기 조선인의 토지 개간 과정 ──────── 94
  4) 독립운동 지원에 나선 조선인들 ──────── 96
  5) 북간도 교육문화의 중심지 용정 ──────── 98

제3부 근대 이후 중국 동북지역에서 한민족의 삶 101

1. 항일 독립운동을 위한 투쟁의 삶 ──────── 102
  1) 항일 독립운동의 전개 과정 ──────── 102
  2) 독립운동 방략과 노선 갈등 ──────── 105
  3) 고국을 떠나 항일을 위한 기초를 다지다 ──────── 107
  4) 조직을 세워 독립운동에 앞장서다 ──────── 110
  5) 대의를 위해 독립운동단체 통합에 나서다 ──────── 112
  6) 3부 통합을 통해 새로운 정부를 꿈꾸다 ──────── 116

2. 중국 동북지역 이주민으로서 개척의 삶 ────────121
    1) 먹고 살 길을 찾아 나선 생계형 이주자들 ········121
    2) 다섯 가문이 개척한 명동촌 ··········123
    3) 지명 · 학교명에 나타난 민족의식 ··········125
    4) 동북지역 수전 개발의 주역 조선인들 ········126

3. 중국 동북지역에 산재해 있는 한민족의 자취 ────129
    1) 노블레스 오블리주를 실천한 명문가들 ········129
    2) 남북한과 중국이 공히 공적 인정하는 사람들 ······136
    3) 독립운동의 든든한 지원 세력 대종교도 ·······142
    4) 광복 후 질서 재편 과정서 겪어야 한 기구한 삶 ····147
    5) 독립운동의 대의에 동참한 외국인들 ········154

제4부 한민족 항일독립운동 거점, 중국 동북지역 161

1. 연변지역 ────────────────────164
    1) 연변지역 개관 ··············164
    2) 연길 ················167
    3) 용정 ················178
    4) 화룡/ 안도 ·············192
    5) 도문 ················204
    6) 훈춘 ················211
    7) 왕청/ 돈화 ············216

2. 길림성지역 ───────────────────229
    1) 길림성지역 개관 ···········229
    2) 장춘/ 길림 ············231
    3) 통화/ 유하 ············237
    4) 집안 ················245

3. 요녕성지역 ——————————————————————250

　　1) 요녕성지역 개관 ················· 250

　　2) 심양 ······················· 252

　　3) 대련/ 여순 ·················· 258

　　4) 단동/ 관전 ·················· 262

　　5) 신빈(홍경)/ 환인 ·············· 270

4. 흑룡강성지역 ——————————————————281

　　1) 흑룡강성지역 개관 ············· 281

　　2) 할빈 ······················· 283

　　3) 목단강/ 영안/ 해림/ 동녕 ······· 293

　　4) 밀산 ······················· 301

5. 백두산지역 ————————————————————311

　　1) 백두산 개관 ················· 311

　　2) 백두산과 국경 문제 ············ 313

　　3) 백두산 지형 및 지질 ·········· 317

에필로그 ——————321

주　　　석 ——————330

참고목록 ——————334

찾아보기 ——————337

제1부

중국 동북지역의
이모저모

1. 중국 동북지역의 범위와 행정구역의 변천

1) 범위와 명칭

중국 동북지역은 일반적으로 길림성(吉林省)·요녕성(遼寧省)·흑룡강성(黑龍江省) 등 이른바 동북 3성을 포괄하여 지칭하는 표현이다. 중국에서는 통상 이를 동베이(東北) 혹은 동3성으로 부른다. 이 지역은, 다소간에 차이가 있지만, 조선인이 한반도에서 이곳으로 이주해 살아온, 한민족과의 인연이 있는 지역을 지칭하는 간도지역이나 일본이 세운 만주국의 범위를 말하는 만주지역과도 중첩된다.

중국 동북지역의 전체 면적은 약 80만km²에 이른다. 일제가 세운 만주국은 이보다 넓어 130만km²에 달한다.[1] 현재의 내몽고자치구와 하북성의 일부 지역을 포함하였기 때문이다. 조선인들이 이주해서 살아온 간도지역 역시 현재의 내몽고지역의 동부지역 일부를 포함한다. 현재도 흑룡강성과 인접한 내몽고자치구에 조선족향이 있고 그곳에 조선족촌이 형성되어 다수의 조선족동포들이 살고 있다. 남한의 면적이 10만km² 정도라는 점을 감안하면 그 넓이를 가늠할 수 있다.

이렇듯 넓은 지역을 포괄하고 있어 간도지역과 만주지역 모두 지역을 분리하여 칭했다. 만주지역은 동서남북 방위를 따라 동만·북만·서만·남

〈중국 동북지역 개념도〉

중국 동북지역: 총면적 79만km² 총인구=1억1천만여 명
흑룡강: 면적=45만4천km² 인구=3천830만여 명
요녕성: 면적=14만6천km² 인구=4천390만여 명
길림성: 면적=18만7천km² 인구=2천750만여 명

만으로 칭했다. 그러나 간도지역은 두만강의 맞은편 지역을 북간도로, 압록강 건너편 지역을 서간도로 칭한 후 북간도 동북쪽 지역을 동간도라 불렀다. 이곳으로 이주한 초기 사람들이 두만강 상의 섬(間島)을 기준으로 하여 명칭을 정한 탓이다. 그 결과 북간도·서간도·동간도는 있으나 '남간도'는 없다.

그래서 간도지역과 만주지역 지명의 방위는 엇갈린다. 현재의 연변지역은 북간도로 불리기도 하고 동만지역으로 칭하기도 한다. 동간도지역은 북간도 동북쪽에 위치한 곳으로 현재의 목단강지역을 중심으로 하는 흑룡강성지역을 가리키며 북만지역의 범주에 들어간다. 그러나 북만지역은 할빈을 포함한 흑룡강성 대부분의 지역을 말한다는 점에서 차이가 있다. 서간도지역은 남만지역과 대체로 일치한다. 그러나 서만지역에 해당하는 간도의 명칭은 따로 없다.

2) 중국 행정구역의 변천 과정

중국의 행정구획은 크게 성급(省級)·지급(地級)·현급(縣級)·향급(鄕級) 4급체계로 되어 있다. 성급은 성·자치구·직할시·특별행정구를 포괄한다. 지급은 지구(地區)·자치주·지급시(地級市)·맹(盟)으로 구분된다. 현급은 현(縣)·자치현·현급시(縣級市)·기(旗)·자치기(自治旗)·특구(特區)·임구(林區)를 포괄한다. 그리고 현과 자치현 아래에 지방 3급 행정단위인 향(鄕)과 진(鎭)을 둔다. 자치구를 비롯한 자치주·자치현은 중국 소수민족정책의 핵심인 민족구역자치제에 따른 소수민족지역의 자치 행정단위이며, 맹과 기는 내몽고(內蒙古)자치구에만 있는 행정단위이다.

중국은 신해혁명 후 중화민국이 설립되면서 행정구역을 성급·현급·향급 등 3단계로 구분했는데 중화인민공화국 수립 후에도 이 같은 행정체계를 이어 왔다. 그러다가 1970년대 들어 기존의 전구(專區)를 지구(地區)로 개칭하고 전급 행정구를 지급 행정구로 변경하였다. 1983년에 지급 행정구를 개혁해 현재와 같은 형태로 되었다. 따라서 기존의 성(省) · 현(顯) · 향(鄕)의 3급 행정체계가 성(省) · 지(地) · 현(顯) · 향(鄕)의 4급 행정체계로 바뀌었다.

이에 따라 현재 중국에는 성급 행정구역으로 23개의 성(대만 포함), 5개의 자치구, 4개의 직할시, 그리고 2개의 특별행정구(홍콩/마카오) 등이 있고 그 밑에 지급 행정구역으로 17개의 지구, 연변조선족자치주를 포함한 30개의 자치주, 283개의 지급시, 3개의 맹이 있다. 현급 행정구역으로는 2010년 말 현재 367개의 현급시, 117개의 자치현, 855개의 시할구(市轄區), 49개의 기, 3개의 자치기, 2개의 특구(特區) 및 1개의 임구(林區) 등 모두 2천858곳이 있다.

향급 행정구는 4급 행정체계의 지방행정단위로서 향, 민족향, 진(鎭), 가도(街道)와 네몽고자치구의 소목(蘇木)과 민족소목이 있다. 향급 행정구는 행정구획 중 가장 변동이 심했던 것으로 1949년부터 인민공사화 기간에는 규모가 큰 향의 축소와 작은 향의 합병을 추진했다. 그러나 개혁개방 이후 행정구역을 대대적으로 개편하는 과정에서 경제 환경이 나아지고 상공업이 발달한 지방을 향 대신 진으로 설립하였다. 이후 향과 진을 합병하여 향체제를 진체제로 전환했다. 2009년 말 현재 향급 행정구는 모두 4만858곳이다.

3) 동북 3성의 행정체계 변화

현재의 동북 3성의 이름은 비교적 일찍부터 사용되었다. 길림성과 흑룡강성은 청나라 말기부터 사용됐고 요녕성은 1927년에 설치됐다. 이전까지 요녕성은 봉천성이었다. 봉천은 현재의 요녕성 성도인 심양의 옛 이름이다.

〈만주국의 행정구역〉

1932년	1934년	1937년	1939년	1941년	1943년
룽장 성 (龍江省)	헤이허 성 (黑河省)	헤이허 성 (黑河省)	헤이허 성 (黑河省)	헤이허 성 (黑河省)	헤이허 성 (黑河省)
	싼장 성 (三江省)	싼장 성 (三江省)	싼장 성 (三江省)	싼장 성 (三江省)	싼장 성 (三江省)
	룽장 성 (龍江省)	룽장 성 (龍江省) 2	룽장 성 (龍江省)	룽장 성 (龍江省)	룽장 성 (龍江省)
			베이안 성 (北安省)	베이안 성 (北安省)	베이안 성 (北安省)
지린 성 (吉林省)	빈장 성 (濱江省)	1빈장 성 (濱江省)	빈장 성 (濱江省)	빈장 성 (濱江省)	빈장 성 (濱江省)
		무단장 성 (牡丹江省)	무단장 성 (牡丹江省)	무단장 성 (牡丹江省)	둥만 총성 (東滿總省)
			둥안 성 (東安省)	둥안 성 (東安省)	
	젠다오 성 (間島省)	젠다오 성 (間島省)	젠다오 성 (間島省)	젠다오 성 (間島省)	
	지린 성 (吉林省)	지린 성 (吉林省)	지린 성 (吉林省)	지린 성 (吉林省)	지린 성 (吉林省)
펑톈 성 (奉天省)	안둥 성 (安東省)	안둥 성 (安東省)	안둥 성 (安東省)	안둥 성 (安東省)	안둥 성 (安東省)
			퉁화 성 (通化省)	퉁화 성 (通化省)	퉁화 성 (通化省)
	펑톈 성 (奉天省)	펑톈 성 (奉天省)	펑톈 성 (奉天省)	펑톈 성 (奉天省)	펑톈 성 (奉天省)
				쓰핑 성 (四平省)	쓰핑 성 (四平省)
	진저우 성 (錦州省)	진저우 성 (錦州省)	진저우 성 (錦州省)	진저우 성 (錦州省)	진저우 성 (錦州省)
싱안 성 (興安省)	싱안 성 (興安省)	싱안 성 (興安省)	싱안베이 성 (興安北省)	싱안베이 성 (興安北省)	싱안 총성 (興安總省)
			싱안둥 성 (興安東省)	싱안둥 성 (興安東省)	
			싱안난 성 (興安南省)	싱안난 성 (興安南省)	
			싱안난 성 (興安南省)	싱안난 성 (興安南省)	
러허 성 (熱河省)	러허 성 (熱河省)	러허 성 (熱河省)	러허 성 (熱河省)	러허 성 (熱河省)	러허 성 (熱河省)
신징특별시 (新京特別市)	신징특별시 (新京特別市)	신징특별시 (新京特別市)	신징특별시 (新京特別市)	신징특별시 (新京特別市)	신징특별시 (新京特別市)

동북 3성이 현재의 이름으로 정착되기 까지는 여러 가지 이유로 많은 변화를 거듭하였다. 기실 행정구역은 시대에 따라 필요에 따라 바뀌는 게 일반적이다. 특히 1931년 일제가 이 지역을 침략하고 괴뢰정부인 만주국을 세워 통치하는 과정에서 그들의 필요를 반영해 지역을 세분하면서 여러 차례 변화를 겪었다. 따라서 근현대 중국 동북지역에서의 한민족 역사를 올바로 이해하기 위해서는 역내의 지명 변화를 이해해야 한다. 일제하에서의 독립운동을 다룬 글들은 대체로 당시의 지명을 그대로 사용하지만 현재는 그 지명을 사용하지 않아 그곳이 어디를 지칭하는지 헤아리기 어렵기 때문이다. 예컨대 서간도지역 독립운동의 중심지 중의 하나였던 홍경은 오늘날 신빈으로 불린다. 그러나 홍경성전투 등 당시 이 지역에서의 독립운동과 관련된 표현은 당시 지명을 붙여 사용한다. 홍경이 현재의 신빈이라는 사실을 아는 사람은 많지 않은 것 같다.

청나라가 멸망한 후 세워진 중화민국 시기인 1920년대 말 무렵 동북지역은 길림성·요녕성·흑룡강성 3성 체제였는데 1931년 9월 18일 만주사변이 일어나면서 일본의 지배하에 놓였다. 그리고 9월 28일 3성은 중화민국에서 독립을 선언했고 이듬해 3월 일제에 의해 만주국이 수립됐다. 만주국의 범위는 3성 이외에 하북성과 내몽고자치구가 일부 포함되었다. 만주국은 이를 토대로 하여 1932년 무렵 길림성(吉林省)·봉천성(奉川省)·용강성(龍江省)·홍안성(興安省/내몽고자치구 동북지역)·열하성(熱河省/하북성 동쪽지역)으로 행정구역을 정리했다. 그리고 1934년·1937년·1939년·1941년·1943년에 잇따라 행정구역을 바꾸었다. 만주국 행정구역은 1941년 19개 성, 1개 특별시, 1개 주(관동주)로 가장 여러 곳으로 세분되었다.

1941년 당시 만주국의 행정구역은 신경특별시(新京/장춘)와 길림성지역의 길림성(吉林省)·간도성(間島省)·동안성(東安省)·무단장성(牡丹江省)·빈강성

(浜江省)·북안성(北安省), 봉천성지역의 봉천성(奉天省)·금주성(錦州省)·사평성(四平省)·통화성(通化省)·안동성(安東省), 용강성지역의 흑하성(黑河省)·삼강성(三江省)·용강성(龙江省), 열하성지역의 열하성, 그리고 홍안성지역의 홍안북성·홍안동성·홍안남성·홍안서성 등이다.

1945년 일제가 연합국에 항복함에 따라 만주국 또한 역사 속에서 사라졌는데 1949년 중화인민공화국이 수립될 때까지 동북지역의 행정구역은 중화민국 시기의 명칭이 다시 사용됐다. 만주국 시기의 지명을 터부시했을 뿐아니라 만주사변 이전 상태로 복원한 의미가 있다. 중화민국 시기의 행정구역 명칭은 중화인민공화국이 수립된 후에도 상당 기간 동안 사용되었다.

동북지역 행정구역의 변화 중에서 한민족의 활동과 깊이 관련이 있는 지역 중 변화가 두드러진 곳으로는 통화지역을 들 수 있다. 통화시는 만주국시기 봉천성-안동성에 속해 있다가 1939년에는 통화성으로 분리되었다. 통화성에는 홍경(신빈)지역이 포함되었다. 서간도의 중심 지역이라고 할 수 있는 통화·유하·홍경 지역이 하나의 행정구역에 편재되어 있었다. 그러나 지금은 통화시와 유하현은 길림성에, 홍경(신빈)은 요녕성에 속해 있다. 또 지금의 연변지역은 간도성으로, 연길시는 간도시로 불리기도 했다.

4) 동북지역 지역별 특징

현재의 중국 동북지역은 중화인민공화국 수립 이후 중화민국 시기의 이름을 복원하여 사용한 길림성·요녕성·흑룡강성 명칭을 계속 사용한다. 중국 동북지역은 남쪽으로는 압록강과 두만강을 경계로 북한(한반도)과 맞닿아 있으며 동북쪽으로는 러시아와 국경을 접한다. 그리고 서쪽은 중국의 내몽고자치주와 하북성과 맞닿아 있다. 요녕성 남쪽은 황해(서해)와 발해만을 끼고 있다.

길림성은 동북 3성 중 동남쪽에 위치하며 면적 18만7천km², 인구 2천750만여 명이다. 동쪽으로는 러시아, 남쪽으로는 북한과 국경을 접한다. 북한과는 두만강의 대부분과 압록강 상중류 지역 일부와 접한다. 그러나 길림성은 두만강 하구 약 16.9킬로미터가 막혀 동해 바다로 나갈 수 있는 통로가 막혀 있다. 이에 따라 길림성은 오래전부터 북한의 라선항을 빌려 바다로 나가기 위한 이른바 차항출해(借港出海) 전략을 추진했으나 아직 별다른 성과를 거두지 못하고 있다. 행정구역은 성도인 장춘시(長春/부성급)와 7개의 시(지급), 그리고 연변조선족자치주로 되어 있다. 조선족동포들의 집거지인 연변조선족자치주는 4만7천200km²에 인구 220만여 명이 살고 있다. 길림성의 연평균 기온은 6.6도, 연평균 강수량은 400-600mm이다.

요녕성은 동북 3성 중 서남쪽에 위치하며 면적은 14만6천km²로 동북지역에서 가장 작으나 인구는 4천390만여 명으로 가장 많다. 요녕성은 동쪽으로는 길림성, 북쪽으로는 흑룡강성, 서쪽으로는 내몽고자치구와 하북성과 접해 있다. 남쪽으로는 압록강 하류지역에서 북한과 국경을 맞대고 있고 (200km) 황해와 발해만을 끼고 있다. 동북지역에서는 유일하게 바다로 나갈 수 있는 통로를 확보하고 있다. 그런 이유로 요녕성은 동북 3성 중 경제발전이 가장 앞섰다. 요녕성 성도인 심양(沈陽)과 황해 바다를 끼고 있는 항구도시인 대련(大連)이 중심 도시이다. 청나라 초기 수도였던 심양(성경/봉천)은 동북 3성의 정치·군사·외교·경제 물류의 중심지이기도 하다. 요녕성에는 심양과 대련 2개의 부성급 시와 12개의 지급 시가 있다.

흑룡강성은 동북 3성 중 북쪽에 위치하며 면적 45만4천km²로 동북지역에서 가장 면적이 넓다. 인구는 3천830만여 명이다. 동북쪽으로 흑룡강을 경계로 길게 러시아와 국경을 접하고 있는데 그 길이가 3천km에 이르며 동남쪽으로는 우수리강을 사이에 두고 러시아 연해주지역과 접해 있다. 흑룡강성은 중국 최북단(모허(漠河)/북위 53도33')과 최동단(헤이사즈(흑룡강과 우수리강 합류점)/동경 135도5') 지역을 포함하고 있다. 흑룡강성은 세계 3대 흑토 지역으로 불리는 비옥한 토질 때문에 중국 최대의 식량생산기지로 불린다. 행정구역은 성도인 할빈시(副省級)와 11개 시(地級), 1개 자연구(대흥안령지구)가 있다.

5) 연변지역 행정구역 변천

연변이란 말이 행정구역으로 구체화된 것은 중화인민공화국 수립 후 연변조선족자치주가 성립된 1952년 9월 이후부터이다. 그러나 이 지역을 통칭하여 일컫는 이름으로 쓰이기 시작한 것은 그보다 오래전인 1910년 무렵부터인 것으로 보인다. 1900년대 초까지 지금의 연변지역에 해당하는 지역의 공식적 명칭은 연길청 또는 연길부였는데 연길의 연(延) 자와 변방을 가리키는 변(邊) 자를 합하여 연변이라 부른 것으로 알려진다. 특히 중국공산당이 조직을 동북지역으로 확장한 1920년대 말 이후에는 이 명칭이 더 빈번히 사용되었다.

연변지역의 명칭과는 달리 이 지역은 오랜 역사가 있다. 발해·고구려는 물론 옥저 시대까지 거슬러 올라간다. 연변조선족자치주에 속한 안도현에는 2만6천여 년 전인 구석기시대 말기에 살았던 '안도인'의 유적지가 남아 있다. 그러나 청나라가 이 지역을 봉금지역(封禁地域)으로 정하면서 1800년대 후반까지 일부 특정 지역을 제외하고는 사람들이 별로 살지 않는 빈 공간으로 남아 있었다. 현재의 연길시 지역은 이전에 '남강(南崗)'이나 '연집강(煙集崗)'으로 불렸는데 1880년대 중반 이전까지는 산짐승이 출몰하는 삼림지대였다.[2] 실제 봉금정책이 시행될 당시 연변지역은 남강위장(南崗圍場)이 설치되어 인삼 · 녹용 등을 채취하는 곳이었다.

연길시에 사람이 본격적으로 모이기 시작한 것은 1880년대 들어서이다. 청나라는 변경인 이곳에서 러시아와의 충돌이 잦아지는 등 문제가 생기자 1881년 지역개발을 위해 초간국(招墾局)을 설치해 관리했으며 곧이어 봉금령을 해제(1881)하였다. 이곳에 점차 사람들이 모여들기 시작했다. 이후 지역 명칭도 새롭게 정해 국자가(局子街)로 불렀다. 국자가는 연길시 중심부를 관통하는 도로명으로 현재까지 사용된다. 국자가에서 따 온 국자교(局子橋)도 있다.

따라서 청나라 말기 연변지역의 행정구역은 봉금령이 해제되고 이 지역에 사람들이 제법 모여 살게 된 1900년대 들어서야 구체화됐다. 청나라는 1902년에 국자가에 연길청을 설치했으며 1909년에 연길부로 승급시켰다. 그리고 중화민국이 수립된 직후인 1913년에 연길부는 연길현으로, 이듬해 동남로관찰서를 연길도윤공서로 이름을 바꾸었다. 연길도윤공서는 연길 · 훈춘 · 왕청 · 화룡 · 돈화 · 액목 등 연길현과 현재 흑룡강성의 영안과 동녕 두 개 현을 관할했다. 이전까지는 훈춘이 연변지역을 대표했는데 이 무렵부터 연길이 지역 내 행정의 중심지로 부상한 것이다.

이후 연길도윤공서는 연길교섭서 연길시정준비처 등으로 명칭이 바뀌었으며 관할지역도 연길 · 훈춘 · 화룡 · 왕청의 4개 현으로 조정됐다. 당시 육도하로 불렸던 용정은 연길현에, 도문은 왕청현에 속해 있었다. 화룡현은 대립자(현재 용정시 지신)에, 왕청현은 백초구에 현 소재지가 자리했다.

만주사변 이듬해인 1932년 3월 만주국이 설립된 후 연변지역의 행정구역에도 적지 않은 변화가 일어났다. 만주국은 1934년 12월 역내의 행정구역을 전면적으로 개편했는데 연변지역을 '간도성(間島省)'으로 칭하고 연길시는 간도성 성도가 됐다. 이후 연변지역은 만주국 시기 내내 간도성으로 불렸으며

1943년부터는 연길시를 '간도시'로 부르기도 했다.

일제의 항복으로 1945년 8월 18일 연변지역이 해방된 후 연변행정독찰전원공서를 설립해 연길·훈춘·화룡·왕청·안도의 5개 현을 관할하도록 했으며 간도시를 연길현 소속의 연길시로 고쳤다. 동북지역에서 국공내전(중국에서는 해방전쟁이라 부른다)이 벌어지면서 연변지역은 중국공산당의 '동만(東滿)' 근거지가 되었는데 연길시는 행정의 중심지였다. 연길시에는 중국공산당 길림성위원회·길림성인민정부·길림성군구 등 당정군의 핵심 조직이 자리잡고 있었다. 중국공산당이 동북지역에서 승기를 잡은 1948년 3월에 이르러서야 관련 조직들이 길림시로 옮겨갔다.

국공내전에서 승리한 중국공산당이 중화인민공화국을 수립(1949.10.1)하고 연변지역을 연변조선민족자치구로 설정(1952.9.3)하면서 이 지역은 현재와 같이 조선족동포들이 집거하여 살아가는 삶의 터전이 되었다. 중화인민공화국이 체제 안정을 꾀하고 1954년 헌법을 제정하면서 자치구는 연변조선족자치주로 재조정(1955.12)되어 현재에 이르렀다. 자치구(주)가 설립된 초기의 지역 범위는 연길시와 연길·훈춘·화룡·왕청·안도의 5개현으로 형성되었으나 1958년 10월에 이르러 당시 길림전구에 속하던 돈화현이 연변조선족자치주에 편입됐다. 자치주 내의 하부 행정구역은 이후 여러 차례 변화를 겪으면서 현재와 같이 6개의 시와 2개의 현으로 형성됐다.

6) 연변지역 주요 지명의 유래와 변화

(1) 연변/ 연길

연변(延邊)이라는 지명과 관련해서는 통상 연길(延吉)의 연자와 변경지역을 가리키는 변(邊)자를 합성한 것으로 이해하는 사람들이 많다. 그러나 꼭 그런 것은 아니다. 연변이란 명칭은 대략 1910년대부터 사용된 것으로 알려진다. 1913년에 출판된 『길림지지(吉林地誌)』에도 기록되어 있다.[3] 아무튼 연변이라는 지명의 유래를 이해하기 위해서는 먼저 연길의 유래를 이해해야 한다.

연길이라는 지명은 1902년 이곳에 연길청이 설치되면서 공식적으로 사용됐다. 당시까지는 이 지역을 남강(南崗) 혹은 연집강(烟集崗)으로 불렀는데 연집의 발음이 변해 연길(延吉)이 되었다고 한다. 연집강을 연길로 부르며 이곳에 연길청을 설치한 후 연길과 훈춘(琿春)을 포함한 넓은 지역을 통칭하여 '연훈제변(延琿诸边)'·'연훈지방(延琿地方)'·'연훈전경(延琿全境)'으로도 불렀다. 그리고 연훈제변을 줄여 연변으로 부르게 되었다는 설도 있다. 연훈제변은 연길과 훈춘의 여러 변방이라는 의미이다. 연길청이 설치되기 전까지는 훈춘이 이 지역의 중심지였다.

연길 지명의 유래는 이를 포함해 대략 3가지 설이 있다. 하나는 앞서 언급한 연집강(烟集崗)의 유래와 관련된다. 이 지역이 분지여서 연기가 낀 것처럼 안개가 자욱해 초기에 연집강이라고 부르다 발음이 변해 연길로 되었다는 것이다. 연집과 연길의 중국어 발음은 유사하다. 최근까지도 연길시를 남북으로 흘러 부르하통하(布尔哈通河)로 흘러드는 개천을 연집강이라고 불렀다. 최근에는 연길하(延吉河)로 고쳐 부른다. 둘째는 연집강이 길림성의 중심 도시였던 길림시와 이어져 있어 연길이라 불렀다는 설이다. 그리고 셋째는 만주어로 된 옛 지명에서 유래한 것으로서 가파른 바위산을 잘 타는 '석양(石羊/산양의 일종)'을 의미한다. 지명 유래를 해석한 중화민국 시기에 발행된 문헌 『금현석명(今顯釋名)』에 따르면 연길은 명나라 때 '호엽길랑위(瑚葉吉郎衛)'에 속했는데 여기서 엽길은 만주어로 '석양'의 의미이며 이것이 변화를 일으켜 '연길'로 되었다고 전한다. 호엽길랑위의 '위'는 명나라 정부가 요충지에 설

연길현 공서

치한 군영을 가리킨다. 연변지역의 지명은 만주어에서 유래한 것이 흔하다. 연길시를 관통하고 있는 부르하통하는 만주어로 '버드나무가 무성하다'는 뜻이다.

(2) 용정

용정지역은 해란강과 육도하가 합수되는 지역을 중심으로 형성되었다. 1880년대 이전까지 용정지역은 청나라가 설정한 봉금지역 안에 있는 황량한 무인 지대였다. 해란강 양안에 진주 채집장이 있어 만족으로 조직된 채집자들만이 거주하며 진주를 채집하였다. 따라서 당시 해란강과 육도하 양안에는 버들과 갈대가 꽉 차 있고 수달 등이 많이 서식했다. 합수목 부근엔 소나무가 울창하여 풍경도 몹시 아름다워 중국인들은 태성루(泰成樓)라 불렀다고 한다.

이곳에 만주족 이외의 다른 사람들이 들어온 것은 청나라가 봉금령을 해제하고 조선이 월강금지령을 폐지한 1880년대 이후부터이다. 제일 먼저 들어온 사람들은 한족 농민이었는데 이들은 육도하 양안에서 밭농사를 지었으며 이 지역을 육도구라 불렀다. 조선인들은 1884년경 이 지역으로 들어왔다. 조선인으로서 이곳 용정지역으로 제일 먼저 들어온 사람은 박인언 장인석 등인 것으로 알려져 있다. 두만강변 삼합에 살던 이들이 1884년 무렵 이곳 육도하와 해란강 주변으로 이주해 강벌을 개간하기 시작했다.

강벌을 개간하던 어느 날 돌각 담 옆에서 돌로 쌓아올린 우물을 발견해 이를 수선해 식수로 사용했다. 당시 육도하 물을 길어 먹던 주민들은 우물 주변에 모여들어 살게 되었다. 이 무렵 조선인들이 새로운 살 길을 찾아 이 지역으로 찾아들었는데 우물가에 이르러 물을 마시며 쉬어 가곤 했다. 마을 사람들은 길손들에게 두레박(연변에서는 '드레박'으로 부른다)을 빌려주어 물 먹는 것을 도와주었는데 나중에는 아예 우물가에 두레박을 매어 놓았다. 이리하여 사람들은 이곳을 '용드레마을'로 부르게 되었다. 그리고 후에 박인언과 장인석은 용 용(龍) 자에 우물 정(井)를 붙여 용정촌이라 이름 지었다. 용정주민들은 1934년 이 같은 용정 지명의 기원을 기념하기 위해 우물을 수선하고 소나무와 버드나무를 심어 주변을 정리한 후 화강암 비석을 세웠다. "용정지명기원지정천(龍井地名起源之井泉)"이 그것이다.

용정 지명의 유래는 이외에도 더 있다. 대표적인 것은, 민간에 전해오는, 해란강변에 살던 한 처녀와 동해 용왕의 태자 간 애틋한 사랑에 관한 전설이다.[4] 해란강변에 살던 한 조선족 처녀가 여름 어느 날 강가에서 빨래를 하

용정지명 유래비

평강벌을 가로질러 용정으로 흘러드는 해란강

는데 아이들이 금빛의 작은 뱀을 잡아 못살게 굴며 장난치는 것을 보고 아이들에게서 뱀을 빼앗아 강물에 놓아주었다. 며칠 후 처녀가 다시 강가에 나가 빨래를 하는데 준수하게 생긴 총각이 나타나 자기는 동해 용왕의 태자인데 며칠 전 아이들에게 잡혀 죽기 직전에 구해 주었다며 감사를 전했다. 그렇게 인연을 맺은 후 두 사람은 강가와 산기슭에서 자주 만나 사랑을 나누었다. 그런데 동해 용왕이 이를 알고 태자를 바닷 속 깊은 곳에 있는 옥에 가두어 버렸다. 그러던 어느 날 처녀가 해란강가에서 외로움을 달래며 부른 노랫소리가 옥에 갇힌 태자에게 전해졌고 태자는 옥을 부수고 뛰쳐나와 해란강을 따라 올라와 처녀를 찾았다. 허나 태자가 처녀를 발견했을 때 처녀는 태자가 자신을 찾아온 것도 모른 채 몸을 날려 우물에 뛰어들었다. 태자 역시 작은 금빛 용으로 변해 처녀를 따라 우물에 날아들었다. 그 후 사람들은 처녀가 금빛 용의 등에 업혀 하늘로 날아올랐다는 등의 이야기를 하며 두 사람의 사랑 이야기를 전했다. 그리고 사람들은 그들이 자유롭고 행복하게 살 것을 축원하며 이 우물을 '용정'으로 이름 지었고 육도구로 부르던 마을을 용정촌이라 불렀다.[5]

(3) 떠나온 고국을 기리는 지명들

통상적으로 한 지역에서 다른 지역으로 이주한 사람들은 새로 정착한 곳의 지명을 만들 때 떠나온 지역의 지명을 차용하곤 한다. 영국의 청교도인들이 신대륙(아메리카대륙)으로 이주했을 때나 서유럽의 스페인 사람들이 남미지역으로 이주했을 때도 그 같은 사례가 확인된다. 한반도에서 중국 동북지역으로 이주한 조선인들 역시 현지에 정착하면서 자신들이 떠나온 곳의 익숙한 명칭을 그대로 사용하였다.

특히 연변지역에서는 그 같은 사례를 쉽게 찾아볼 수 있다. 중국 동북지역 곳곳에는 아리랑고개나 고려령 등의 이름이 널려 있다. 길고 험한 고갯길에 붙여 민족적 정서를 드러낸 것이다. 안도 강원도마을에서 화룡으로 넘어가는 길을 아리랑고개로 부르고 두만강 건너 도문에서 봉오동전투가 있었던 현재의 수남촌으로 넘어가는 산길(재)을 고려령이라 부른다. 고려둔(屯)이라는 동래 이름도 흔하다. 고려령 넘어 봉오동의 한 마을을 고려둔으로 불렀으며 지금도 그 흔적이 남아 있다.

자신들이 떠나온 지역의 이름을 정착한 마을에 그대로 사용한 사례 또한 쉽게 접할 수 있다. 청산리 전역에 속해 있는, 백두산으로 가는 길목의 갑산촌은 현재의 양경도 갑산에서 집단 이주한 사람들이 모여서 만든 마을이다. 어랑촌 · 청산리 · 고성리 · 회령촌 · 무산촌 등은 모두 자신들이 떠나온 지역의 지명을 새로 정착한 곳에 그대로 차용한 이름이다.

또한 지금은 완전히 다른 형태가 되었지만 그 유래를 찾아보면 이주한 조선인들이 자연스럽게 사용하던 우리말로 표현된 지명이 중국어로 표기되는 과정에서 변형된 사례도 흔히 볼 수 있다. 조선인들 사이에서는 우리말로 불리던 것이 중국 관리들이 중국어로 표기하면서 변형된 것이다. 화룡현의 로과(蘆果)나 길지(吉地), 용정시의 대소(大蘇)가 한 예이다. 로과는 원래 우리말로 '늪골'이라 불렸는데 관리들이 가장 근사한 한자로 쓴다는 것이 로과로 되었다. 길지는 '땅이 질다'는 의미의 '진땅'에서 변형된 것이다. 진흙땅이어서 비만 오면 몹시 질어 다닐 수 없을 지경이어서 흔히 '진땅' · '질땅'으로 불렸는데 호구를 등록할 때 그 음을 차용해 길지가 되었다고 한다. 대소는 함경도에서 이주한 사람들이 소를 방목하던 큰 골자기를 '큰소골'로 불렀는데 이것이 변하고 변해 대소로 바뀌었다.

이외에 조선인들이 살던 마을에는 우리 고유의 말로 된 지명들이 많이 사용되었다. 이를테면 쇠골 · 샘골 · 마늘골 · 쑥새골 · 버들골 · 함박골 등이다. 중국의 제도가 정착되면서 중국식 이름으로 바뀌었어도 한동안 그 이름을 즐겨 사용하곤 했다. 그러나 지금은 세월이 흘러 그때를 기억하는 사람이 사라지거나 다른 곳으로 이주함에 따라 일부 지역을 제외하고 그 같은 지명은 전설처럼 글 속에만 남아 있는 실정이다.[6]

2. 중국 동북지역 질서에 영향 미친 주요 사건들

1) 청나라 건국과 봉금령

중국 동북지역의 남쪽지역, 즉 두만강과 압록강 북쪽지역은 오랫동안 외지 사람들이 들락거릴 수 없는 특별한 지역이었다. 청나라를 세운 만주족이 자신들의 근거지였던 이곳을 신성시하며 외지 사람들이 드나들지 못하게 봉금령(封禁令)을 발포해 보호했기 때문이다. 청나라가 봉금령을 내리자 조선은 이에 호응해 조선인들이 두만강과 압록강을 임의로 건너지 못하도록 월강금지령(越江禁止令)을 내렸다.

그 결과 이 지역은 오랫동안 사람의 왕래가 없는, 넓고 비옥한 땅으로 방치(?)되었다. 1800년대 중후반 자연재해로 먹고 살기 어려워진 조선인들이 두만강과 압록강을 건너 이곳으로 이주해 새롭게 살 길을 찾게 된 것도 이 지역이 봉금지대로 텅 빈 공간이었던 데서 이유를 찾을 수 있다. 소위 간도라고 불리는 이곳은 사실상 빈 공간으로 남아 있었고 그래서 조선인들이 쉽게 이곳을 새로운 터전으로 만들 수 있었다는 것이다.

봉금령은 여진족이 자신들의 족명을 만주족으로, 나라 이름을 후금(後金)에서 청(淸)으로 고치고(1636) 명나라를 멸망(1644)시킨 후 중원을 차지한 뒤인 1670년대에 구체화됐다. 동북지역의 북방민족으로서 중원을 차지한 만주족이 전 중국을 통치하기 위해 중국 전역으로 흩어졌고 만주족의 본거지인 이 지역에 타민족이 들어오게 되자 이곳을 보호하여야 할 필요성이 커졌다. 이에 강희제가 봉금령을 내려 이듬해부터 봉금정책을 엄히 시행했다.[7] 봉금 정책은, 만주족이 산해관 이남의 중원을 장악한 후 그곳으로 이주하고 한족 등 이민족이 동북지역으로 들어오자 청나라 발상지인 동북지역이 만주족 고유의 특성을 잃게 되면서 이 지역을 보호하려는 목적으로 취해진 조치였 다.

봉금정책은 봉금령이 내려지기에 앞서 청나라 태종 황태극이 후금 시기 인 1628년에 이미 명나라 때 만든 '동조변장(東條邊牆)'을 이어 압록강 하류에 서 봉황성을 거쳐 애양문·함창문·왕청문(신빈현 소재)에 이르기까지 유조 변장(柳條邊牆)을 구축하는 형태로 시작됐다. 변장이란 흙·돌·나무로 만든 울타리를 말하는데 유조변장은 버드나무를 심어 울타리를 만든 것을 뜻한 다. 허물어진 변장을 다시 쌓고 그곳에 버드나무 가지를 꽂아 울타리를 만 든 것이다. 이러한 조치는 만주족이 전 중국을 통일해 산해관 안쪽의 중원 지역으로 진입하면서 요동지역이 낙후되자 1653년 관내 백성들로 하여금 요동지역으로 이주해 개간하도록 장려하는 정책으로 바뀌었다. 그러나 그 에 따른 문제가 커지자 1670년대 중엽에 이르러 다시 봉금령을 내려 적극적 인 봉금정책을 실시한 것이다.

봉금지역의 범위는 압록강 하구 북쪽의 동조변장에서 두만강 하류지역 까지 이어진다. 백두산 북쪽의 많은 지역에는 봉산위장(封山圍場)을 설치해 통치계급을 위한 특산물을 채취하는 사람들을 제외하고는 거주와 경작을 일체 금했다. 연변지역에는 남강위장(南崗圍場)을 설치해 조정에 바치는 인삼 녹용 등 특산물을 채집하게 했다.[8]

봉금지역을 유지하기 위한 정책에 균열이 생긴 것은 1800년대 중후반 자

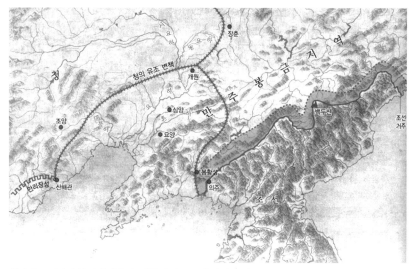

청의 유조변책과 봉금지역(출처: 안주섭 외, 『우리 땅의 역사』, 소나무, 2007, 55쪽)

연재해로 기근이 들어 먹고살기 어렵게 된 조선인들이 월강하여 농사짓기 시작하면서부터이다. 특히 1869년 기사년에는 극심한 가뭄이 들어 많은 조선인들이 앞다투어 월강하여 봉금지역으로 들어왔다. 청나라도 나라가 기울어 가면서 동북 변방지역의 방위를 걱정해야 하는 상황에 직면해 새로운 정책이 필요하였다. 이에 따라 청나라는 1881년 봉금령을 해제하고 이민실변(移民實變)정책을 새로 제시했다. 이민실변정책이란 변방을 지키기 위해 이민을 받아들이는 정책을 의미한다. 이렇게 하여 청나라 건국 이후 출입이 제한됐던 봉금지대에 사람들이 합법적으로 들어가 살 수 있게 되었다.

2) 백두산정계비/ 간도협약/ 조중변계조약

동북아시아에서의 근대적인 국가 관계는 19세기 후반에 이르러서야 시작됐다. 그러니까 영토를 기반으로 하는 국민국가가 형성되고 이에 따라 국경과 주권을 중시하는 근대적 국가 관념이 생긴 것도 이 무렵에 이르러서이다. 당연히 중국 동북지역과 한반도의 경계에 관심을 갖게 된 것도 이때부터이다. 이전까지는 넓은 지역을 경계지역으로 공감하는 정도였다. 따라서 힘이 세면 빼앗고 힘이 부족하면 빼앗기는 식이었다. 그렇게 보면 조선과 청나라가 1712년에 백두산정계비를 세운 것은 시대적 흐름으로 볼 때 상당히 앞선 조치였다고 할 수 있다.

한민족 역사에서 신라의 3국 통일을 중시하지만 내용은 좀 슬프다. 신라가 당나라와 연합하여 백제와 고구려를 무너뜨렸지만 고구려 강역 대부분을 당나라가 차지했기 때문이다. 고구려가 지배하고 있던 중국 동북지역의 넓은 강역은 물론 한반도 북부지역마저 잃게 된 것이다. 신라와 당나라의 경계선은 대동강과 원산이었다. 고구려가 멸망(668)한 지 30년 후 발해가 건국(698)되면서 다시 중국 동북지역과의 인연이 이어졌지만 발해가 228년 만에 멸망(926)하면서 한민족은 이후 이 지역과 단절된 역사를 살아야 했다.

고려 초 서희 장군이 거란과의 담판(993)을 통해 한반도 서쪽의 압록강 하류지역을 확보한 것은 그나마 다행스러운 일이었다. 두만강 유역은 조선 시대 세종 때에 이르러서야 한민족의 삶의 터전이 될 수 있었다. 세종 때 김종서 장군 등이 압록강 상류지역과 두만강 중하류지역의 이른바 4군 6진을 개척한 후인 1440년대에 이르러서야 현재와 같이 두만강과 압록강이 한반도와 중국 동북지역의 경계로 자리잡게 되었다. 그러나 그 이후에도 여진족과의 다툼 속에서 일시적으로 경계를 늦춰 뒤로 물러서는 등의 곡절은 있었다. 여진족의 침입이 잦아 방어에 따른 실익이 없게 되자 스스로 4군 지역을 폐지(廢四郡)하기도 한 것이다.

이후 두만강 · 백두산 · 압록강은 한반도와 중국 동북지역을 나누는 경계 지역으로 굳어졌다. 특히 청나라 건국 이후 청나라가 봉금정책을 취하고 조선이 이에 호응하면서 구체화됐다. 그래도 일부 조선인들이 두만강과 압록강을 건너 봉금지역으로 잠입해 불법적 행위를 하는 사례가 잦아졌다. 청나라는 경계를 더 분명히 하기 위해 조선에 경계 설정을 요청했고 1712년 백두산정계비를 세웠다. 이로써 한반도와 중국 동북지역을 가르는 경계가 역사상 처음으로 구체화됐다.

그러나 영토 의식이 일천하던 당시 청나라의 일방적인 주장에 따라 설정된 이 정계비는 동쪽지역을 가르는 경계로 언급된 토문강(土門江)을 명확히 하지 않음으로써 영토 갈등을 잉태했다. 갈등은 1800년대 말 청나라가 봉금령을 해제하고 이민실변정책을 실시함에 따라 조선인의 이주가 급증하면서 시작됐다. 두만강과 압록강 북안지역이 봉금지대로 되어 있을 때는 영토 문제와 관련된 갈등이 없었지만 이곳에 조선인들이 대거 이주하면서 사정이 달라진 것이다. 특히 두만강 북안으로 이주한 조선인들은 백두산정계비의 토문강을 송화강의 지류로 인식하여 이주 지역을 조선의 땅으로 생각한 반면 청나라는 두만강을 경계로 주장하며 조선인들에게 청나라의 법을 따르도록 강요했다. 이에 조선도 어윤중 등 관리들을 보내 청나라와 담판케 했으나 별다른 결론을 얻지 못했다. 그런 가운데 한반도를 사실상 손아귀에 넣고 중국 동북지역 진출을 노리던 일본이 1909년 남만철도의 안봉선(安奉線) 개축 문제를 가지고 청나라와 흥정해 남만주 철도부설권과 여러 가지 이권을 얻는 대가로 간도지방의 지배권을 청나라에게 넘겨주었다. 백두산정계비에 대한 청나라와 조선 간의 갈등과 관련해 조선을 지지하는 입장을 취해 온 일본이 자국의 이익을 위해 일방적으로 청나라의 입장을 지지하는 간도협약을 체결한 것이다. 그리고 일제는 1931년 만주사변을 일으켜 중국 동북지역마저 손아귀에 넣었다. 조선과 청나라 간 영토 갈등의 근거였던 백두산정계비는 만주사변 직후 사라졌다.

한편 한반도와 중국 동북지역의 경계와 관련한 논의는 백두산정계비의 토문강 해석을 둘러싸고 두만강 북안지역에 대해서만 이루어지고 있으나 일부 학자들은 서간도 지역에도 관심을 돌리고 있다. 압록강을 사이에 두고 북한의 신의주와 마주보고 있는 중국 단동에서 약 50여km 북쪽에 위치한 벤먼(邊門) 마을의 이찬산(一面山)역은 1960년대 초까지 고려문(高麗門)역으로 불렸다. 벤먼은 역사책에 나오는 책문(柵門)이며 조선인들이 청나라에 갈 때 거쳐야 하는 국경검문소의 하나였다. 청나라는 명나라에 이어 변경지역에 만들었던 유조변장 사이에 20여 개의 책문을 만들어 사람과 마차가 드나들게 했다. 따라서 청나라가 만든 유조변장을 조선과 청나라를 나누는 경계로 보아야 한다는 주장이다.

근대를 맞이하는 과정에서 한반도와 중국 동북지역의 경계는 조선인의 의지보다는 힘의 논리에 따라 획정됐다. 그리고 1945년 광복을 맞으면서 한반도는 남과 북으로 나뉘었다. 대한민국은 헌법에서 영토를 한반도와 그 부속도서로 하고 있어 형식상 중국 동북지역과 경계를 맞대고 있다. 그러나 실질적으로는 북한이 중국과 국경을 접하고 경계를 획정하는 주체로 역할했다.

1948년 8월 남한이 단독으로 정권을 수립하고 한 달여 후 북한도 정권을 수립했다. 그리고 1년 후 중화인민공화국이 수립됐다. 그러나 한반도와 중국 동북지역 간 경계는 1962년에 이르러서야 구체화됐다. 1962년 10월 주은래 수상이 북한을 방문해 김일성과 국경조약을 체결한 것이다. 1964년에 발효된 조중변계조약은 두만강과 압록강을 경계로 하고 강 줄기가 형성되지 않은 백두산지역에는 경계석을 세워 국경을 획정했다. 압록강 발원지서 천지까지 1-5호 경계석이, 천지를 가로질러 천지 동쪽에서 두만강 발원지까지 6-21호 경계석이 세워졌다. 북한은 백두산정계비와 관련된 갈등을 무시하고 기존에 청나라의 주장을 대체로 수용한 셈이다. 백두산 천지는 북한지역이 전체의 54%에 이르러 중국지역보다 더 넓다. 중국은 2009년경부터 백두산 주변 경계석 번호를 바꾼 것으로 알려졌다. 두만강 발원지 근처의 21호 경계석은 69호로 바뀌었다.

두만강 발원지 부근 69호 경계비

3) 러시아와 일본 간 역내 각축

한반도와 중국 동북지역은 19세기 말에서 20세기 전반 동안 비슷한 운명을 겪었다. 동북아시아가 근대화를 추진하는 과정에서 조선과 청나라 조정이 정세 변화에 주체적 능동적으로 대처하지 못함에 따라 외세의 침략을 받는 굴욕을 당했다. 그러나 일본은 아시아 국가이면서도 조선이나 청나라와 달리 서양문물을 적극 수용하면서 탈아시아 국가를 지향하며 제국주의의 길로 들어섰다. 그 결과 한반도와 중국 동북지역은 일본에 침략을 당한 공통점이 있다.

중국 동북지역은 일본의 침략을 받기에 앞서 러시아에 먼저 유린당했다. 아편전쟁에서 영국에 맥없이 당함으로써 종이호랑이로 전락한 청나라는 서양 각국에 갖가지 명목으로 수탈당했는데 당시 남진정책을 취한 러시아가 아이훈(愛琿)조약(1858)과 베이징조약(1860)을 통해 청나라가 지배하던 흑룡강과 우수리강 동북쪽의 100만km²에 달하는 광활한 지역을 빼앗았다. 그리고 요동반도의 끝자락에 있는 여순과 대련을 조차하고 중국 동북지역을 관통하는 동청철도와 남만철도를 부설해 시베리아철도와 연결하였다.

러시아와 일본이 중국 동북지역을 놓고 각축을 벌인 것은 청일전쟁을 종결짓는 시모노세키(下關)조약(1895)을 이행하는 과정에서 시작됐다. 전쟁에서 이긴 일본은 청나라에서 요동반도를 할양받기로 하고 조약을 체결했다. 그러나 이 지역에 눈독을 들이고 있던 러시아가 독일과 프랑스를 동원하여 이를 무효화시켰다. 역사에서 '3국 간섭'으로 부르는 이 사건으로 일본은 손아귀에 움켜쥐었던 요동반도를 놓아야 했다. 그리고 러시아는 3년 후인 1898년 청나라로부터 여순과 대련을 조차했다. 청나라는 일본에 빼앗겼던 여순과 대련을 러시아가 찾아주었지만 결국 러시아에 빼앗기고 말았다.

러시아의 방해로 다 된 '밥'을 엎어야만 했던 일본은 이후 10년 동안 군사력을 키우며 러시아와 한판 싸움을 준비했다. 청일전쟁에서 받은 배상금 등을 쏟아부어 막강한 군대를 양성함으로써 자신감에 충만했던 일본은 1904년 2월 드디어 러시아를 상대로 전쟁을 시작했다. 당시 세계 최강의 발틱함대를 거느리고 있던 러시아는 일본을 얕잡아 보았지만 결과적으로 일본에 패하고 만다. 그 결과 일본은 청나라에서 러시아가 조차하고 있던 여순과 대련을 포함한 요동반도를 조차하고 남만철도 일부 구간을 러시아로부터 할양받아 본격적으로 중국 동북지역에 진출했다.

중국 동북지역에서 러시아와 일본의 각축은 일본이 만주사변을 일으킨

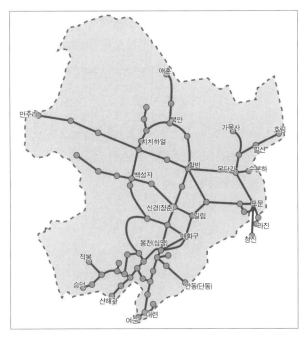

〈만철 경영하의 만주국 철도망〉

이후에도 계속됐다. 러일전쟁에서 패한 러시아가 남만철도의 지선인 장춘-대련 노선을 일본에 넘겨줬지만 할빈-수분하(綏芬河)를 잇는 동청철도는 그대로 유지했다. 그런데 만주사변으로 이 지역이 일본의 영향하에 놓이면서 러시아는, 비록 거래 형식을 취했지만, 이마저 일본에 넘겨줘야 했다. 그리고 1938년 두만강 하류지역의 장고봉(훈춘 소재)에서 국경선 문제로 러시아와 일본 정규군 간에 전투를 하기도 했다.

러시아를 이은 소련(사회주의혁명에 성공(1917)한 러시아는 소비에트연방을 결성(1922)한 후 소련으로 불렸다)과 일본 두 나라는 2차 세계대전을 마무리하면서 숙명과도 같이 중국 동북지역에서 또다시 맞닥뜨렸다. 비록 소련이 일본의 패색

이 짙은, 항복 1주일여를 앞두고 대일 선전포고(1945.8.8)를 함에 따라 두 나라 간 싸움은 단기간에 끝났지만 러시아는 2차 세계대전 막바지에 대일전에 뛰어들어 40여 년 전 러일전쟁에서 일본에 당했던 빚(?)을 되갚았다. 특히 소련은 맥아더 장군의 일반명령 제1호에 따라 중국 동북지역에서 일본군 무장해제를 담당함으로써 수십만 명의 일본군 포로를 단죄하는 역할을 맡았다. 러일전쟁 후 일본에 빼앗겼던 사할린 남부지역과 쿠릴열도의 4개 섬을 할양받은 것은 덤이었다.

4) 간도 일본총영사관과 조선인

일제가 중국 동북지역에 영향력을 행사하기 위해 직접적인 통치기구를 마련한 것은 만주사변을 일으킨 이후이다. 그러나 이 지역에 간접적으로 영향을 미치기 시작한 것은 훨씬 전부터이다. 1905년 러일전쟁에서 승리한 일본은 당시 러시아가 조차한 여순과 대련을 포함한 요동반도와 러시아가 건설한 남만철도의 장춘 이남지역을 차지했다. 이를 관리하기 위해 요동도독부를 설치하고 경비를 구실로 군대를 두었다. 경비 군대는 만주사변을 일으킨 관동군의 전신이다.

중국 동북지역에 이주한 조선인에게 일제가 관심을 둔 것 역시 러일전쟁 이후부터이다. 러일전쟁에서 승리한 일제는 태프트-가쓰라밀약(1905)을 통해 미국으로부터 한반도 지배를 용인받은 상황에서 조선(대한제국)의 외교권을 박탈한다. 을사늑약(1905.11.17)이 그것이다. 한 나라의 대외주권인 외교권을 박탈해 조선을 사실상 반식민지 상태로 전락시킨 것이다.

그리고 2년 후인 1907년 서울(한성)에 조선통감부를 설치한 일제는 간도지역에 거주하는 조선인을 '보호'한다는 명분을 들어 용정에 조선통감부 간도

파출소를 설치했다. 사실상 이 지
역에 거주하는 조선인을 감시하고
나아가서 중국 동북지역을 침략하
기 위한 발판을 마련하고자 한 것
이다. 실제로 그로부터 2년 후인
1909년 일제는 쓰러져 가는 청나라
와 이른바 '간도협약'을 체결해 간
도지역 지배권을 청나라에 넘기는
대신 이 지역에서 다양한 이권을
챙겼다. 나아가서 조선통감부 간도
파출소를 간도 일본총영사관으로
승격시켰다. 이 지역에 거주하는

용정 조선통감부 간도파출소

조선인들을 관리하고 감시하기 위한 더 구체적인 제도를 마련한 것이다.

간도 일본총영사관은 이후 조선인을 감시하고 핍박하는 통치기구로서,
중국 동북지역을 침략하기 위한 준비기관으로서 기능을 충실히 수행한다.
특히 간도협약에 근거해 일제는 간도지역 조선인을 일본의 '보호' 대상자로
규정하고 조선인이 많이 거주하는 주요 지역을 상부지로 설정해 일본총영
사관 분원과 경찰서를 설치했다. 러일전쟁의 결과로 체결된 포츠머스조약
에 따라 이미 상부지로 결정된 훈춘에는 물론 국자가(연길)·백초구(왕청)·
두도구(화룡) 등에도 설치됐다. 이로써 간도지역으로 이주한 조선인들은 이
곳에서도 일제의 감시를 받았다. 간도 일본총영사관은 만주사변 이후에도
유지되다가 1937년에 이르러 문을 닫고 대신 특무기관으로 전환됐다. 중국
동북지역에는 간도 이외에 봉천(심양)·할빈·통화·목단강 등지에도 일본
총영사관이 있었다.

5) 동북군벌과 관동군

20세기 초 중국 동북지역 역사는 동북(봉천)군벌과 떼어놓을 수 없다. 장작림(張作霖)·장학량(張學良) 부자를 중심으로 한 동북군벌은 중화민국 수립(1912) 후 중앙 권력이 동북지역까지 미치지 못하는 상황에서 이 지역의 지배세력으로 역할했다. 그리고 중원을 장악하려는 꿈을 꾸었던 장작림은 힘을 기르기 위해 중국 동북지역을 호시탐탐 노리던 일본 세력과 결탁하여 권력을 휘둘렀다.

중화민국 수립 이후부터 일제가 수립한 만주국이 멸망하기까지 동북지역의 역사는 만주사변을 기점으로 전반기는 동북군벌이, 후반기는 일제의 관동군이 지배했다. 특히 동북군벌은 1920년을 전후해 일본 세력과 결탁함으로써 일본을 상대로 독립 무장투쟁을 전개하던 한민족의 독립운동에도 적지 않은 악영향을 미쳤다.

동북군벌이 중국 동북지역에서의 독립운동에 영향을 미친 구체적 사례들은 많다. 서울에서의 3·1운동으로부터 영향을 받아 용정에서 열린 3·13만세운동이 발발하자 연변지역을 책임지던 동북군벌 휘하의 맹부덕 부대가 간도 일본총영사관의 요청을 받아 시위군중을 무력으로 진압한 것, 독립군을 토벌하기 위해 일제와 '삼시(三矢/미쓰야)협약'을 맺은 것 등이 대표적인 사례이다.

용정 3·13만세운동은 북간도지역 조선인 2만여 명이 모여 독립만세를 부르짖으며 간도 일본총영사관을 향해 평화적인 시위를 한 역사적 사건인데 영사관 측의 사주를 받은 맹부덕부대가 총격을 가해 모두 19명이 희생됐다.[9] 삼시협약은 1920년대 들어 독립 무장투쟁이 활발히 진행되자 일제가 동북군벌을 이용하여 독립군을 토벌하기 위해 체결됐다. 일제는 조선총

심양 장학량 동상

장춘 관동군사령부 건물

독부 경무국장 미쓰야(三矢宮松)를 장작림에게 보내 이른바 삼시협약을 체결 (1925), 독립군 탄압을 강화했다. 이 협약에 따르면 일제는 동북군벌 세력이 독립군 1인을 사살하면 20원을, 1인을 생포하면 50원을 지급했다. 이와는 별도로 일제는 동북군벌에 50만 원이라는 거금을 대부하여 주기도 했다.[10]

동북군벌의 이 같은 행태로 말미암아 김좌진 장군은 장개석 정부와 손잡고 자신이 이끌던 신민부를 장개석의 국민혁명군으로 개편해 동북군벌의 수뇌인 장작림을 제거하려는 계획을 세우기도 했다.[11] 그러나 장작림은 1928년 6월 자신이 믿고 의지했던 일본 관동군이 열차에 설치한 폭탄 때문에 폭사했다. 일제는 장작림을 제거하고 동북지역을 장악하려고 무리수를 둔 것이다.

장작림 사망 후 그 뒤를 이은 아들 장학량은 그해 12월 역치(易織)를 단행해 동북군벌은 장개석의 중화민국 군대에 편입됐고 장학량은 동북사령관에 임명됐다. 이로써 동북군벌은 역사 속에서 사라졌고 장개석은 군벌시대를 종식했다. 그러나 장학량은 장개석이 자신의 근거지인 만주지역을 점령한 일본군을 방치한 채 공산당 세력을 상대로만 싸우는 데 불만을 품고 서안(西安)에서 장개석을 감금하는 역사적 사건을 일으킨다. 서안사건으로 불리는 이 사건을 계기로 국민당 정부와 중국공산당이 협력해 일제를 상대로 공동전선을 펼치는 제2차 국공합작이 시작됐다. 서안사건에 대한 책임을 물어 장개석은 장학량을 자신이 사망할 때까지 감금하였다.

열차 폭파를 위장해 장작림을 살해한 것은 관동군이었다. 관동군은 장작림의 살해를 통해 중국 동북지역의 안정을 흔들어 이 지역을 장악하려는 시나리오를 짰다. 하지만 장작림이 사망했음에도 불구하고 장학량을 비롯한 동북군벌이 침착하게 대처함으로써 목적의 절반만 달성했다. 그리고 일제는 3년이 지난 1931년 9월 만주사변을 일으켜 동북지역을 점령하고 이듬해 만주국을 수립하였다. 만주국은 외형상 청나라 마지막 황제 푸이(溥儀)를 황제로 옹립함으로써 청나라의 뒤를 이은 듯 모양을 갖췄으나 실상은 일제의 관동군 사령관이 배후에서 조정하는 괴뢰정부였다. 실제 관동군은 당시 최고의 권력을 가지고 일제의 해외 침략을 앞장서 이끌었던 육군성 산하의 핵심 부대였다.

관동군은 러일전쟁의 결과로 형성됐다. 러일전쟁에서 승리한 일본은 여순과 대련 등 러시아가 점령하던 요동반도를 접수하고 러시아가 건설해 운영하던 장춘 이남의 남만철도도 손아귀에 넣었다. 일제는 여순과 대련 지역을 관동주(關東州)로 명명하고 관리를 위해 관동도독부를 설치했다. 그리고 관동주와 남만철도를 경비한다는 명목으로 합법적으로 경비 병력을 주둔시켰다. 러일전쟁을 종결지은 포츠머스조약(1905)에 군대의 주둔권을 명문화했기 때문이다. 이것이 관동군의 효시이다.

일제는 1919년 도독부를 폐지하고 도독부 산하에 있던 육군부를 일본왕 직속의 관동군 사령부로 확대 개편했다. 그리고 여순에 관동군 사령부를 설치하고 그 산하에 일본 본토에서 교대로 파견하는 1개 사단과 만주독립수비대·여순요새사령부·관동헌병대 등을 두었다. 이로써 관동군의 실체가 보다 분명해진 것이다. 요동반도와 남만철도 지선은 일본의 대륙 진출을 위한 교두보였으며 왕의 직속이 된 관동군은 중국 동북지역을 침략하고 소련을 가상 적국으로 하는 일제의 국방 정책을 추진하는 전위부대가 되었다. 일제는 만주사변을 일으키기에 앞서 관동군 사령부를 봉천(奉天/ 현재의 심양)으로 옮겼으며, 만주국이 수립된 후엔 다시 만주국 수도가 된 신경(新京/ 현재의 장춘)으로 옮겼다. 그리고 관동군 사령관은 만주 주재 특명전권대사와 관동장관을 겸하며 군(軍)·정(政)의 실권을 장악하고 만주국의 실질적인 지배자가 됐다.

관동군은 관동도독부 경비 책임을 맡았을 때는 작은 부대에 불과했지만 관동군 사령부로 개편되면서 규모가 크게 확대됐다. 만주사변을 일으킨 직후인 1933년 무렵엔 10만여 명에 이르렀으며 이후 중일전쟁을 거치며 대중국전과 대소련전을 준비하면서 1941년경엔 무려 70만여 명으로 늘었다. 이 무렵 관동군은 소련을 상대로 장고봉전투(1938)와 노몬한사건(1939)을 일으키기도 했다. 일왕은 1945년 8월 15일 무조건 항복을 선언했으나 관동군사령관은 이보다 나흘 늦은 8월 19일에 항복했다. 이로써 관동군은 역사 속에서 사라졌다.

6) 만주사변과 만주국

1931년 9월 18일 봉천(현재 심양) 북쪽 7.5km 지점인 유조호(柳條湖/류타오후) 부근 남만(南滿)철도의 한 선로가 폭파되었다. 관동군 사령부 조례 제3조에 따르면 남만철도가 끊기면 관동군이 출동할 수 있었다. 관동군은 즉각 '장학량 군대의 소행'이라면서 동북군의 북대영(北大營)을 공격했다. 이로써 9 · 18사변, 즉 만주사변이 시작됐다. 선로 폭파 역시 중국 동북지역을 차지하기 위해 장작림 폭살처럼 관동군이 일으킨 자작극이었다.

만주사변은 바로 관동군이 주도하여 일으킨 중국 침략전쟁이었다. 당시 일본 조정은 중국 동북지역 침략에 신중한 입장이었다. 그러나 관동군은 열차 폭파사건으로 위장해 동북군벌의 수괴인 장작림을 폭사시키는 등 침략을 위한 준비에 박차를 가하던 상황에서 상부의 지시를 무시하고 만주를 침략해 점령했다. 만주사변을 기획한 인물은 이다가키 세이시로 · 하나야 다다시 · 이시와라 간지 등 관동군 내 영관급 장교들인 것으로 알려져 있다. 만주사변은 이들이 구상한 관동군 만몽영유계획을 기본으로 하여 추진됐

장춘 위만황궁

다. 러일전쟁 이후 만주와 몽골지역에서 일본의 권익 문제를 해결하는 것이
국내 정세의 불안을 극복하는 유일한 활로이며 일본군이 이를 주도하여 달
성하는 게 가능하다는 전제에서 출발했다. 이 계획은 행동 개시 시점을 미
국을 상대로 전쟁 준비가 갖추어졌을 때로 설정했다. 그리고 만몽영유 후의
통치 형태는 총독제로 하고 간단명료한 군정을 실시한다는 구상을 담았다.

그러나 개전 5개월 만에 열하성을 제외한 만주지역 대부분을 장악한 후
관동군 참모부는 기존의 만몽영유계획을 수정해 독립국가 건설안인 만몽자
유국 설립안 대강을 세웠다. 이에 따라 만주국 수립에 앞선 1932년 2월 18일
동북지역은 장개석의 중화민국 정부에 분리 독립을 선언했고, 3월 1일 청나
라 마지막 황제 푸이(溥儀)를 내세워 만주국을 수립했다. 동북 4성의 130만
km²에 달하는 광대한 영토와 4천500만여 명의 인구를 가진 만주국은 이렇
게 역사에 등장했다. 외형상 만주국은 푸이를 수장으로 하여 만주족이 통치

하는 형식을 취했으나 일본 관동군 사령관이 특명전권대사로서 실질적인 통치자로 역할했다.

만주국은 광활한 영토만큼 다양한 민족이 혼재된 곳이었다. 1942년 기준으로 이곳엔 4천446만여 명이 살았는데 민족별 인구 분포는 한족을 포함해 만주족 몽골족 등 중국계가 4천176만여 명(94.5%)이고 조선인이 그 다음으로 154만여 명(3.55%), 일본인이 110만여 명(2.5%) 등이었다. 이에 따라 일제는 5족협화를 내세워 일본인·조선인·한족·만주족·몽골족의 공동 번영을 추구한다고 발표해 민족 간 갈등을 방지코자 했다. 그러나 일제는 만주국 수립 과정에서 만보산사건과 민생단사건을 획책해 한민족과 한족 간의 관계를 이간시키는 공작을 감행하기도 했다.

또한 5족협화를 말하지만 그 중심에는 일본인을 내세웠는데 일본인 숫자가 상대적으로 미미하자 1936년 5월부터 20년간 100만 호, 즉 500만여 명의 일본인을 만주로 이주시키겠다는 '만주 농업이민 100만 호 이주 계획안'을 수립하기도 했다. 그러나 일본인 이주 계획은 원만히 이루어지지 않았고 한민족이 그 공백을 메우는 데 투입됐다. 한반도 안에서 어렵게 생계를 꾸리던 조선인들로서는 넓고 비옥한 땅이 있는 간도지역은 누구나 동경하는 곳이었기에 많은 조선인이 일제의 이주 정책에 기대를 갖고 이곳으로 몰려들었다. 그러나 이곳 역시 그들이 생각한 것처럼 희망적인 곳은 아니었다. 대부분의 땅은 일본인들과 한족들이 선점해서 새로운 땅을 개간하거나 소작농으로 살아가야 했기 때문이다.

일제가 만주국을 수립함에 따라 가장 큰 어려움을 겪은 대상은 이 지역을 기반으로 독립운동을 전개하던 한민족 독립운동가들이었다. 일제가 중국 동북지역 전역을 장악하면서 독립운동의 근거지가 사라졌기 때문이다. 이에 앞서 1928년에 개최된 제3차 코민테른 회의에서 이른바 1국1당주의 원칙을 제시함에 따라 영고탑(영안)에 본부를 두었던 조선공산당 만주총국도 이 무렵 문을 닫아야 했다. 따라서 민족주의 계열 독립운동가들은 물론 공산주의 계열 독립운동가들도 변화된 환경에 따라 활동 방향을 정리해야 했다. 그 결과 민족주의 계열 독립운동가들은 대부분 동북지역을 떠나 상해 등 내륙으로 퇴각하거나 만주국의 치안숙정에 따라 전향하였다. 공산주의 계열 독립운동가들 중 다수는 중국공산당에 가입해 그들의 지휘를 받는 길을 택했다.

7) 소련군의 대일 선전포고와 국공내전

소련은 제2차 세계대전이 막바지로 치닫던 1945년 8월 8일 대일 선전포고를 하고 동북아시아의 질서 재편과정에 뛰어들었다. 이틀 전인 6일 미국이 히로시마에 원자폭탄을 투하함으로써 이미 전의를 상실한 일본군을 상대하기 위해 뒤늦게 나선 것이다. 미국은 9일 나가사키에 재차 원자폭탄을

맥아더 장군 일반명령 제1호

제2차 세계대전의 연합군 사령관 맥아더 장군은 1945년 8월 15일 일본이 무조건 항복을 선언하자 일본군의 무장을 해제하기 위해 '일반명령 제1호'를 발령했다. 이 명령은 맥아더 장군이 작성했지만 실은 일본 대본영이 공표했다. 연합군의 요구에 따라 패전국 일본의 지휘부가 각 지역 일본군에게 적대행위 금지, 무장해제, 무조건 항복 등을 지시한 것이다. 일반명령 제1호의 공식 명칭도 "연합국사령관의 명령하에서 일본제국 대본영에 의해 발표된 일반명령 제1호(General Order No. 1 Issued by the Imperial General Headquarters of J메무 under Order from the Supreme Commander for the Allied Powers)"이다. 이 명령은 중국 동북지역(만주)과 북위 38도선 이북의 한반도 그리고 사할린과 쿠릴열도에 있는 일본의 군대는 소련 극동군사령관에게 항복하도록 하였다.

투하함으로써 일본의 전의를 완전히 꺾어 놓았다. 따라서 소련군은 전투다운 전투도 하지 않은 채 중국 동북지역에 진주해 전후 동북아시아에서의 질서 재편 과정에서 미국과 함께 중요한 역할을 맡게 됐다.

소련의 대일전 참전은 그해 2월 루스벨트와 처칠 그리고 스탈린이 참가한 얄타회담에서 미국 측의 요구와 중국 동북지역을 놓고 미국이 중국의 장개석을 대신해 소련과 밀약을 체결함에 따라 예견된 것이었다. 즉 유럽에서 독일의 항복이 임박한 상황에서 여전히 강력하게 저항하는 일본과의 싸움을 조기에 끝내기 위해 미국이 소련의 참전을 독려하면서 그 대가로 중국 동북지역에서 소련의 지배력을 인정하는 밀약을 체결한 것이다.

소련의 선전포고 후 불과 일주일 만에 일본은 무조건 항복하였고 소련은 이른바 맥아더 사령관의 일반명령 제1호에 따라 한반도의 38도선 이북 지역과 중국의 동북지역에서 일본군의 무장해제를 위한 임무를 맡게 됐다. 중국 동북지역에 주로 포진해 있던 수십만여 명에 이르는 일본 관동군을 상대로 항복을 받아 내고 이들을 무장해제시키는 한편 역내의 질서를 유지하는 역할을 소련군이 맡은 것이다.

소련군은 이외에 중국 동북지역에서 더 큰 이권을 얻고 역내 질서를 좌지우지 했다. 얄타회담에서 미국과 맺은 밀약에 따라 8월 14일 국민당 정부와 중소우호동맹조약을 체결한 것이 그 근거였다. 이 조약은 향후 소련이 중국 동북지역에 대한 국민당 정부의 권리를 지지하는 대신 중국은 이 지역에서 소련이 과거에 누렸던 지배권을 인정한다는 내용을 골자로 한다. 구체적으로 살펴보면, 소련은 중국 동북지역을 중국의 일부로 인정하고 이 지역에 대한 국민당 정부의 완전한 주권 행사를 존중하기로 하였다. 반면 국민당 정부는 대련에서 소련의 이익 확보를 보장하고 대련항을 자유항으로, 여순을 소련의 해군기지로 하는 조차권을 회복시키기로 했다. 또한 양측은 동청철도와 남만철도의 주요 간선을 중국 장춘철도로 부르며 소련과 국민당 정부 측이 공동으로 소유·경영하는 한편 소련 군대의 수송을 인정하기로 했다.

중소우호동맹조약은 전시 상황에서 어려움을 겪던 국민당 정부를 상대로 중국 동북지역에 대한 소련의 일방적인 지배력을 인정한 불평등조약이었다. 소련으로서는 러일전쟁의 결과로 일본에 빼앗겼던 이 지역 지배력을 되찾는 절호의 기회라는 점에서 구미가 당기는 일이었다. 더욱이 40년여 전 일본에 당했던 굴욕을 되갚는 것은 물론 당시의 이권을 대부분 챙기는 일거양득의 상황이었다.

소련은 중소우호동맹조약과 맥아더 장군의 일반명령 제1호에 따라 중국 동북지역에서 일본군의 무장해제를 하고 질서를 다잡으면서 일제가 건설한 역내 중공업 시설들을 해체해 소련으로 빼돌리는 등 다양한 형태의 수탈을 꾀했다. 만주국하에서 일본은 중국 동북지역을 중공업기지화하였는데 주요 공장의 설비들을 소련으로 빼돌려 소련의 공업화를 꾀하고자 한 것이다.

왕청 태평령 소련군 해방탑

소련군은 규약에 따라 이듬해 봄 중국 동북지역에서 완전히 철수하지만 이 지역에 대한 지배력은 1950년대 초까지 이어졌다.

한편 소련은 일본의 항복 후 중국 동북지역에서 재개된 국민당 정부와 중국공산당 세력 간의 내전에 직면해 중소우호동맹조약에 따라 국민당 정부를 지지했다. 그에 따라 공산주의 이념을 공유하는 중국공산당 세력이 동북 근거지론을 주창하며 이를 실천하기 위해 동북지역으로 이동하는 것을 차단했다. 국민당 정부가 이 지역을 장악할 수 있도록 시간을 벌어 주기 위한 조치였다. 동북지역에서 승기를 잡아 공산혁명을 완수하려던 중국공산당으로서는 낭패가 아닐 수 없었다. 그러나 소련군은 런던에서 열린 미국·영국·소련 3국 외상회의(1945.9.12-10.2)에서 일본 관리권과 관련해 미국과 대립함에 따라 10월 이후 입장 변화를 보여 공산당 세력을 제한적으로 지지하고 나섰다.[12] 이에 따라 이듬해 5월 소련군이 완전 철수한 후 국민당 정부 세력과 중국공산당 세력 간의 국공내전(해방전쟁)이 본격화되었다.

3. 중국 동북지역과 남북한과의 관계

1) 역내 한국인 거주 실태

동북지역 곳곳에는 조선족동포들이 살고 조선족동포들이 사는 곳에는 여지없이 한국인들이 산다. 그들과 인연이 있거나 인연을 만들려는 사람뿐만 아니라 이들을 지원하기 위해 한국 정부가 파견한 사람도 있다. 물론 이곳에서 사업을 하려는 사람들도 적지 않다. 그러나 연해지역의 개방도시와 비교할 때 동북지역은 상대적으로 저발전된 지역이라 이 지역의 방대한 넓이에 비하면 한국인의 수가 그다지 많지는 않다.

역내 교민들을 위해 중국 동북지역을 관할권으로 하는 총영사관이 심양에 자리잡고 있다. 1999년에 주중국대사관 영사부 산하에 심양 주재 영사 사무소로 개설되었다가 4년여 후인 2003년에 총영사관으로 승격됐다. 심양 주재 대한민국 총영사관 직할로 대련에 영사지부가 2014년에 설립됐다. 2017년 3월 현재 심양 총영사관에는 신봉섭 총영사와 영사·행정직원을 포함해 125명의 직원이 있다. 영사만 20명에 이르는 메머드급의 총영사관이다. 영사를 제외한 105명의 행정직원 중 한국인은 20명이고 나머지 85명은 조선족동포를 포함한 중국 국적자들이다.

심양 주재 대한민국 총영사관이 2016년에 발행한『동북 3성 방문안내서』에 따르면 2015년 말 기준으로 동북 3성 지역에 살고 있는 한국인은 모두 3만 4천여 명에 이른다. 각 성별로는 상대적으로 경제활동의 여건이 좋은 요녕성에 2만 1천600여 명으로 가장 많고 길림성에 8천370여 명, 흑룡강성에 4천590여 명이 산다. 동북 3성 밖의 내몽고자치구 지역에도 한국인들이 다수 살고 있으며 중국 동북지역을 오가는 단기 체류자가 적지 않게 있어 실제 이 지역에 거주하는 한국인의 숫자는 이보다 많을 것으로 추정된다.

역내에 사는 한국인들 중 유학생은 9천835명에 이른다. 각 성별 유학생의 수는 요녕성에 3천926명, 길림성에 2천668명, 흑룡강성에 3천241명이다. 교민수와 비교할 때 유학생 수는 요녕성에서 유학하는 학생이 상대적으로 적은 반면 길림성과 흑룡강성에서 유학하는 학생이 많다. 특히 교민수가 가장 적은 흑룡강성의 경우 유학생은 전체 교민의 3분의 2가 넘을 정도로 유학생 수가 많다. 흑룡강성엔 할빈 등지에 좋은 대학이 많을 뿐 아니라 중국어를 배우기 좋은 환경을 갖추고 있기 때문인 것으로 보인다.

동북 3성 지역에는 한국 교민 자녀들의 교육을 위해 심양·대련·연길 등 3곳에 한국국제학교가 설립되어 운영된다. 이들 학교에는 총 660여 명의 교민 자녀들이 수학한다. 대련한국국제학교에 300여 명으로 제일 많고 심양한국국제학교에 250여 명이 그 뒤를 이었다. 연길한국국제학교에는 110여 명의 학생이 등록되어 있다. 한국인을 위해 한국 교육부가 설립해 운영하는 한국국제학교와는 별도로 외국인의 한국어와 한국 문화 교육을 위해 세종학당재단이 후원하는 세종학당과 현지의 중국동포를 대상으로 한글을 가르치기 위해 재외동포재단이 후원하는 한글교실도 곳곳에 세워져 있다. 한국인이 세운 동포언론으로 〈동북저널〉〈온바오〉 등이 있다.

2) 한국 지자체와 기업의 역내 진출 실태

한국 사회에서는 중국 동북지역에 특별한 관심이 있다. 역사적 또는 지정학적 측면에서 관심을 갖는 측면도 있지만 이곳에 조선족동포들이 살고 있는 것이 주된 이유이다. 그런 연유로 한국의 각 지자체들은 이 지역의 행정단위와 다양한 형태의 관계를 맺어 상호 협력을 강화하고 있다. 기업들도, 비록 연해지역의 개방도시에 비해 물류 문제 등 여건이 어의치 않음에도 불구하고, 이런저런 인연으로 이 지역에 진출해 다양한 사업을 하고 있다.

중국 동북지역과 관계를 맺은 지자체는 기초자치단체가 주를 이루지만 광역자치단체도 적지 않다. 광역자치단체의 경우, 경기도가 1993년에 요녕성과 자매결연을 맺었고 강원도가 이듬해인 1994년에 길림성과 자매결연을 맺었다. 강원도는 1995년부터 장춘에 길림성경제무역사무소를 설치해 운영하고 있다. 울산시는 1994년에 장춘시와 자매도시 관계를 맺었다. 인천시가 대련시(1994) · 단동시(1995) · 심양시(2003) · 할빈시(2009)와, 제주시와 광주시가 대련시와 2001년과 2011년에 각각 우호도시 관계를 맺었다. 충청남도는 연변조선족자치주와 2002년에 우호도시 관계를 맺었다. 흑룡강성은 한국의 여러 광역자치단체와 자매결연 혹은 우호교류협력 관계를 맺었는데 충청남도와 2015년에 자매결연을, 충청북도(1996)·경상남도(2011)·제주특별자치도(2013)와 각각 우호교류협력 관계를 맺었다. 흑룡강성이 한국의 많은 광역자치단체의 관심을 끈 것은 지역적으로 넓을 뿐 아니라 역내 조선족 동포들이 일제 시기 한국의 다양한 지역에서 이주해 온 것과 관련이 있어 보인다.

기초자치단체의 경우는 중국의 도시들과 자매결연이나 우호도시 형태로 관계를 맺었는데 몇몇 주요 도시와는 중복해 관계를 맺기도 했다. 요녕성의 경우, 심양시와 대련시에 한국 기초자치단체들의 관심이 크다. 성남시가 1998년에 심양시와 자매도시 관계를 맺었으며, 공주(1996)·춘천(1998)·구미(1999)는 심양시와 우호도시 관계를 맺었다. 광양(1999)·평택(2000)·춘천(2003)·포항(2008)은 대련시와 우호도시 관계를 맺었다. 이 밖에 파주시-금주시(1995)·의정부시-단동시(1996)·안산시-안산시(1997)가 자매결연을, 창원시-무순시(1998)·인천 부평구-호노도시(1998)·평택시-영구시(1999)·광양시-영구시(2005)가 우호도시 관계를 맺었다. 안산시(安山市)는 같은 이름의 안산시(鞍山市)와 자매결연을 맺은 후 쌍방 간 1명씩의 연수생을 교환해 왔다.

길림성의 경우, 성도인 장춘시와 일제하에서 조선인이 가장 많이 살았던 용정시에 관심이 많았다. 태백시(2006)·전주시(2006)·포항시(2010)가 장춘시와, 평택시(1996)·강릉시(2001)가 용정시와 각각 우호도시 관계를 맺었다. 거제시는 용정시와 1996년에 자매결연을 맺었다. 이 밖에 속초시(1994)와 포항시(1995)가 훈춘시와 자매도시 및 우호도시 관계를 맺었고, 창원시(2002)와 고양시(2007)가 연길시와 우호교류 관계를 맺었다. 동해시는 도문시와 1995년에 자매결연을 맺었으며 태백시는 화룡시와 1995년 우호도시 관계를 맺어 관계를 돈독히 하고 있다. 속초시와 포항시는 훈춘시에 사무소를 개설해 운영한다.

흑룡강성의 경우, 광역자치단체들의 관심은 많았으나 기초자치단체들은 이 지역과 관계맺기에 상대적으로 소극적이었다. 부천시가 할빈과 1995년에, 고양시가 치치하얼시와 1998년에, 강원도 고성군이 계서시와 2001년에 각각 자매도시 관계를 맺었다. 충주시와 대경시가 2001년에, 충청북도 예산군이 계동현과 2010년에 각각 우호교류 관계를 맺었다.

중국 동북지역에 진출한 한국 기업은 2015년 말 현재 4천580여 개에 이르며 총 투자액은 52억 달러에 달한다. 동북지역에 진출한 한국 기업의 투자액은 중국 전체 투자액 521억 달러의 10% 비중이다. 지역별로 보면 요녕성이 투자기업 수 3천900여 개에 투자액 38억 달러로 제일 많으며, 길림성은 투자기업 수 560여 기업에 투자액 11억 달러이다. 흑룡강성은 투자기업 수 120여 개에 투자액 3억 달러이다.[13]

3) 북한과 동북지역 경계로서 북중 접경지역

중국 동북지역은 두만강-백두산-압록강을 사이에 두고 북한(한반도)과 경계를 이루고 있다. 북한과 중국 동북지역을 포함한 대륙을 나누는 경계선은 1,376.5km에 이르는데 두만강 하구의 16.9km를 제외한 나머지는 모두 중국 동북지역과 맞닿아 있다.[14] 두만강과 압록강 길이는 측정 기준과 방법에 따라 차이가 있으나 두 강을 접하는 북한은 두만강 길이를 547.8km로, 압록강 길이를 803km로 기록한다. 한반도와 중국 동북지역의 경계 중 두만강과 압록강을 제외한 백두산 언저리의 육계(陸界)는 45km에 이른다.

접경지역이란 나라와 나라 간의 경계가 맞닿아 있는, 국경을 접하는 인근 지역을 말한다. 따라서 접경지역은 경계를 맞대고 있는 국가 간의 관계에 따라 성격이 결정된다. 관계가 나쁘면 군사적 기능이 강화되어 교류와 접촉이 차단되지만 관계가 좋으면 경제적 문화적 교류와 협력이 활발하게 이루어져 소통을 위한 공간이 된다. 두만강과 압록강을 사이에 두고 경계를 이루고 있는 북중 접경지역은 북한과 중국의 변방지역이라는 점에서 현실적으로 변방의 한계를 벗어나지 못한다. 그러나 두 지역 간에는, 비록 부침은 있었지만, 과거에는 제한적이지만 소통을 이루는 공간으로 작용해 왔다.

즉, 북중 접경지역은 두 지역을 나누는 경계였지만 그 지역에 사는 사람들이 수월하게 넘나들던 공간이었다. 두만강 하류지역과 압록강 중하류지역을 제외하면 강폭도 좁고 수심도 그리 깊지 않다. 또한 두 지역을 나누는 경계의 강도도 이전에는 그다지 엄중하지 않았다. 근대 이후 한민족이 이곳을 넘어 동북지역을 찾았던 사례를 통해서도 짐작할 수 있다. 조선인들은 1800년대 말 살 길을 찾아서 혹은 일제의 식민지가 된 1910년 이후 독립운동을 위해 이 경계를 넘나들었다. 1990년대 말 이후엔 식량난으로 고단한 삶을 살던 북한 동포들이 먹을 것을 찾거나 새로운 살 길을 찾아 두만강과 압록강을 건너 동북지역으로 탈북했다.

탈북자들이 늘어나고 북한과 중국 간의 관계에 변화가 생기면서 북중 접경지역은 한반도와 중국 동북지역을 가르는 경계로서 군사적 기능이 강화되었다. 그러나 이전에는 마음만 먹으면 넘나들 수 있을 만큼 평이했다. 강을 사이에 둔 강변 마을에는 친인척들이 나뉘어 살면서 서로 왕래하며 관계를 이어 가기도 했다고 한다. 조선족인 장률 감독이 연출한 영화 〈두만강〉에는 강안 양쪽에 살던 아이들이 강을 넘나들며 축구 시합을 하는 장면이 나오는데 한때는 그것이 가능했다는 것이다.

지금도 북중 접경지역은 여전히 한반도와 중국 동북지역을 이어주는 곳으로서 남한 사람들이 자유롭고 평화로운 분위기에서 북한을 관망할 수 있는 특별한 곳이기도 하다. 예전과는 많이 달라졌지만 휴전선을 경계로 하여 남북한이 대치해 있는 모습을 통해 북한을 관망하는 것과는 사뭇 다르다는 것이다. 휴전선 너머로 보는 북한은 거리감과 함께 불안한 마음이 생겨나지만 두만강과 압록강 건너로 보는 북한은 왠지 친근하여 총부리를 맞대며 대립하는 남북한의 현실이 이상하게 느껴질 정도이다. 중국 동북지역에서 강 너머로 북한을 바라보는 마음은 더 평화롭고 인간적이어서 자연스레 통일에 대한 간절한 마음을 새기게 된다.

4) 북한과 중국 동북지역을 이어 주는 통로

북한(한반도)과 중국 동북지역은 철로와 도로의 교량으로 이어져 있다. 대부분의 경계가 두만강과 압록강으로 되어 있기 때문이다. 하지만 백두산 언저리에는 산길로 이어지는 육로도 있다. 두 지역을 이어 주는 통로 양편에는 인적 및 물적 교류를 통제하고 관리하기 위한 통상구가 설치되어 있다. 이들 통상구들은 오늘날 국제사회에서 다양한 형태의 제재를 받고 있는 북한이 외부 세계로 나아갈 수 있는 합법적 통로이다. 현재 북한과 중국 동북지역을 잇는 통로는 모두 20여 개에 이른다.

두만강과 압록강 상의 교량 중 다수는 일제 때 건설된 것을 개보수하여 사용한다. 한반도를 식민지화하면서 중국 대륙을 침략하려는 야욕을 품었던 일제는 부산에서 신의주를 연결한 철로를 대륙 철도와 잇기 위해 1911년 압록강철교를 놓았다. 1927년엔 함경북도 삼봉과 용정 개산둔을 잇는 철교를 건설했다. 이 철교는 길림에서 회령을 잇는 길회선의 철교로서 연변지역 천보산 등지에서 채굴한 광물자원을 실어 나르는 데 이용되었다.

일제가 한반도와 중국 동북지역을 잇기 위해 두만강과 압록강에 본격적

단동-신의주를 연결하는 압록강대교와 단교

도문-온성을 잇는 도문다리

으로 다리를 놓은 것은 만주사변 후인 1933년 이후부터이다. 두만강 상에 함경북도 온성군 남양과 중국의 도문시를 연결하는 철교(1933)를 놓은 것을 시작으로 함경북도 회령-용정 삼합 도로교(1936), 함경북도 경원-훈춘 사만자 도로교(1934)와 경편철교(1935), 함경북도 경원-훈춘 사타자 도로교(1936), 함경북도 경흥-훈춘 권하 도로교(1936), 함경북도 온성-도문 양수 도로교(1937), 함경북도 온성군 남양-도문 도로교(1941) 등을 건설했다. 이 중에 경원-사만자 간 도로교와 경편철교 그리고 온성-양수 간 도로교 등은 교량 파괴 등으로 1945년 이후 운행이 중단되었다. 주목되는 것은 온성군 남양과-도문을 잇는 철교와 도로교 중 철교가 도로교보다 8년이나 먼저 건설된 것이다. 일제가 철로를 확장하는 데 많은 관심을 기울였음을 보여주는 대목이다. 압록강 상에는 1911년에 건설된 신의주-단동 철교와 함께 양강도 중강진-길림성 임강 도로교(1935), 평안북도 만포-길림성 집안 철교(1939), 신의주-단동 제2철교(1943), 자강도 운봉-길림성 집안 청석 철교(1940년대) 등이 건설되었다. 신의주-단동 간 철교는 한국전쟁 기간인 1951년 폭파된 상태로 남아있다.

중화인민공화국 수립 후에도 많은 도로와 교량이 건설됐는데 두만강 쪽에 양강도 삼지연-안도 쌍목봉 육로(1969), 함경북도 무산-화룡 남평 도로교(1994), 양강도 삼장-화룡 고성리 도로교(1994)가, 압록강 쪽에 양강도 혜산-길림성 장백 도로교(1985) 등이 건설됐다. 최근에는 압록강 하구에 위치해 있는, 중국쪽에 붙어 있는 북한 땅 황금평 개발과 함께 신압록강대교를 건설하기도 했다. 이 다리는 이미 완공됐으나 북한 측 진입도로가 건설되지 않아 2017년 3월 현재 개통되지 않고 있다. 이 밖에 압록강 상에는 태평만·수풍·위원·운봉 등 비교적 규모가 큰 발전소가 건설되어 있는데 이들 발전소 댐의 제방을 이용한 제방도로가 건설되어 있다. 그리고 압록강 하구에는 선박들이 이용할 수 있는 신의주-량터우항 수로, 신의주-단즈어항 수로가

있다. 신의주-단즈어항 수로는 폐쇄된 상태이다.[15]

중국은 길림성과 흑룡강성의 동북쪽 지역의 물류 수송 문제를 해결하기 위해 오래전부터 북한의 라선항을 빌려 활용하려는 이른바 '차항출해' 전략을 추진해 왔다. 이를 위해 경흥 원정리-훈춘 권하 도로교를 새로 건설하고 원정리에서 라선항까지의 도로를 포장하는 등 라선항을 이용하기 위한 인프라 구축에 주력해 왔다. 중국은 라선항을 이용해 내수운송 문제를 해소하기 위해 훈춘-나선-상해 이남으로 물류를 수송하는 이른바 중외중 양방향 화물 운송 통로를 허용하기도 했다. 그러나 북한에 대한 국제사회의 제재가 강화되면서 라선항을 활용하려는 계획은 차질을 빚고 있다.

〈북한-중국 간 국경지역 주요 출입처 현황〉

북한지명	중국지명	유형	분류
라진 원정리	훈춘 권하	도로	국가1급
함북 샛별	훈춘 사타자	도로	지방2급
함북 남양	훈춘 도문	도로(철로)	국가1급
함북 삼봉	용정 개산둔	도로	국가2급
함북 회령	용정 삼합	도로	국가1급
함북 무산	화룡 남평	도로	국가1급
양강 삼장	화룡 고성리	도로	지방2급
양강 상두봉	안도 쌍목봉	도로	공무용
양강 혜산	길림성 장백	도로	지방2급
자강 중강	길림성 임강	도로	국가2급
자강 운봉	길림성 청석	도로	
자강 만포	길림성 집안	도로(철로)	국가2급
자강 위원	길림성 노호초	도로	지방2급
평북 삭주	요녕성 태평만	도로	지방2급
평북 신의주	요녕성 단동	도로	국가1급
평북 신의주	요녕성 단동	도로	국가1급
평북 신의주	요녕성 단지	도로	지방2급

출처 : 곽승지, 『동북아시아 시대의 연변과 조선족』, 아이필드, 2008, 106쪽 재인용.

중국 동북지역과
한민족의 관계

1. 역내 한민족 관련 역사 이해

1) 중국 동북지역 역사를 보는 시각

한족 중심의 중국 역사에서 동북지역은 중원 밖의 여타 지역과 함께 오랑캐(?)들이 사는 변방이었다. 중원 중심의 중화사상을 구축하는 과정에서 중원 밖의 지역이 이용된 것이다. 따라서 중국의 역사는 일반적으로 중원의 한족 중심으로 알려져 있지만 최근엔 중국 동북지역 등 중원 밖의 역사에 주목하며 다른 시각으로 해석하려는 시도가 잇따르고 있다.

실제로 한나라가 멸망하고 위진남북조시대(221-589)가 끝난 후 중원을 지배한 역사를 보면 한족이 지배한 기간과 북방민족이 지배한 기간 간에 큰 차이가 없다. 한족이 세운 나라는 수나라(581-618) 당나라(618-907) 송나라(960-1279) 명나라(1368-1644)이고, 북방민족이 세운 나라는 거란(916-1125) 금나라(1115-1234) 원나라(1271-1368) 청나라(1644-1911)로 이어진다.

중국의 역사를 다른 시각으로 해석하려는 대표적인 학자로는 동북지역에서 흥기한 민족을 정복민족의 관점에서 접근한 독일인 칼 비트포겔(Karl Wittfogel, 1896-1988), 중국의 역사를 농업민족인 한족의 중원세력 · 유목민족인 몽골 등의 북쪽 세력 · 중간 지대에 있는 북방민족 세력 간의 3자 관계로 바라보는 인류학자 토마스 바필드(Thomas Barfield) 등이 있다.

비트포겔은 중원을 정복한 왕조를 침입왕조와 정복왕조로 나누어 설명했는데 동북지역에서 흥기하여 중원의 일부나 전부를 통치한 요나라·금나라·청나라에 정복왕조(Conquest Dynasties) 개념을 대입했다. 정복왕조론은 중국을 지배한 이민족들이 결국은 한족화(漢族化)된다는 기존의 주장에서 벗어나 정복왕조가 이원적 통치체제를 통해 북방민족과 한족의 문화적 변용을 꾀했다는 점에 주목한다. 당나라 이후의 중국 역사를 보면 1000년여간 중국의 일부나 전부를 지배한 왕조의 절대 다수는 한족 왕조가 아닌 북방민족이 세운 정복왕조였음을 주목한 것이다.

바필드는 저서『위태로운 변경』에서 유목과 정착 문명의 관계를 기존의 '교역과 약탈'이라는 단순한 이분법적 논리를 넘어서 동아시아 제국의 흥망성쇠를 정착 문명의 중원, 유목 문명의 초원, 그리고 삼림과 초원 문명의 중국 동북지역으로 나누어 포괄적으로 분석하였다.[16] 바필드 주장의 핵심은 중원과 초원이 공존하지만 양자가 정치적으로 안정적이지 못해 틈새가 생기면 삼림과 초원 문명인 중국 동북지역의 북방민족이 중원으로 진출해 국가를 세운다는 것이다. 요나라·금나라·청나라의 경우를 구체적 사례로 들었다.

통상적으로 중원의 영역은 만리장성 이남 지역을 지칭했다. 실제로 만리장성은 진나라와 명나라 시기에 북방민족의 침입을 막기 위해 세운 것으로서 산해관이 동쪽의 끝이었다. 만리장성이 중원과 동북지역을 나누는 경계로서 기능한 것이다. 그러나 북방민족인 만주족이 청나라를 세운 후 중원을 차지함으로써 중원과 동북지역 전역을 영토로 확장했고 중화민국에 이어 중화인민공화국도 그 영역을 이어가고 있다. 특히 중화인민공화국 수립 후에는 중원 중심의 역사와 북방민족의 역사를 통합하여 새롭게 정립하고 있다. 이에 따라 오늘날 중국은 중원지역과 동북지역을 구별하기보다 현재의 관점에서 하나의 역사로 인식하려는 경향이 강하다.

2) 한민족과 역내 국가들과의 관계

중국 동북지역은 역사 이래 다양한 민족의 각축장이었다. 북방민족의 거점인 이곳에서는 역내 민족 간의 갈등은 물론 중원의 한족 세력과 북쪽의 몽골 세력의 침략 등 다양한 형태의 각축이 전개되었다. 중국 동북지역과 한반도를 생활권으로 살아온 한민족 역시 북방민족의 일원으로서 역내에서의 세력 간 각축에서 자유롭지 못했다. 특히 고구려와 발해가 멸망한 이후 한민족은 한반도를 영역으로 하여 살아왔지만 동북아시아 역내의 정세에 크게 영향을 받았다. 수많은 외침을 받고 숱한 굴욕을 당하면서도 꿋꿋이 견디며 살아왔다. 그 과정에서 한민족은 타민족과 싸우기도 하고 화합하기도 하며 역내에서 함께 역사를 만들었다.

발해가 멸망(926)한 후 동북지역의 맹주가 된 거란(요)은 요동지역에 남아 있는 발해의 잔존 세력을 토벌하기 위한 남진정책을 취하면서 두 차례나 요동 정벌에 나섰다. 압록강 중하류지역에는 발해 유민들이 정안국(985년 멸망)을 세웠고 요동지역과 압록강 주변에도 여진족들이 살고 있었다. 이 무렵 후삼국을 통일(918)한 고려는 고구려를 계승한 나라임을 자임하며 북진정책

중국 중원지역

통상 황하(黃河)의 중하류에 위치한 지역을 일컬으며 하남(河南)성 대부분과 산동(山東)성 서부 및 하북(河北) 산서(山西)성 남부를 포함한다. 현재는 하남(河南)성을 중심으로 하북(河北)성·산서(山西)성·안휘(安徽)성·산동(山東)성의 일부(주로 서부)도 포함시켜 지칭한다. 서안(西安)·낙양(洛陽)·개봉(開封)·정주(鄭州) 등이 중심 도시이다.

을 펼치며 영토 확장에 나섰다. 거란과 부딪칠 수밖에 없는 상황이었다. 송나라 정벌을 준비하던 거란으로서는 배후를 위협할 수 있는 고려를 제압해야만 했다. 이에 따라 거란은 993년 압록강을 넘어 고려를 공격했다. 6차례에 걸쳐 30여 년 동안 계속된 고려-거란 간 전쟁의 시작이었다.

그러나 거란과의 긴 전쟁은 서희가 거란의 장수 소손녕과 담판을 통해 강동 6주를 확보하면서 고려에게 유리하게 끝났다. 압록강 하류에 강동 6주를 설치함으로써 고려의 경계는 처음으로 압록강 유역에 이르게 됐다. 이후 고려는 외침을 막기 위해 23년간에 걸쳐 천리장성을 쌓았다(1033-1055). 천리장성은 압록강 하류에서 동해의 도련포까지 이르는 길이 1천 리의 석성이다. 천리장성 축조 후 고려는 두만강 유역에 자리잡고 있던 동여진을 상대로 귀순주(歸順州)정책을 펴 이들과 융합하는 정책을 취하였다. 귀순주정책은 고려에 귀화한 여진인들의 촌락에 주 이름을 부여하고 여진 추장을 도령에 임명해 자치주로 운영하게 한 정책이다. 이 정책은 매우 성공적이어서 동여진인들이 집단으로 고려에 이주하기도 했다. 여진인이 고려의 주현이 되기를 청원하여 귀부한 규모는 무려 3천208호에 이르렀으며 자치주가 두만강 이남에 이를 만큼 광범위하게 설치되었다.[17]

그러나 온건한 귀순주 정책은 동여진 부족 사이의 갈등을 일으키고 세력을 규합한 동여진 완안부가 고려를 위협했다. 이에 따라 고려는 기존의 온건 정책을 버리고 무력에 의한 강경 정책을 취하기 시작했다. 그리하여 윤관을 도원수로 한 17만 대군이 함흥평야 북쪽지역을 점령했다. 윤관은 이곳에 함주 공험진 등 9성을 설치했다. 공험진은 선춘령에 위치하고 있는데 선춘령의 위치는 논란이 있다. 선춘령의 위치에 따라 9성의 범위가 달라지기 때문이다. 일부 논자들은 선춘령의 위치를 중국 동북지역의 길림성과 흑룡강성의 경계에 있는 수분하(綏芬河) 상류의 노송령(老松嶺)일 것으로 추정하기도 한다. 그러나 9성은 여진의 세력이 커지면서 돌려주었다.

여진은 12세기 초 완안부의 아골타가 부족을 통일하고 금을 세우면서 거란을 밀어내고 동북지역의 새로운 맹주가 되었다. 금나라는 고려와 비교적 우호적인 관계를 유지했다. 압록강 하류에 있는 보주(의주) 영유권과 관련해 외교적 갈등이 있었지만 친선 관계를 맺은 후 보주는 고려의 영토로 확정됐다.

그러나 몽고족이 세운 원나라가 금나라의 뒤를 이어 동북지역을 지배하면서 고려는 많은 어려움을 겪었다. 원나라가 1231년 고려를 처음 침략한 것을 시작으로 1259년 6차 침략을 할 때까지 30여 년 동안 고려 전역은 전쟁터였다. 고려 왕실은 강화도로 천도하여 명맥을 유지했으나 백성들은 스스로 안위를 책임져야 하는 상황이었다. 원나라의 침략은 이전 다른 나라들의 경우와 달리 제주도를 포함한 한반도 전역에 영향을 미쳤다. 고려는 한반도 동북부의 철령 이북과 서북부의 자비령 이북, 그리고 제주도를 원나라에 빼앗겼다. 원나라는 철령 이북에 쌍성총관부를, 자비령 이북에 동녕부를, 제주도에 탐라총관부를 설치해 직접 통치했다. 당시 원나라에 포로로 잡혀간 백성들이 무려 20만여 명이 넘는다.[18] 그러나 원나라가 쇠약해지면서 고려의 동북면지역을 지배하던 이자성-이성계부자가 고려의 편으로 돌아서면서 쌍성총관부를 탈환해 고려의 강역은 강계-갑산-길주 선으로 확대됐다.

원나라의 뒤를 이은 명나라(1368)는 원나라가 차지했던 영토를 명의 영토라며 회수를 위해 철령위 설치를 통고했다. 고려는 이를 거부하며 명에 대항해 요동 정벌을 추진했다. 그러나 최영의 명을 받들어 요동 정벌에 나섰던 이성계가 위화도에서 회군하면서 요동 정벌은 무산됐다. 대신 회군 후 정권을 잡은 이성계가 4년 후 조선을 세웠다(1392). 조선 건국 초기에도 명나라는 조선에 철령 이북의 땅의 연고를 주장함에 따라 갈등을 빚었다. 그러나 태종의 끈질긴 설득으로 명은 두만강 일대의 조선 연고권을 인정했다.[19] 그리고 세종 때에 이르러 압록강과 두만강 일대에 4군 6진을 설치함으로써 두만강과 압록강 유역이 중국 동북지역을 나누는 경계가 되었다.

3) 한민족과 역내 북방민족과의 관계

중국 동북지역은 이른바 북방민족의 삶의 터전이었다. 중원을 무대로 한 한족 중심의 중국 역사에서는 동이(東夷), 즉 동쪽의 오랑캐들이 사는 곳으로 폄하되지만 이곳에는 여러 민족들이 각축하고 또 융합하며 이 지역 특유의 역사를 만들었다. 한민족은 북방민족의 일원으로서 이 지역 역사의 중심 민족의 하나였다. 그리고 이 지역을 지배하는 민족들과 끊임없이 대립하고 또 융합하면서 살아왔다.

요동사를 전공한 서강대 김한규 교수는 요동지역(중국 동북지역)을 지배한 민족을 세 부류로 나누었다. 예맥계·동호계·숙신계가 그것이다. 예맥계는 고조선·부여·고구려를 세운 한민족 계통이고, 동호계는 원나라를 세운 몽고족과 거란(요)을 세운 거란족이 대표적이다. 숙신계는 금나라와 청나라를 세운 여진족 계통이다. 숙신계는 숙신·읍루·물길·말갈·여진·만주족으로 이어지는 같은 계통의 민족으로 동북지역에 널리 분포되어 살았으며 한민족과 밀접한 관계를 형성했다.

중국 동북지역을 영역으로 하여 살아온 북방민족은 같은 민족이라 하더라도 시대에 따라 이름을 달리 부르기도 하고 같은 이름을 부르면서도 수식어를 붙여 구분하기도 했다. 앞에서 언급한 바와 같이 숙신계 민족이 대표적이다. 금나라 시대 이후 통상 여진족으로 불렀으나 후금을 세운 누르하치는 여진을 만주로 바꾸었다. 말갈과 여진은 부족 단위로 생활함에 따라 같은 이름으로 칭하더라도 지역에 따라 명칭을 구분하여 부르기도 했다. 말갈의 경우 속말·백산·백돌·불녈·호실·흑수·안차골 등 7개의 부족이 있었다. 여진(女眞)은 여직(女直)으로도 불렀는데 명나라는 송화강 유역의 해서여직, 파저강과 혼강 유역의 건주여직, 흑룡강 유역의 야인여직 등으로 구분하였다.

동북지역에서 살아온 북방민족들은 한민족과도 밀접한 관계를 맺었다. 말갈족 가운데 속말말갈과 백산말갈은 고구려에 복속하였다가 고구려가 멸망한 뒤 요녕성 조양(朝陽)에 해당하는 영주로 이주하였고 대조영이 고구려 유민들을 이끌고 발해를 건국한 뒤에는 피지배층으로 복속되었다. 고려 초기에는 여진족이 고려를 상국으로 섬겼고 고려는 이들을 회유하기 위해 무역을 허락하고 귀화인에게는 가옥과 토지를 주어 살게 하였다. 그러나 숙종 무렵 할빈지역에서 일어난 완안부 추장 영가(盈歌)가 여진족을 통합해 두만강까지 진출해 고려와 충돌하기도 했다. 이에 따라 고려는 윤관(尹瓘)을 도원수로 하는 군사 17만 명을 동원해 함흥평야 일대의 여진족을 토벌하고 함주(咸州)를 중심으로 9성(城)을 쌓았다.

한편 금나라를 세운 여진족 아골타는 신라 경순왕의 자손으로서 한민족의 일원이라는 주장이 널리 퍼져 있다. 그 진원지는 중국 정사의 하나로 알려진 『금사(金史)』이다. 『금사』에는, 금나라 시조는 함보(函普)이고 고려국에서 왔다며 금나라 태조인 아골타가 "여진과 발해는 본래 한 집안이다(女直, 渤海本同一家)."라고 말한 것으로 적혀 있다. 이외에도 금나라와 동시대인 남송 시대의 책 『송막기문(宋漠紀聞)』에는 여진 추장은 신라 사람인데 금나라를 세운 아골타의 9대조 이름은 감복이라고 언급했다. 두 책이 다소 차이가 있지만 금나라를 세운 아골타가 고려든 신라든 한민족과 무관치 않다는 것이다. 이의 진위에 대해서는 여러 주장이 있지만 한민족이 여타 북방민족과 밀접히 연계되어 있음을 엿보게 한다. 후에 여진족이 세운 또 다른 나라인 청나라도『만주원류고(滿洲源流考)』라는 사서에서 자신들의 정체성과 관련해 한민족과의 관계를 언급하고 있다.[20] 금사에서 금나라와 고려의 관계를 말한 것과 같이 청나라와 조선의 관계를 유사하게 기록하고 있다.『만주원류고』는 청나라 건륭제의 명에 따라 편찬한 만주족의 역사와 문화에 관한 책이다.

고대사학자인 심백강은 중국 측 금나라 기록은 여러 민족 가운데 여진족이 수립한 정권으로 기술되어 있지만 사실과 많이 다르다고 주장한다. 그는 금나라는 여진족·거란족·한족·발해족·고려족 등 다양한 민족으로 구성되었지만 나라를 세우고 경영하는 데 주도적인 역할을 한 통치 세력은 신라족 계통이라며 한민족과의 관계를 말했다. 금나라 시조인 함보가 신라가 망할 무렵 여진족이 사는 곳으로 갔으니 '고려에서 온 신라인'이라고 보는 것이 합당하다는 것이다. 청나라 누르하치의 성인 애신각라(愛新覺羅)의 의미와 관련해서도 애신은 만주어로 금(金)을 뜻하고 각라는 원방(遠方)을 뜻하는데 후에 원지(遠支)를 의미하는 말로 바뀌었다면서 애신각라는 김원지(金遠支)로서 우리말로 '김씨의 먼 지손'의 의미를 내포하고 있다고 주장한다.[21]

4) 한민족의 강역이 한반도로 제한된 과정

한민족이 중국 동북지역과 인연을 맺은 것은 고조선 시대로 거슬러 올라간다. 이후 부여·고구려·발해 등이 이 지역을 기반으로 크게 융성했다가 사라졌다. 고대 한민족의 웅비의 역사에 대한 재야사학자들의 주장은 강단사학에서의 그것과 많이 다르다. 고조선과 삼국시대에 한민족이 활동한 범위와 역할과 관련해 훨씬 더 적극적으로 해석한다. 강단사학의 주장에 문제가 있다는 것이다. 그러나 이 역시 아직 정립되지 않았다는 점에서 여기서는 일단 논외로 하기로 한다.

발해가 거란족에게 멸망한 후 한민족은 한반도 안에서만 영역을 구축하며 살아왔다. 고구려가 신라와 당나라 연합군에게 멸망(668년)한 후 대부분의 고구려 강역은 당나라의 영역이 되고 말았다. 신라는 대동강 이남의 일부 지역만 확보함으로써 한민족이 지배하는 강역이 한반도 내에서만 형성되는 결과를 가져왔다. 고구려 멸망 30년 후 대조영이 고구려 유민들과 함께 발해를 건국(698년)하면서 다시 한민족이 지배하는 영역이 중국 동북지역 전역으로 확장되었다. 그러나 228년여 기간 동안 역내의 강자로 군림했던 발해가 거란족에게 멸망(926년)하면서 한민족의 강역은 다시 한반도 안으로 제한됐다.

신라가 후삼국의 도전을 받아 쇠퇴하고 고려가 그 뒤를 잇지만 고려 역시 한반도를 넘어서지 못한 것이다. 고려 광종 때 거란이 침입하자 서희가 적

두만강 하구 녹둔도

장 소손녕과 담판을 벌여 압록강 이남의 강동 6주를 되찾음에 따라 고려의 서북쪽 강역은 압록강 하구 지역에까지 확장됐다. 고려는 명(明)나라와 청(淸)나라 교체기의 역내 질서 재편 과정의 혼란한 틈을 타 요동지역을 정벌하고자 하지만 이성계가 위화도에서 회군하면서 고려의 강역 역시 한반도 밖으로 나아가지 못한 채 이성계의 조선으로 대체된다.

조선 시대 세종 때에 이르러서야 중국 동북지역과 한반도의 경계가 현재와 같이 백두산을 가운데 두고 좌우로 압록강과 두만강을 기선으로 하는 경계가 설정됐다. 압록강과 두만강 유역서 생활하던 여진족을 상대로 세종 때 4군을 개척한 데 이어 김종서 장군이 중심이 되어 두만강 중하류 지역에 6진을 개척한 것이다. 4군은 압록강 중상류 지역의 현재 북한 자강도의 무창 · 여연 · 우예 · 자성을 말하고 6진은 두만강 중하류지역의 함경북도 부령 · 회령 · 종성 · 온성 · 경원 · 경흥 지역을 말한다. 세종은 이 지역을 확

녹둔도에 대한 연구 현황

최근 한국 학계에서 녹둔도 연구가 늘고 있지만 그간의 연구는 일천하다. 사람들의 관심도 그리 크지 않은 것 같다. 오래전에 방영된 이순신 장군에 관한 드라마에서 장군이 젊은 시절 녹둔도에서 활동했던 장면을 보았던 사람들이나 기억하고 있는 듯하다. 자료의 부족과 러시아 군사지역이기 때문에 접근이 제한되는 등의 현실적 제약이 주된 이유이다. 그 같은 제약 속에서도 최근 일부 학자들의 연구서가 출판되어 다행스럽다. 두만강 하구에 위치해 있던, 여의도의 2배 정도 크기의 녹둔도에는 1800년대 말까지 조선인이 살았다. 두만강 물길이 바뀌면서 섬이었던 녹둔도가 러시아 땅에 붙게 되고 러시아가 베이징조약 후 슬그머니 점유했다. 뒤늦게 이를 알게 된 고종의 명을 받아 어윤중이 조사한 보고서에는 "섬에 살고 있는 사람들은 모두 조선사람이고 다른 나라 사람은 없다."고 적고 있다. 당시 거주하던 사람은 113가구에 822명이었다. 당시 러시아를 상대로 10여 차례에 걸쳐 반환 요청을 하였으나 거절됐고 녹둔도는 러시아에 의해 '크라스노예 셀로'라는 조선인 정착촌으로 바뀌었다. 지금은 러시아의 군사기지로 출입이 제한되고 있다.

보하기 위해 남방의 백성들을 이곳으로 이주시키는 사민(徙民)정책과, 그 지방 사람을 지역 관리로 임명하는 토관(土官)제도를 실시했다.

4군 6진 개척 후 압록강과 두만강이 한반도와 중국 동북지역을 나누는 경계로 기능하면서 두 강을 중심으로 한민족과 얽힌 역사와 전설이 적지 않게 널려 있다. 회령과 마주하는 연변조선족자치주 용정시 개산툰에는 김종서 장군이 6진을 개척할 때 이 지역 출신의 젊은 여인 아랑과 나누었던 사랑 이야기가 전해지고, 두만강 하류의 러시아지역에는 이순신 장군이 젊은 시절 변방수비대를 이끌었던 녹둔도가 자리하고 있다. 녹둔도는 당시 한반도에 붙어 있어 조선의 영역이었으나 지금은 두만강 물길이 바뀌어 러시아쪽에 붙었다. 러시아가 2차 아편전쟁을 중재한 대가로 베이징조약(1860)을 통해 청나라에서 연해주지역을 할양받는 혼란한 상황에 녹둔도가 러시아 땅이 되고 말았다.

2. 한민족의 중국 동북지역 이주 역사

1) 한민족의 동북지역 이주 역사 개관

한민족의 중국 동북지역 거주와 이주 역사를 올바로 정리하기란 간단치 않다. 고대사와 관련해서는 한민족이 지배했던 나라의 강역에 대한 비정에 대해서조차 논란이 있는 데다가 다양한 역사적 사례들이 존재한다. 중세 이후 한반도에 자리잡고 살아온 한민족은 중국의 중원 세력은 물론 여타 북방 민족에게 수많은 외침을 받았으며 그때마다 많은 백성이 인질이나 포로로 끌려가 동북지역에 뿌리를 내리고 살았다. 따라서 이미 민족적 정체성을 상실해 그곳에서 한족 등 타민족에 동화된 사람들까지 한민족의 범주에 포함해 이주 역사로 살필 것인가 하는 현실적 과제가 있다. 그것을 인정한다 하더라도 정확한 사실을 확인하기 쉽지 않은 문제도 있다.

실제로 중국 조선족학계에서는 조선족의 기원을 토착민족설과 천입민족설로 나누는 가운데 토착민족설의 근거로 근대 이전에 이러저러한 이유로 중국 동북지역으로 이주한 한민족 사례를 들기도 한다. 명나라 말기와 청나라 초기 정묘·병자 전쟁 시기 전쟁에 참전했다가 포로로 잡힌 사람들과 전쟁 중 끌려왔던 백성들이 끝내 돌아가지 못하고 현지에 정착해 살았던 사람들이 토착민족설의 근거이다. 이 밖에 1800년대 중후반 한반도에서 대량 이주하기 이전 개별적으로 이주하였던 사례도 그 범주에 넣기도 한다.

그러나 근대 이전에는 국가의 개념이 분명하게 정립되지 않아 국가와 국가를 나누는 경계가 불분명했다. 한 국가의 영역은 국가의 힘이 강하면 넓어지고 힘이 약하면 줄어드는 양상을 보였다. 백성 역시 다양한 이유로 경계를 넘나들며 살 곳을 정하기도 했다. 특히 나라에 정변이 생기거나 나라와 나라 간 갈등이 생기면 이 같은 현상은 더 크게 작동했다. 예컨대 고구려가 멸망했을 때 유민들이 발해를 건설한 것이나 발해가 멸망했을 때 일부 유민이 다시 고려로 돌아온 것 등이 그것이다.

한반도가 한민족의 삶의 터전으로 굳어지게 된 것도 조선 시대 세종 때에 이르러서였다. 하지만 이때도 그것은 상징적인 의미에 지나지 않았다. 한반도와 중국 동북지역을 가르는 압록강과 두만강이 국경선으로 구체화된 것은 훨씬 뒤의 일이다. 조선과 청나라가 1712년에 백두산정계비를 세워 백두산 동쪽지역의 경계를 설정하고자 한 것은, 비록 불완전한 것일 뿐 아니라 논쟁거리로 되었지만, 국경을 분명히 할 필요를 반영한 것으로서 시대적으로 보면 매우 앞선 조치였다. 그리고 일본과 청나라가 조선을 배제한 채 1909년 간도협약을 체결하였지만 한반도와 중국 동북지역을 국경으로 나누어 획책한 국제적 조약은 1962년 북한과 중국이 체결한 조중변계조약이 최초의 것이다.

따라서 한민족의 이주 역사와 관련해 근대 이전 시기는 역사적으로 드러난 몇 가지 사례를 살피는 것으로 제한하고 근대 이후에 초점을 맞추는 것이 현실적이다. 그런 점에서 이 글에서는 중국 조선족학자들이 조선족 기원의 하나로 주장하는 토착민족설은 근대 이전의 사례로, 천입민족설은 근대 이후의 사례로 나누어 살펴볼 것이다.

2) 근대 이전 한민족의 이주 역사

중국 조선족학계에서는 근대 이전 17세기 초의 명 말 청 초 시기 전쟁 포로로 잡히거나 강제로 끌려가 그곳에서 정착한 수십만 명의 조선인이 있다며 이를 토착민족설(土着民族說)의 기원으로 말한다.[22] 광해군 시대 명나라를 도와 여진족 정벌에 나섰던 강홍립 장군의 휘하 장병들이 여진족에 포로로 잡히거나 정묘·병자 전쟁 때 여진족에 끌려온 사람들이 끝내 돌아가지 못하고 그곳에 정착했는데 이들을 칭하는 것이다.

실제 요녕성 본계 등 주변지역에는 그 당시 이곳에 정착한 사람들의 후손임을 자처하며 사는 사람들이 적지 않게 있다. 그들은 청나라 시기엔 만주족에, 중화민국 및 중화인민공화국 시기엔 한족에 동화되었지만 한민족 고유의 습속과 문화를 유지하며 살아왔다. 특히 중국의 개혁개방정책이 시작된 1980년대 이후엔 스스로 족성을 조선족으로 바꾸는 등 한민족의 일원임을 주장해 왔다. 본계지역의 박씨들은 2014년 지역 출신 박씨들에 대한 기록을 책으로 엮기도 했다. 그에 따르면 본계지역 출신 박씨들의 수가 무려 7000여 명에 이른다.

정묘·병자 전쟁 당시 끌려간 조선인의 수는 많게는 50만여 명에 이르는 것으로 추정된다. 이후 돌아온 사람들을 감안하더라도 그곳에 남아 정착한 사람의 수는 수십만 명에 달할 것이다. 특히 병자전쟁으로 소현세자가 당시 청나라 수도였던 성경(盛京/ 지금의 심양)으로 끌려간 후 그곳에 억류된 포로와 잡혀간 사람들을 모집해 둔전을 경작했는데 소현세자의 귀국 후에도 그곳에 남아 농사를 지은 사람들이 적지 않았을 것이다. 연암 박지원의 『열하일기』에도 1780년 사신으로 북경에 갔을 때 그곳에서 병자전쟁 당시 끌려갔다가 돌아오지 못하고 정착한 사람들을 만난 얘기가 나온다.

　정묘·병자 전쟁 당시 끌려갔던 부인들이 천신만고 끝에 고향으로 돌아오자 조선의 사대부 가문에서는 이들을 환향녀(還鄕女/ 화냥년)로 부르며 가문에서 받아들일 것인지 내칠 것인지를 고민한다. 이에 당시 임금인 인조는 절충안으로 이혼 요구를 허락하지 않고 대신 첩을 얻는 것을 허용했다. 남성 중심의 국가에서 국가가 힘이 없어 남의 나라에 끌려갔던 여인들은 돌아와서도 가부장적 사회제도 속에서 평생을 죄인으로 살아야 했다. 그런 점에서 토착민족설을 인정할 것이냐의 문제와는 별개로 이곳에 정착해 한민족임을 자처하며 살아가는 사람들을 두 팔 벌려 끌어안아야 한다.

　만주족의 두 차례의 전쟁에 앞서 고려 시대 원나라가 침략했을 때 역시 고려인들이 대거 몽골로 끌려갔다. 30여 년에 걸친 항몽전쟁 동안 고려는 속수무책으로 당해야 했는데 당시 끌려간 사람의 수도 수십만에 이른다. 고구려가 당나라에 패함에 따라 대조영을 비롯한 고구려 유민 20여 만이 동북지역으로 이동해 이후 발해를 건국하였다. 당나라 장수인 고선지도 고구려 유민으로서 그 부모가 고구려가 패망한 이후 당나라에 정착함으로써 당나라 장수가 된 것으로 알려져 있다.

　이외에도 공식적으로 공녀를 요구함으로써 끌려간 사람들도 다수가 있다. 삼국시대 이후 한반도에서는 중국과 조공무역을 실시해 왔는데 중국의 역대 왕조들이 조공의 품목에 공녀 · 환관 · 노비 · 여자 등을 넣어 공물로 요구했다. 그러니까 근대 이전에 한민족의 동북지역을 포함한 중국으로의 이주 역사는 전쟁이나 인질 때문에 포로로 잡혔거나 강제로 끌려간 경우, 전쟁에 진 뒤 살 길을 찾아 유민이 된 경우, 그리고 조공무역의 공물로 끌려간 경우 등 정치적인 결과가 대부분이었다.

3) 근대 이전 이주한 한민족 마을들

요녕성 고씨촌=흑룡강성 할빈서 발간되는 한글신문《흑룡강신문》은 1989년 4월 20일 자에 '뿌리를 찾아 나선 고구려왕의 후손'이라는 제목의 기사를 실었다. 앞서 발견된 고구려 20대 장수왕의 후손임을 나타내는 족보, 요양 고씨 가보의 의미와 이를 추적하는 내용을 담았다. 이후 한국학계에

요녕성 본계현 산성자진 박가보촌 전경

서 관련 연구를 한 결과 이 족보는 그 시조가 장수왕임을 분명히 하고 있고 1686년, 1921년, 1951년 세 차례에 걸쳐 개정본이 출간됐음이 확인됐다. 아울러 1994년 5월 족보의 후손들이 집성촌을 이루어 사는 요녕성 태안현(台安縣) 대고려방진(大高麗房鎭) 지역을 답사한 결과 장수왕 후손으로 추정되는 고씨가 510가구 1천892명이 거주하고 있는 것을 밝혔다. 그러나 이들은 자신들이 고구려 후손인 것을 알지 못하고 집안의 내력도 파악하지 못한 채 한족화되어 살고 있었다.

요녕성 박씨촌 = 본계시(本溪市) 산성자향(山城子鄕) 박가보촌, 개주시(蓋州市) 박가구촌, 요양시(遼陽市) 태자하구(太子河溝) 박가구촌 등 3곳은 박씨 성을 가진 사람들이 거주하는 곳으로 박씨 성을 가진 주민이 각각 205명(1982년 조사), 277명(1982), 62명(1992) 거주하는 것이 확인됐다. 원래 중국에는 박씨 성을 가진 사람이 없어 이들은 정묘·병자 전쟁 당시 끌려간 포로 가운데 박일·박오 등의 후손들이 정착한 것으로 추정된다. 《흑룡강신문》 2006년 11월 19-25일 자에 따르면 이들은 대부분 한족화되고 한족 신분을 유지하고 있지만 한중 수교 이후 한국과의 관계가 활발해지면서 일부 사람들이 민족 신분을 조선족으로 변경하는 등 새로운 현상도 나타났다.

하북성 박장자촌 = 조사에 따르면 하북성 청룡현에 사는 박씨들은 명 말청 초 시기 전쟁 중 포로로 잡혀 청나라 팔기군에 편입되어 그들을 따라 관내로 들어갔다. 그리고 청조 순치 연간의 궁정 정변에 연루되어 파직당하고 박장자에 정배되었다가 현재 사는 곳에 정착하였다. 『팔기만주씨족통보』에는 팔기군 내의 조선인 성씨가 모두 43개 있는데 박씨 역시 그중 하나였다.

4) 근대 이후 한민족의 이주 역사

동북아시아에서 근대는 영국과 청나라 간의 아편전쟁 결과로 시작됐다.[23] 당시까지 전근대적인 군주가 전제정치 방식의 통치를 했는데 서구에 문호를 개방하면서 서양 문물과 제도들이 수입되었다. 동북아시아에서 근대화가 시작되는 것과 병행하여 역내의 질서 재편도 급속하게 진행됐다. 그리고 긴박한 질서 재편의 소용돌이 속에서 한민족은 극심한 자연재해를 겪게 됐고 백성들은 먹고 살 길을 찾아 한반도를 떠나야 했다. 한민족의 본격적인 이주 역사는 동북아시아에서의 근대화 및 질서 재편과 함께 시작됐다.

근대 이후 한민족의 이주는 두만강과 압록강에 인접한 지역에 살던 사람들이 당시 봉금지대로 묶여 있던 중국 동북지역의 넓고 비옥한 땅을 찾아 강을 건너면서 시작됐다. 농사철에 강을 건너 농사지은 후 추수해 다시 집으로 돌아가는 계절형 농사를 짓던 사람들이 한반도에 극심한 자연재해가 발생해 삶이 더 팍팍해지자 1860년대 중반부터는 아예 보따리를 싸 이주하기 시작한 것이다. 1880년 무렵에는 이주민이 3만여 명에 이르렀고 1910년 경에는 20만여 명을 넘어서는 등 그 수가 빠르게 증가했다.

중국의 일부 조선족학자들은 명 말 청 초 시기를 조선족 이주 역사의 시원으로 말하는 데 대응해 이 시기에 이주한 사람들을 그 시원으로 주장한다. 일명 천입민족설(遷入民族說)이다. 현재의 조선족은 이 당시에 이주한 사람들을 시원으로 하여 중국에 뿌리를 내려 오늘에 이르렀다는 것이다. 주로 연변 사회과학원 출신 학자들이 주장하며 명 말 청 초 시기에 이주한 사람들이 대부분 한족에 동화되어 민족 고유의 정체성을 견지하지 못하고 있을 뿐 아니라 현재의 조선족과의 연관성이 전혀 없다는 점을 들어 토착민족설의 부당성을 주장한다.

이렇게 시작된 근대 이후 한민족의 중국 동북지역으로의 이주는 크게 세 단계에 걸쳐 이루어졌다. 첫 번째는 1900년대 초까지 이루어진 생계형 이주이다. 앞서 언급한 바처럼 먹고 살기 위해 강 건너의 넓고 비옥한 땅을 개간하면서 새로운 삶을 시작한 것이다. 일부 지역에는 집안 전체가 집단적으로 이주하여 마을을 형성한 경우도 있었다. 용정시 명동촌이 대표적인 사례이다. 대부분 두만강과 압록강 인근의 함경도와 평안도 사람들이다.

　두 번째는 1905년 을사늑약으로 조선이 사실상 일본의 식민 상태로 전락하게 되면서 시작된 독립운동형 이주이다. 을사늑약으로 조선은 대외주권, 즉 외교권을 상실하게 되었으며 1907년 헤이그밀사사건을 계기로 고종이 폐위되고 군대가 해산되면서 사실상 나라로서의 위상을 잃게 되었다. 특히 군대 해산으로 정규 군사교육을 받은 군인들이 독립운동에 적극 참가하면서 의병 활동은 무장운동으로 체계화되었다. 이어 경술국치(1910)로 조선이 일본의 완전한 식민지가 되면서 독립운동을 위한 이주가 본격화되었다.

　세 번째는 만주사변(1931) 이후 일본이 중국 동북지역을 장악하면서 일본에 의해 반강제적으로 군량미 생산을 위한 집단적 농지개간형 이주가 시작됐다. 생계형 이주와 독립운동형 이주는 불가피하고 필연적이기는 하지만 자발적 성격을 띠고 있다고 한다면 농지개간형 이주는 일본에 의한 계획형 비자발적 이주라는 점에서 차이가 있다. 또 생계형 이주와 독립운동형 이주는 한반도와 가까운 곳을 정착지로 하거나 독립운동의 거점으로 삼았으나 농지개간형 이주는 일본의 계획에 따라 더 넓은 지역을 찾아 길림성 북부지역이나 흑룡강성지역으로까지 이주 지역을 확장했다.

　일본은 만주사변에 이어 중일전쟁(1937)을 획책하면서 이 지역을 개발하고 군량미를 증산하기 위해 일본인과 함께 한민족을 2백만 명까지 늘리기로 하고 적극적인 이주정책을 취했다. 그러나 조선인의 신분과 오족협화 정책 등의 문제로 인한 기관 간 갈등, 그리고 조선인의 강제 징용 등으로 인한 인력난 등으로 이주정책에 변화가 생겼다. 그럼에도 불구하고 광복 무렵 중국 동북지역의 한민족의 수는 216만여 명에 이르렀다. 광복 후 이들 중 절반 정도는 한반도로 돌아가고 1950년 무렵 중국 동북지역에는 약 111만여 명의 한민족만이 남았다. 이들은 이후 중국 동북지역에서 중국공산당의 소수민족정책에 따라 중화인민공화국의 공민인 조선족으로 살아왔다.

5) 탈냉전 이후 한민족의 이주 역사

한민족은 광복과 함께 연합군의 편의에 따라 38선을 경계로 남과 북으로 나누어졌다. 그리고 세계적인 냉전체제가 구조화되면서 이데올로기를 기준으로 남한과 북한은 각각 자유민주주의 진영과 사회주의 진영에 편입되었다. 이러한 구도는 중국 동북지역에 정착한 조선족동포에게도 그대로 적용됐다. 즉, 중국 공산당이 국공내전(해방전쟁)에서 승리해 중화인민공화국을 수립(1949.10.1)함에 따라 중국 동북지역에 거주하는 조선족동포들이 사회주의 진영에 포함됐기 때문이다. 따라서 조선족동포들은 남한과 단절된 삶을 살아야 하는 대신 북한과는 사회주의적 연대하에서 밀접한 관계를 유지하였다. 그런 역사는 냉전체제가 해체되고 한국과 중국이 공식적인 외교 관계를 수립한 1992년까지 이어졌다.

한중 간 국교 수립(1992.8.24)을 계기로 상황은 달라졌다. 중국 동북지역을 거점으로 하여 주로 농사를 지으며 살아온 조선족동포들이 경제적으로 크게 발전한 한국과의 관계를 맺기가 가능해짐에 따라 너도 나도 앞다투어 코리안드림을 꿈꾸며 한국으로 향했다. 개혁개방 초기의 정책 변화를 쫓아 북한과 무역을 하던 사람들도 경제적 어려움을 겪는 북한보다 한국과의 관계에 더 많은 관심을 갖기 시작한 것이다. 그 같은 상황은 날로 심해져 현재 한국 국적을 회복하거나 취득한 사람을 포함한 범 조선족동포들 중 한국에 장기 체류하는 사람이 무려 80만여 명에 이른다. 반면 북한과의 교류는 크게 줄어들었다.

중국 동북지역에 살던 조선족동포들이 대거 한국으로 역 이주한 반면 한국 사람들 중 적지 않은 사람들이 중국 시장을 개척하고 중국에서 생활하기 위해 중국을 찾고 있다. 한때 중국 거주 한국인이 100만여 명에 육박하였으나 세계적인 금융 위기와 중국에서의 사업 여건 악화 등으로 최근에는 많이 줄었다. 심양, 장춘, 할빈, 단동, 연길 등 중국 동북지역에서 생활하는 한국인들이 2015년 말 현재 3만4천여 명에 이른다. 당장은 여러 가지 제약 요인 때문에 중국에 거주하는 한국인이 줄어들고 있지만 중국 경제가 다시 호경기를 맞고 북한이 변하게 될 때 중국 동북지역을 중심으로 한국인들의 유입이 더 증가할 개연성은 크다. 한민족의 중국 동북지역으로의 이주 역사는 여전히 현재 진행형이다.

3. 한민족의 동북지역 이주 과정과 생활상

1) 조선인의 동북지역 이주 배경

근대 이후 한민족이 중국 동북지역으로 이주하게 된 배경은 이 지역의 특수한 사정과 깊이 연계되어 있다. 우선 한반도와 직접적으로 맞닿아 있는 지리적 근접성을 들 수 있다. 두만강과 압록강을 건너면 바로 새로운 땅을 만날 수 있다는 기대는 한반도에서 먹고 살기 어려운 상황에 처해 있던 많은 사람들로 하여금 이곳으로 이주하도록 추동했다. 17세기 앵글로 색슨계를 중심으로 한 유럽인들이 유럽에서의 고단한 삶을 청산하고 새로운 살 길을 찾아 신대륙으로 이주했던 것과 비교할 수 있다.

두 번째는 두만강과 압록강 너머의 한반도와 접경지역을 청나라가 봉금지대로 설정함에 따라 외부인들의 출입이 통제되어 이곳이 빈 공간으로 남아 있어서 1800년대 중엽까지 사람이 별로 살지 않았다는 점이다. 그런 점에서 이 지역과 가장 지근거리에 살았던 한민족은 빈 공간을 채우고 또 개발할 적임자였을지도 모른다. 실제로 한민족은 이 지역에서 수전(畓)을 개발한 것은 물론 청나라가 봉금정책을 대체해 이민실변정책을 취했을 때 한 몫을 담당했다.

세 번째는 청나라 말기 정국의 혼란과 청나라가 멸망한 이후 등장한 중화민국이 전국적 범위에서 정치적 지배력을 확보하지 못한 어수선한 상황에서 변방인 중국 동북지역은 정치권력의 영향이 제한된 무주공산 지역이었다는 점이다. 당시 중국 전역은 군벌이 나누어 지배했는데 동북지역도 동북왕으로 불린 봉천군벌 장작림의 영향하에 있었다. 특히 동북지역 중에서도 변방이라고 할 수 있는 연변지역 등은 땅의 크기에 비해 사람의 수는 적어 통치의 사각지대였다. 따라서 이 지역은 이주민들이 적응하기에 유리한 사회적 조건을 갖추고 있었다.

네 번째는 이 무렵 일본이 동북아시아에서 강자로 등장하며 중국 동북지역에 침략의 마수를 뻗치기 시작한 것과 깊이 연관되어 있다. 한민족이 이 지역으로 이주한 초기에는 먹고 살기 위한 생계형 이주로서 자발적인 것이었다면, 이후의 이주는 일본에 맞서 싸우기 위한 독립운동형 이주이거나 일본이 만주사변 이후 이 지역을 개발하고 군량미를 생산하기 위한 농지개간형 이주였다는 점에서 분명해진다. 즉 이곳으로 이주하게 된 과정에 일본의 한반도 침략이 결정적으로 작용했다는 것이다.

결국 한민족이 중국 동북지역으로 이주하게 된 것은 자발적으로 원해서 이주한 것이 아니라 자연재해로 인해 먹고 살 길을 찾기 위한, 혹은 식민지 상태로 전락한 조국의 참담한 현실을 목도하며 일제로부터 독립을 쟁취하기 위한 불가피한 선택이었다. 그런 점에서 한민족의 중국 동북지역으로의 이주는 해방 후 더 잘 살기 위해 스스로 선택한 미국 등 서방 국가들로 이주한 것과는 구별해 한민족 디아스포라의 관점에서 접근해야 한다.

2) 용정에 조선인이 모이게 된 과정

한반도에서 중국 동북지역으로 이주를 시작한 1800년대 말 한민족은 두만강과 압록강 가까이에 정착해 살았다. 시간이 지나면서 이주하는 사람들이 늘어나자 차츰 북쪽으로 이동하여 정착했다. 용정이 북간도의 중심지로 형성되는 과정에서 이 같은 사정을 엿볼 수 있다. 용정은 두만강을 건너 강변에 모여 살던 조선인들이 오랑캐령을 넘어 명동촌을 거쳐 이곳에 정착하기 시작하면서 형성된 마을이다. 1900년대 초에는 용정보다 명동촌 주변에 더 많은 사람들이 모여 살았다.

처음엔 용정 지명이 유래한 용드레마을이 형성되어 길손들을 맞이하면서 규모가 커졌다. 이주민들이 늘어나고 해란강 양안의 비옥한 토지 때문에 더 많은 사람이 정착하였다. 교통 요지인 용드레마을엔 이곳을 지나는 길손이 늘어나자 숙박집도 생기고 음식점과 자그마한 점포들도 생겨났다. 그렇지만 1907년까지만 해도 용정촌의 인구는 조선족 96세대, 한족 5세대에 도합 400여 명밖에 되지 않았다고 한다.[24] 그러던 것이 1907년 8월 일본이 정미7조약을 체결한 후 간도의 소속 문제를 들고 나오며 '조선인 보호'를 구실로 이 지역에 마수의 손길을 뻗치면서 변화가 시작됐다. 을사늑약으로 조선의 대외주권인 외교권을 뺏어간 일본이 이 지역에 사는 조선인들을 보호한다는 명분을 들어 용정에 조선통감부 간도파출소를 설립한 것이다.

일제는 용정에 간도파출소를 세우고 중국 내정을 간섭하기 시작했는데 2년 후인 1909년 9월 청나라를 핍박하여 이른바 도문강중한변무협정(圖們江中韓邊務協定), 즉 '간도협약'을 체결했다. 일제는 이 협정에 따라 용정·백초구(왕청)·훈춘·두도구(화룡)·국자가(연길) 등지를 상부지(商埠地)로 개방토록 하는 한편 길회선(길림-회령)철도부설권을 획득하였다. 용정의 경우, 동산에서부터 천주교회당과 보통학교 뒤를 돌아 해란강 연안에 이르는 곳을 북쪽 계선으로 하고, 해란강 연안을 따라 육도하의 합수목에 이르는 선을 서쪽 계선으로 하여, 그곳에서 화룡으로 가는 길을 꺾어들어 동산에 이르는 지점을 남쪽 계선으로 하는 부지면적 43만 7천217평을 청 정부가 일본에 상부지로 넘겼다. 그리고 11월 1일 조선통감부 간도파출소를 간도 일본총영사관으로 확대 개편하고 경찰부를 설치했다.

이렇게 일제가 용정에 대한 지배력을 강화하자 청나라도 이곳에 상부국·순경국·해관과 세연국을 설치하여 일제에 대처하는 한편 한족들의 이주를 장려하였다. 그리하여 용정은 조선인과 함께 한족들이 급격히 증가하기 시작해 불과 몇 년 지나지 않아 작은 도시의 면모를 갖추었다. 특히 1911년 5월에 용정에는 큰 화재가 발생해 거리가 절반이나 불타 버렸다. 이에 일제는 조선총독부의 명의로 2만4천 원이라는 거금을 내어 '구제회'를 설립하고 부동산을 담보로 대부금을 내주었다. 용정에 많은 돈이 풀리자 사방에서 장사꾼들이 몰려들었으며 거리에는 집을 짓고 상점을 꾸리는 사람들이 늘었다. 남북으로 뻗은 한족 거리와 연계된 조선인 거리에 새 주택들이 즐비하게 늘어서고 잡화점·여관·요리집들도 들어섰다.

일본 상부지 안에는 일본양행·조선은행출장소·구제회·각종 회사 등

초기 간도 이주자들

이 새로운 건물을 짓고 들어섰다. 조선인들은 거리 사이에 기와집과 초가집을 지었다. 용정 거리가 번창해 짐에 따라 사람들은 더 늘어나 큰 골목이 작은 골목을 낳고 작은 골목이 또 새끼를 치는 식으로 가로세로로 뻗은 골목들은 마치 거미줄과 같았다. 당시 사람들은 이 같은 용정 골목을 가리켜 '아흔아홉골목'이라고 하였다고 한다. 용정에는 또 평양시장 · 새시장 · 세관촌시장 · 49금시장 · 용정시장 등 다섯 개의 시장이 있었다. 1928년의 통계에 따르면 다섯 개 시장의 연간 무역 총액은 80만 2천160원으로서 연변에서 첫 자리를 차지하였는바 그 가운데서 농산물무역 총액은 52만 3천118원으로서 연길농산물무역 총액에 버금가는 것이었다.[25]

3) 이주 초기 조선인의 토지 개간 과정

먹고 살 길을 찾아 한반도에서 중국 동북지역으로 이주한 조선인들은 누구나 더 나은 삶을 기대했지만 상황은 그리 녹녹지 않았다. 특히 간도로의 이주 초기 상황은 더 그랬다. 이주자들이 겪는 어려움은 이주 시기별도 다소 차이가 있다. 그것은 이 지역이 전환기적 상황에서 외적 요인에 따라 주변 여건이 수시로 바뀌었기 때문이다. 황무지나 다름없는 숲을 개간하는 데 따른 어려움은 물론 이주민으로서 청나라의 정책에 맞서 민족문화를 지켜야 하는 문화적 갈등, 청나라 관료나 군벌들에게서 부당한 대우를 감수해야 하는 것 등이 그것이다. 이 모든 어려움은 이주한 조선인들이 스스로 감당해야 할 몫이었다.

초기 이주자들은 또한 자연과의 싸움을 해야 했다. 봉금지대로 출입이 제한되어 외부 사람이 들어오지 않은 빈 공간이어서 넓은 땅에서 마음에 드는 지역을 찾아 개간할 수 있었지만, 오두막을 짓고 숲이 우거진 곳을 변변한 도구도 없이 맨손으로 개간하는 것은 여간 힘든 것이 아니었다. 더욱이 범과 승냥이 등 사나운 야수들이 출몰하는 것을 경계하는 것도 큰 일이었다. 실제로 당시에는 적지 않은 사람들이 야수들에게 희생되었다.

봉금정책이 해제되고 이민실변정책이 실시된 후에는 청나라의 민족동화 정책 때문에 어려움을 겪었다. 청나라에서는 이주해 온 조선인들에게 만주족과 같이 치발역복과 귀화입적을 강요하며 불응하면 개간한 토지와 재산을 몰수한다고 엄포를 놓았다. 치발은 변발이라고도 하는데 머리 주변을 말끔히 깎고 가운데 머리를 땋는 만주족의 머리 모양이다. 만주족은 청나라를 건국하고 중국 전역을 통치하면서 한족에게도 이를 강요했는데 조선인도 똑같은 상황에 부딪히게 된 것이다. 청나라 호적에 올리라는 귀화입적 문제도 마찬가지였다. 조선인들로서는 이러지도 저러지도 못하는 진퇴양난에 빠졌는데 청 정부와의 협상 끝에 한 세대 당 한 사람만 치발역복 하기로 하는 선에서 타협을 보았다. 세대 별로 젊은 총각 한 명만 치발토록 함으로써 청나라의 정책을 따르면서도 민족문화를 지키는 길을 택했다.

이 지역에 대한 개발이 가속화되자 청나라는 관리·군벌·상인 등을 상대로 땅을 처분하였는데 관청과 밀착한 일부 인사들은 막무가내로 토지를 점유하였다. 이렇게 관청을 등에 업고 넓은 토지를 차지해 벼락 대지주가 된 관료·군벌·상인들을 '점산호'라 하는데 이들의 횡포 때문에 고통을 당해야 했다. 점산호들이 차지한 토지의 증명서에는 "동쪽은 수림이고 서쪽은 강이며 북쪽은 개울" 등으로 써넣어 어림짐작 식으로 정해 놓아 이주민들이 개간한 땅도 이 범주에 들어갔다. 다시 측량을 하고 등록하기도 했지만 권력을 등에 업고 있는 점산호들과의 싸움에서 이길 수는 없었다. 많은 사람들이 피땀 흘려 일군 토지를 빼앗기고 빈털터리가 되었다. 치발역복과 귀화입적을 하지 않은 사람들에게는 더 가혹했다. 이렇게 개간한 토지를 빼앗긴 조선인들은 결국 점산호의 소작농이나 고농(雇農)으로 전락했다.

점산호의 출현과 함께 조선인들 가운데도 대지주가 나타났다. 청나라의 정책에 순응하며 치발역복 하고 귀화입적 한 사람들 중에 점산호들과 관계를 맺어 부를 축적한 사람, 한족의 양자로 들어가 그 덕에 토지를 얻은 사람, 조선인 농민들을 고용해 한족 지주의 황무지를 오랫동안 세를 맡아 경작해 땅을 확보한 사람 등이 해당된다. 귀화입적한 조선인이 땅을 사려는 조선인에게 이름을 빌려주는 방식으로 대지주가 된 사람도 있다. 당시에는 토지 구매를 하는 데 이름만 빌려줘도 10%의 토지를 받았다.

이렇게 조선인이 개간한 토지는 물론 광산이나 삼림도 대부분 점산호들에게 강제로 빼앗기다시피 하여 조선인들의 처지가 어렵게 되었다. 따라서 토지가 없는 조선인들은 점산호의 소작농으로 전락하여 결국 소작살이를 하며 살아야 했다. 당시 조선인 소작농 사이에서는 소작농을 가리켜 '지팡살이'라고도 했다. 지팡이란 한어를 몰랐던 이주민들이 지주들이 차지한 지방(地方)의 중국어 발음 '디팡'을 잘못 부른 데서 생긴 용어인데 특정 지주에게 속하는 토지 등을 가리키는 말이다.

4) 독립운동 지원에 나선 조선인들

소작농으로서 힘겨운 삶을 이어 온 조선인들은 1900년대 들어 일제의 핍박이 심해지고 그래서 삶이 더 고단해지자 어쩔 수 없이 조상 대대로 살아온 고향 땅을 등지고 새로운 땅을 찾아 나섰다. 북풍한설 몰아치는 북녘 땅을 향해 발걸음을 옮겨야 하는 착잡한 마음 한편에는 그래도 넓고 기름진 땅이 끝없이 펼쳐져 있다는 소식을 풍문으로 들은 터라 기대 또한 적지 않았다. 그렇게 조선인들은 중국 동북지역으로 찾아들었다. 특별한 기술도 없어 몸을 써 땅을 개간해 농사를 짓겠다는 일념으로….

그러나 그들을 기다리고 있는 것은 기대와 달리 냉혹한 현실이었다. 땅은 황무지나 다름없고, 살을 에는 추위는 고향에서 경험한 것과는 차원이 다른 것이었다. 중국 동북지역으로 이주한 사람들은 그렇게 극한적 어려움 속에서 땅을 일구며 목숨을 연명해야 했다. 빈 공간으로 남겨졌던 이곳 땅도 먼저 들어온 한족들이 기득권을 차지하고 있어 마음대로 개간하지도 못했다. 대부분의 조선인들은 가진 것도 없는 터라 한족 지주들로부터 농사지을 쌀·농구·생활비 등을 빌려 농사를 짓는 '방청살이'를 해야 했다. 그래도 이주 초기의 방청살이는 땅을 개간해 주는 조건으로 3년간 소작료를 면제해 주는 등 좋은 조건이었다. 그러나 1910년대 후반 들어 이주민이 늘어나자 사정은 크게 달라졌다. 황무지를 개간한 첫 해에 수확고의 20%, 이듬해 30%, 그 이듬해는 40%를 소작료로 바쳐야 했다.[26]

당시 조선인 이주자들은 극소수의 지주와 자작농을 제외하고는 대부분 소작농과 고농이었다. 이들은 지주 관료 군벌 심지어 마적 등으로부터 이중 삼중의 착취를 당하고 핍박을 받아 매우 비참한 생활을 하였다. 대다수 농가들이 끼니를 잇기도 어려웠으며 온전한 옷가지도 제대로 입을 수가 없었다. 그렇다고 딱히 돌아갈 곳이 있는 것도 아니어서 그냥 견디며 살아가야만 했다.

이런 상황에서 1920년대가 시작되며 중국 동북지역은 독립 무장투쟁의 무대로 바뀌어 갔다. 대부분의 조선인들은 직접 무장투쟁 대열에 합류하거나 후방에서 돕거나 어떤 형태로든 조국의 독립을 위한 대열에 참가하였다. 소작농으로 근근이 입에 풀칠하며 살아가는 이주 농민들은 없는 주머니를 털어 독립운동 자금을 보태기도 하고 인근에서 활동하는 독립군을 위해 식량을 나눠주기도 했다. 비록 가난하게 살아가는 이주 농민들이지만 조국의 독립을 그리며 독립운동의 든든한 지원 세력으로 역할한 것이다.

중국 동북지역 전역에 산재해 살아가는 조선인 이주 농민들의 지원이 없었다면 이 지역에서 독립 무장투쟁도 어려움을 겪었을 것이다. 중국 동북지역에서 본격적인 무장투쟁의 신호탄이었던 봉오동전투나 독립 무장투쟁 사상 가장 빛나는 승리를 거두었던 청산리대첩 역시 역내에서 농사짓던 조선인 이주 농민들의 지원에 절대적인 영향을 받았다. 청산리대첩이 끝난 직후 일본군이 이른바 경신년 대토벌을 펼치면서 인근에서 살던 조선인 농민들을 무참히 살육한 것도 그 때문이었다.

이에 따라 일제는 만주사변 후 중국 동북지역을 직접 손아귀에 넣은 뒤 조선인 이주 농민들을 독립군과 떼어 놓기 위해 이른바 집단부락 건설에 착수했다. 집단부락은 독립군의 주 활동 지역 주변의 개활지에 인근에 사는 농민들과 한반도에서 집단으로 이주시킨 사람들을 모아 마을을 형성하는 형태로 건설됐다. 이주 농민들이 독립군과 접촉하는 것을 원천적으로 차단하기 위해 산간지역에 흩어져 살던 사람들을 부락을 형성해 한데 모아 놓고 감시체계를 강화한 것이다. 이렇게 세워진 집단부락은 1935년까지 연변지역에만 144개가 세워졌으며 1939년에 이르러서는 동북지역 전역에 1만 3천 451개로 늘어났다.[27]

5) 북간도 교육문화의 중심지 용정

두만강을 건너 온 조선인들은 초기 두만강변에 터를 잡고 살다가 1900년을 전후해 오랑캐령을 넘어 지금의 명동촌 주변에 모여 살았다. 그러다가 더 넓은 곳을 찾아 나선 사람들이 용드레마을(용정) 주변에 모여들었고 1907년 일제가 이곳에 조선통감부 간도파출소를 세우면서 용정은 날로 커져 갔다. 2년 후 간도파출소는 일본총영사관으로 확대 개편됐고 청나라도 이곳에 관리부서들을 세웠다. 이렇게 하여 용정은 북간도지역의 중심 지역으로 발돋움했다.

조선인들이 용정에 모이게 되면서 1906년 이곳에 조선인을 위한 최초의 근대적인 학교가 세워졌다. 을사늑약 이후 해외로 망명한 이상설·이동녕 등이 조선인 인재 양성을 위해 용정에 서전서숙을 세워 수 십여 명의 청년들을 모집해 교육시킨 것이다. 서전서숙은 이듬해 이상설이 헤이그에서 열린 만국평화회의에 참가한 것이 알려지면서 일제에 의해 강제 폐교됐다. 그러나 서숙을 졸업한 청년들이 나서 명동·창동·광성·정동 등 조선인학교를 꾸리는데 참여하면서 북간도지역 전역에 조선인을 위한 학교가 확산되

용정 명동촌 명동학교 옛 모습

었다.

1910년 8월 29일 경술국치 후 많은 애국지사들이 북간도에 들어왔는데 이동춘·김립 등이 교육으로 민족을 구하여 국권을 회복하려고 '간도간민회'를 조직하면서 양정숙(養正塾)을 세웠다. 1911년 10월 7일에 윤화수 등이 용정에 사립 영신학교를 세웠다. 이에 이동춘·김립 등은 간민회에 교육부를 설치하였고 계봉우 등 학자들은 조선어문·조선역사·동국지리 등 교재를 편찬하여 사립학교에 제공함으로써 민족교육을 크게 추동했다.

북간도에 조선인들의 이주가 급증하자 선교 목적으로 들어온 외국인들도 앞 다투어 학교를 세웠다. 영국 기독교 선교사 박걸이 용정에 명신(明信)여자학교(1914.6)를, 캐나다 장로교 선교사 스코트와 부트가 은진중학교(1917.7)를, 영국 전도사 기애스가 명신여자중학교(1920.6)를, 토성포 예수교회에서 일광학교(1920.8)를, 조선 천도교의 최익룡 등이 동흥중학교(1921.4)를, 독일 천주교 신부 임석충과 한홍렬이 해성소학교(1921.8)와 해성여자소학교(1929.10)를, 대성유교공회의 강훈 등이 대성중학교(1921.10)를 각각 설립했다.

조선인과 외국인들이 조선인을 대상으로 민족교육을 위해 학교 설립에 적극적으로 나서자 일제도 이에 맞서 잇따라 학교를 설립했다. 1908년 7월 용정에 조선통감부 함경북도 도립 간도중앙학교를 세웠으며 2년 후 이 학교를 지방의 보통학교로 개칭하였다. 1923년 2월에는 일본인 히다카 헤이지로가 광명어학부를 설립하였고 같은 해 5월 광명여자학교와 실천여학부를 세웠다. 이듬해 3월에 이 학교에 광명사범과를 증설하였다. 히다카 헤이지로는 또 1926년 4월 용정에 일본외무성재단법인 '광명회'를 내오고 그 산하에 광명 7부, 즉 광명유치원 · 광명소학교 · 광명중학교(영신소학교와 영신중학교를 매수하여 광명소학교, 중학교로 개칭) · 광명어학부 · 광명실천여학부 · 광명고등학교 · 광명사범고등과를 귀속시켰다. 청나라도 중국인 교육을 위해 현립 제3고급소학교를 설립(1910.8)했다. 이에 따라 용정을 중심으로 하는 북간도지역에서는 조선인의 민족교육, 중국인의 국민교육, 일제에 의한 노화교육 등 세 가지 교육이 병존하는 특별한 상황이 전개됐다.

한편, 1933년 말 통계에 따르면, 당시 용정은 전체 인구가 3천170호에 1만 4천927명이었다. 그런데 이곳에 고등사범과 1개, 중학교 7개, 중학부 4개, 소학교 11개, 유치원 4개 등 모두 27개의 학교가 있었고 학생수가 5천896명에 달했다. 학생수는 용정 전체 인구의 38.8%를 차지했고 주택의 70-80%가 학생들의 숙사로 사용되었다. 학생들은 북간도는 물론 서간도 등 간도 각지에서 몰려왔으며 심지어 러시아와 연해주, 그리고 조선과 일본에서 온 유학생도 적지 않았다고 한다.[28]

제3부

근대 이후
중국 동북지역에서
한민족의 삶

1. 항일 독립운동을 위한 투쟁의 삶

1) 항일 독립운동의 전개 과정

중국 동북지역에서 한민족의 항일운동은 일제의 완전한 식민지가 된 경술국치(1910.8.29) 이전부터 이미 시작됐다. 러일전쟁(1904-1905)에서 승리한 일본이 강압적으로 을사늑약을 체결(1905.11.17)해 조선(대한제국)의 외교권을 박탈하고 조선인을 핍박하자 뜻있는 인사들이 한반도를 떠나 중국 동북지역 혹은 러시아 연해주지역에서 의병 운동을 시작한 것이다. 이들의 의병 활동은 5년 후 한반도가 일제의 완전한 식민지로 전락한 후 독립운동으로 전환됐다.

기실 일제의 한반도 침략 야욕은 강화도조약 체결(1876) 당시부터 드러났다. 일본은 강화도조약 제1조에 조선을 자주국으로 명시, 청나라와 조선 관계의 해제를 시도함으로써 조선에 대한 지배력을 확보하고자 했다. 일본의 이러한 속셈은 청일전쟁의 결과로 체결된 시모노세키(下關)조약에서도 그대로 재현됐다. 실제로 일본은 강화도조약 체결 이후 1880년대부터 다양한 형태로 조선에 마수의 손길을 뻗치기 시작했다. 그 구체적 증거가 1895년 을미년 명성황후 시해로 나타났다.

일제의 이러한 움직임에 나약한 조선은 제대로 된 대응을 못했지만 백성은 의병을 일으켜 저항했다. 을미(乙未)의병(1895), 을사(乙巳)의병(1905), 정미(丁未)의병(1907) 등이 그것이다. 정미년 헤이그밀사 사건을 빌미로 일제가 고종황제를 폐위하고 군대를 해산하자 전국 각지에서 해산된 군인과 백성들은 더 적극적으로 창의(倡義)에 나섰다. 일제에 의해 저평가된 기록에 따르더라도 1907년 8월부터 1913년 사이에 연인원 14만 2천여 명의 의병이 2천869차례에 걸쳐 일본군과 교전했다. 조선 백성들의 창의에 일제는 무력으로 토벌에 나섰는데 같은 기간 1만 6천700여 명이 목숨을 잃었다.[29]

일제의 침략에 저항해 온 조선인들이 나라를 구하기 위해 중국 동북지역으로 이주하기 시작한 것은 을사늑약 이전부터 나타난다. 그러나 보다 구체적 활동은 을사늑약 이후부터이다. 1906년 이상설이 용정에 서전서숙을 설립한 것이 대표적인 사례이다. 서전서숙은 한민족이 해외에 세운 최초의 근대적 교육기관으로 일컬어지는데 서숙의 숙가(塾歌) 마지막 구절에 "안민구국(安民救國)하세"란 글귀를 담고 있다. 서숙 설립이 나라를 구하려는 염원을 담고 있음을 분명히 했다. 을사늑약 후 노심초사하던 안중근 의사도 더 이상 한반도에서 활동하기 어렵다고 판단해 1907년 러시아 연해주로 옮겨 의병활동을 시작했다. 그리고 1909년 10월 26일 대한의군부 참모중장의 자격으로 할빈에서 이토 히로부미(伊藤博文)를 저격했다.

경술국치로 한반도가 일제의 완전한 식민지로 전락하자 많은 독립지사들이 혈혈단신으로 혹은 친지나 식솔을 이끌고 중국 동북지역으로 몰려들었다. 1800년대 말부터 조선인들이 이주하여 살던 이곳을 독립운동을 위한 새로운 희망의 땅으로 인식한 것이다. 이들은 두만강 건너의 북간도 지역과 압록강 너머의 서간도 지역에 자리를 잡고 학교를 세워 낮에는 일하고 밤에는 공부하며 인재를 양성하는 한편 틈을 내 군사훈련을 하면서 독립운동을 위한 준비에 박차를 가했다.

일부 독립지사들이 국내 진공 작전을 전개하기도 했지만 대체로 1919년 이전까지는 학교를 세워 인재를 양성하는 등 독립운동을 위한 준비에 전념했다. 그러나 1919년을 기해 상황은 달라졌다. 길림(왕청이라는 주장도 있다)에서 대한독립선언(무오독립선언)이 발표된 것을 시작으로 일본 동경에서 2·8 학생독립선언, 서울에서 3·1독립선언이 잇달아 발표되며 상황이 변한 것이다. 특히 3·1독립선언이 중국 동북지역에 알려지면서 이 지역에서도 독립만세운동은 요원의 불길처럼 번졌다. 용정에서의 3·13만세운동은 서울에서의 독립운동 소식을 접한 지 불과 일주일 만에 무려 2만여 명이 운집한 대규모의 독립 만세운동이었다. 3월 초부터 5월 중순까지 두 달 보름 남짓한 기간 동안 중국 동북지역에서는 무려 73회에 걸쳐 만세운동이 전개됐다.[30]

중국 동북지역에서의 3·1운동 후속 운동은 조선인들의 가슴속에 독립의 의지를 불태우는 계기가 됐다. 적극적으로 노력하면 독립을 이룰 수 있을 것이라는 희망 속에서 독립 무장투쟁의 길로 나선 것이다. 중국 동북지역에서의 3·1운동 후속 운동이 독립 준비론의 입장에서 독립 무장투쟁이라는 새로운 방략을 수립하는 계기가 된 것이다. 그렇게 시작된 독립 무장투쟁은 1920년부터 본격화됐다. 6월 초 홍범도 장군을 중심으로 한 독립군 연합부대가 두만강 남쪽의 일본군을 봉오동으로 유인해 대승을 거두었다. 해외에서 일본군을 상대로 한 첫 전투인 봉오동전투이다. 그 여세를 몰아 10월 서일을 총사령관으로 하여 홍범도·김좌진 등이 연합한 독립군 부대는 청산리전역에서 일본군 대부대를 섬멸하는 혁혁한 전과를 거두었다. 이후 독립 무장투쟁은 우여곡절을 겪으면서 1930년대 초까지 이어졌다.

그러나 일본군의 대대적인 독립군 토벌 공세와 동북군벌이 일본군과 결탁해 독립군을 압박하는 상황에서 독립운동은 점점 위축되었다. 일제가

1931년 9월 만주사변을 일으켜 중국 동북지역을 장악함에 따라 이 지역은 한민족 독립운동의 무대로서의 기능을 상실하였다. 이에 따라 민족주의 계열 독립운동은 점점 쇠퇴하고 공산주의 계열 독립운동이 제한적으로 나마 그 자리를 메웠다. 그러나 1940년대에 들어서면서 공산주의 계열 독립운동 세력마저 러시아 연해주로 이동하면서 중국 동북지역에서의 독립운동은 사실상 종결되었다.

2) 독립운동 방략과 노선 갈등

일제의 압제에서 벗어나기 위해 한민족은 한마음으로 독립운동에 나섰지만 안타깝게도 그 방략에서는 입장을 달리했다. 한민족에게 일제의 강력한 압제에 저항할 힘이 있느냐 하는 문제가 핵심 사안이었다. 이에 따라 독립운동 방략은 세 가지 갈래로 나뉘었다. 한민족이 힘이 없으니 주변 강대국을 상대로 외교력을 펼쳐 일본을 압박해야 한다는 외교독립론, 힘은 없지만 맨주먹으로라도 죽기를 각오하고 일본에 저항해 싸워야 한다는 독립전쟁론, 일제와 맞서 싸워야 하지만 당장은 힘을 길러야 한다는 독립준비론 등이 그것이다.

외교독립론은 이승만이 주창했다. 3·1운동을 계기로 상해에 수립된 대한민국임시정부의 초대 대통령으로 추대된 이승만은 임시정부의 기본 정책으로 외교독립론의 입장을 견지했다. 그의 주장은, 일본을 상대로 무장투쟁을 벌인다는 것은 공연한 힘의 낭비이며 일본을 압박할 수 있는 강대국을 상대로 일제의 부당성과 한민족의 독립 열망을 전하여 독립을 얻어 내야 한다는 것이었다. 이를 위해 강대국을 상대로 조선에서 일본 세력을 몰아내 한민족을 독립시켜 달라는 이른바 '독립청원운동'을 전개하기도 했다. 그러나 미국과 일본 간에 태프트-가쓰라 밀약을 체결한 데서 알 수 있듯이 미국을 비롯한 서구 열강들이 자신의 이익을 위해 밀약을 맺는 상황에서 한민족의 독립 청원에 귀기울일 리 만무했다.

독립전쟁론은 이동휘 등 연해주지역과 중국 동북지역을 무대로 독립운동을 전개했던 사람들이 주로 주장했다. 이들은 일본이 정치·경제 등 모든 분야에서 핍박을 가하는 상황에서 무엇으로 경제를 발전시키고 교육을 진흥시킬 수 있을 것인지를 자문하면서 오직 무장투쟁만이 독립을 쟁취할 수 있다고 강조했다. 이동휘 등은 특히 이승만의 외교독립론을 강력히 비판했는데 우리 자신의 무장투쟁을 통해서만 진정한 의미의 독립을 얻을 수 있다는 이유에서였다.

독립준비론은 안창호 등이 주창했다. 지금 당장은 외교론을 통해 독립하기도 어렵고, 그렇다고 무장투쟁을 할 만한 힘도 없으니, 정치·경제·군사·국민성 등을 교육시켜 근본부터 만든 뒤 무장투쟁을 통해 독립을 쟁취하자는 취지이다. 독립준비론은 먼저 힘을 기르고 나중에 무장투쟁을 통해 독립을 쟁취하자는 단계론적 접근인 셈이다. 실제로 안창호 등은 1900년대 초 미국 이민 사회를 중심으로 자금을 모아 연해주 등지에 한인마을을 만들어 인재 양성에 나서는 등 독립을 위한 준비를 활발히 전개했다.

결과적으로 보면 중국 동북지역에서의 초기 독립운동은 안창호의 독립준비론적 접근 방법이 추진되었다고 할 수 있다. 을사늑약 이후 독립운동에 뜻을 두고 이 지역으로 몰려든 독립지사들은 먼저 학교를 꾸려 인재를 양성함으로써 독립운동을 준비했다. 그리고 어느 정도 준비가 이루어진 1919년에 이르러 독립 무장투쟁의 기치를 높이 들었다. 1918년 말(무오년) 중국 동북지역을 비롯해 세계 도처에서 활약하던 독립운동가 39명은 대한독립선언(무오독립선언)을 통해 독립 무장투쟁을 독립운동의 방략으로 제시했다. 이어 서울에서의 3·1운동 여파로 동북지역 곳곳에서 만세운동이 전개되자 독립운동을 위해 양성된 인재들이 앞다투어 독립 무장투쟁에 나섰다.

용정 3.13만세운동 장소 옛 모습

한편 3·1운동 직후 수립된 상해 대한민국임시정부는 초대 대통령으로 추대된 이승만의 외교독립론의 입장을 반영해 정책 노선을 정했다. 이 노선은 이동휘 등의 격렬한 비판에 직면한다. 이런 상황에서 뒤늦게 상해임시정부에 합류한 이승만이 갈등을 수습하지 않은 채 미국으로 돌아감으로써 임시정부는 위기를 맞게 됐다. 위기는 임시정부를 폐지하고 새로운 독립중추기관을 만들자는 창조파와 기존의 임시정부를 개혁하여 계속 유지하자는 개조파 간의 대립으로 이어졌다.

결국 김구 등 개조파의 입장이 반영되어 임시정부의 명맥은 유지됐지만 그로 인해 1923년 경부터 임시정부의 기능은 크게 제한될 수밖에 없었다. 그러나 지도자들의 노력으로 임시정부는 오랜 유랑 생활을 하면서도 명맥을 유지할 수 있었다. 그리고 1940년대 들어서는 중국 국민당 정부의 지원을 받아 중경에서 대한광복군을 창설하는 등 독립운동의 중추기관으로서 역할을 수행할 수 있었다.

3) 고국을 떠나 항일을 위한 기초를 다지다

1905년 을사늑약이 체결되면서 한반도는 사실상 일제의 반(半)식민지 상태로 전락했다. 대내주권은 간신히 유지했지만 대외주권인 외교권을 박탈당함으로써 외국과의 관계에서 자주적인 역할을 할 수 없게 된 것이다. 일본은 그로부터 2년도 채 지나지 않은 1907년 7월 헤이그밀사사건을 빌미로 정미7조약을 강제로 체결, 고종을 폐위하고 군대마저 해산함으로써 국가로서 대한제국의 근간을 뿌리째 흔들었다. 이러한 상황에서 뜻있는 애국지사들은 자기 방식으로 일제의 침략에 저항하기 시작했다. 스스로 목숨을 끊어 일제의 부당성을 폭로하는가 하면 글로서 일제의 행위를 만천하에 알리기도 했다.

그리고 일부 인사들은 국내에서의 여건이 악화되는 상황임을 감안해 러시아 연해주나 중국 동북지역을 대일 투쟁의 적지로 인식하고 조상 대대로 살아온 고국을 떠나 물설고 낯설은 그곳에 정착했다. 이렇게 하여 중국 동북지역이 한민족의 항일 독립 투쟁을 위한 거점으로 자리잡게 되었다. 한민족은 이주 초기 두만강과 압록강 가까운 곳에 정착했지만 시간이 지나면서 중국 동북지역 전역으로 확대됐다. 초기 거점으로는 북간도지역인 현재의 연변지역과 서간도지역인 길림성의 유하 · 통화, 요녕성의 신빈 · 환인 · 관전 등지를 꼽을 수 있다.

이곳 간도지역에는 1800년대 말부터 먹고 살 길을 찾아 이주한 조선인들이 이미 자리를 잡고 있어 그들을 기반으로 하여 독립운동을 전개하기에 유리한 환경이 조성되어 있었다. 북간도(연변)지역의 경우, 1880년경에 3만여 명이 이주하여 근거지가 마련되었으며 1900년대 들어서는 이주민들이 늘어나면서 마을이 형성되었으며 1910년경 간도지역에는 20만여 명에 이르는 한민족이 군체를 이루고 살았다.

이상설은 일찍이 이곳을 한민족의 새로운 거점으로 인식하고 1906년 용정에 한민족이 해외에 세운 최초의 근대적 학교인 서전서숙을 설립했다. 일본의 방해로 1년도 채 못 가 문을 닫아야 했지만 그 뜻을 이어 연변 곳곳에

용정 대성중학기념관

학교가 설립됐다. 이후 연길 와룡동에 창동학교(1907), 용정 명동촌에 명동학
교의 전신인 명동서숙(1908), 개산툰에 정동학교(1912) 등이 잇따라 세워졌다.
이들 학교는 이후 연변지역의 민족교육 요람으로서 민족의 독립과 자유를
위한 인재 양성에 매진했다. 그러나 일제가 이 지역에 영향력을 확대하면서
이들 학교 역시 시련을 겪게 되고 결국은 학교를 폐교하여야 했다.

초기 학교들은 1920년대 들어 대부분 폐교되지만 용정 등지에 한민족이
밀집하게 되면서 이곳에 새로운 학교들이 잇따라 설립됐다. 현재 용정중학
자리에 남아 있는 대성중학 연합기념관에서 볼 수 있듯이 은진·동흥·대
성·광명·광명여중·명신여중 등과 함께 많은 학교들이 새로 세워졌다.
이들 학교는 대부분 종교적 배경을 가지고 설립됐다. 예컨대 은진중학은 기
독교 단체에서, 동흥중학은 천도교가, 대성중학은 유교 단체에서 각각 세워
운영했다. 이들 학교는 종교적 배경하에서 각각의 종교적 이상을 통해 학

생들에게 민족의식을 고취하였는데 그 결과 혁혁한 민족지도자들을 다수 배출했다. 잘 알려진 사람으로는 은진중학 출신의 나운규 · 윤동주 · 송몽규 · 문익환 등이 있다.

4) 조직을 세워 독립운동에 앞장서다

3 · 1운동이 발발한 직후부터 중국 동북지역에는 독립운동을 위한 새로운 바람이 불었다. 그것은 독립운동 단체의 조직으로 이어졌다. 당장은 후속 운동을 위한 만세운동을 개최하는 데 치중하였지만 더 체계적이고 적극적으로 독립운동을 추진할 조직이 필요했기 때문이다. 3 · 1운동을 통해 독립운동의 필요성과 무장투쟁을 통한 독립 쟁취의 가능성을 엿보게 된 민족지도자들이 이 지역을 독립 무장투쟁의 무대로 인식하고 독립운동 단체를 서둘러 조직하기 시작한 것이다.

3 · 1운동 직후부터 1920년까지의 짧은 기간 중 중국 동북지역 전역에서는 동시다발적으로 항일전을 표방하며 수 많은 독립운동 단체들이 조직됐다. 3 · 1운동 후속 운동을 계기로 역내 조선인들의 통일에 대한 의지와 열망을 확인한 데 따른 새로운 시도라고 할 수 있다. 당시 조직된 단체들은 독립군단 성격의 규모가 큰 조직도 있고 작은 지역을 기반으로 한 소규모의 단체들도 있는 등 다양한 모습을 보였다. 지역 사정과 지도 역량에 따라 유연하게 접근한 것임을 알 수 있다.

북간도지역에서 새로 조직된 단체는 독립군단 성격의 대규모 조직만도 10여 개에 달했다. 서일 · 김좌진의 대한군정서(북로군정서), 홍범도의 대한독립군, 안무의 대한국민군, 최진동의 군무도독부, 이범윤의 대한의군부, 방우룡의 의민단, 김규면의 대한신민단, 대한광복단, 대한정의군정사, 훈춘한민회 등을 들 수 있다. 지방 단위의 소규모 단체로는 훈춘지방 청년들로 조직된 신대한청년회, 훈춘지역 공교회원들이 중심이 된 복황단, 연길현 팔도구에서 조직된 대한청년단, 창의단, 청년맹호단, 학생광복단 등이 있다.

서간도지역에서도 일찍이 한반도에서 건너온 지사들에 의하여 홍경현과 통화현 등지에 독립운동 기지가 건설되었는데 3·1운동 이후 독립운동 단체들이 우후죽순처럼 여기저기에서 조직됐다. 서간도지역에 조직된 독립운동 단체로는 이상룡과 지청천의 서로군정서, 조맹선의 대한독립단, 오동진의 광복군총영, 편강렬의 의성단, 안병찬의 대한청년단, 태극단, 대진단, 농무회, 한교공회 등이 있다.

3·1운동 직후 중국 동북지역에서 독립운동 단체들이 앞다투어 조직되면서 한성(서울)·연해주·상해에 정부 형태의 조직이 결성됐다. 이들 조직은 상해의 대한민국임시정부를 중심으로 결집하기로 합의했다. 당시까지는 개별 단체들 중심으로 독립운동이 이루어졌지만 상해임시정부가 수립됨에 따라 간도지역 독립운동 단체들 중에도 임시정부와 연대하여 군정부를 설립하는 형태로 발전했다. 정치적 중심지는 상해로 하되 한반도와 인접해 있고 조선인이 많이 살고 있는 이 지역이 군사적 중심지가 되어야 한다는 판단에 따른 것이었다. 북간도지역의 북로군정서(중광단-정의단-대한군정서의 후신)와 서간도지역의 서로군정서(경학사-부민단-한족회(신흥무관학교)의 후신)가 그것이다.

그러나 상해임시정부가 내부 분열로 독립운동의 구심점 역할을 하지 못하고, 1920년 10월 경신대참변을 겪으며 독립군이 북만지역과 남만지역으로 흩어지는 등 어려움을 겪게 되었다. 이런 상황에서 독립운동 단체들은 더 효율적인 무장투쟁을 위해 새로운 접근이 필요했는데 봉오동전투와 청산리전투에서 연합작전을 펼쳐 승전을 경험한 후라 자연스럽게 통합을 추

상해임시정부요인들

진하게 되었다. 동간도(북만)지역에서는 경신대참변을 피해 밀산지역으로 이동한 독립군들이 1921년 초 대한독립군단(총재 서일)을 결성했고 서간도지역에서는 이런저런 과정을 거쳐 1922년 8월 대한통의부를 결성했다.

5) 대의를 위해 독립운동단체 통합에 나서다

3·1운동 이후 중국 동북지역 전역에서는 우후죽순처럼 크고 작은 독립운동 단체들이 동시다발적으로 설립됐다. 기존의 독립운동 단체들에 새로운 단체가 더해지면서 당시 독립운동 단체는 차고 넘쳤다. 이는 중국 동북지역에 살던 조선인들의 독립에 대한 열망이 가져온 결과라고 할 수 있을 것이다. 3·1운동 후속 운동에 고무된 단체들 중에는 두만강과 압록강을 건너 국내 진공 작전을 펼쳐 일본을 자극하기도 했다.

이런 상황에서 독립운동 단체들 사이에서 통합의 필요성이 대두되며 구체적인 움직임이 전개됐다. 중국 동북지역 독립운동 세력은 우선 지역별로 뭉치기 시작했다. 이미 동북지역 전역에 널리 분포되었던 독립운동 단체들은 두만강 너머의 북간도(동만/ 연변), 압록강 건너의 서간도(남만), 그리고 흑룡강지역의 동간도(북만) 지역으로 나누어 지역별로 통합을 도모하기 시작했다.

서간도지역의 핵심 단체였던 부민단은 3·1운동이 일어나자 자신계(自新契)·교육회와 통합해 한족회(韓族會)를 결성했다. 당시《독립신문》에 따르면 한족회 관내의 조선인은 8만 호에 30만여 명이나 되었다고 전한다. 한족회는 유하현 고산자에 군정부를 조직하고 본격적인 무장투쟁을 전개했는데 상해임시정부에서 여운형을 파견해 임시정부에 합류할 것을 촉구했다. 이에 일부 반발에도 불구하고 이상룡 등이 설득해 1919년 11월 서로군정서로 개칭했다. 이와 함께 국내서 의병활동을 하다 동북지역으로 망명해 활동하던 의병과 유림 세력이 서간도지역에 흩어져 활동하고 있었는데 이들도 3·1운동 직후 유하현 삼원보에 모여 대한독립단을 결성했다.[31]

북간도지역에서는 대한국민회 산하 대한국민군(안무)과 대한독립군(홍범도), 군무도독부(최진동)가 1920년 5월 군사통일회의를 열고 대한북로독군부를 결성했다. 이 부대는 1천200여 명의 병력과 기관총 2정을 포함해 다양한 무기를 갖추고 있었으며 6월 초 두만강을 건너 일본군 부대를 유인해 대승을 거둔 봉오동전투에서 진가를 발휘했다. 독립운동사에 빛나는 최고의 승첩인 청산리전투 역시 독립운동 단체들 간의 연대에 따른 결과였다.

봉오동전투와 청산리전투에서의 경험을 통해 독립운동 단체의 통합이 항일 투쟁에 더 효율적이라는 것이 확인된 터라 이후 독립운동 단체의 통합은 탄력을 받았다. 청산리전투에 참가했던 독립군들은 일제의 대토벌을 피해 흑룡강성 밀산의 홍개호변에 위치한 평양진으로 집결했다. 그리고 전체 독립군을 아우르는 대한독립군단을 결성했다. 3천500여 명에 달하는 군단이 결성된 것이다. 총재에는 북로군정서 독판이었던 서일, 부총재는 홍범도·김좌진·조성환, 총사령관은 김규식, 참모총장은 이장녕, 여단장은 지청천이 각각 맡았다.

대한독립군단은 군단 결성 후 러시아 자유시로 이동했는데 여기서 한국 독립운동 사상 가장 비극적인 자유시사변(黑河事變)을 겪게 된다. 그리고 다시 중국 동북지역으로 돌아온다. 이후 돌아온 사람들을 중심으로 전열을 재정비한다.

당시 중국 동북지역에서 북간도지역과 서간도지역을 중심으로 여러 독립운동 세력이 형성되어 있었다. 특히 서간도지역 독립운동 단체들의 통합노력이 적극적이었다. 서간도 지역의 경우, 한족회와 신흥무관학교를 만든 서로군정서 세력, 대한독립단을 중심으로 하는 세력, 오동진 등이 조직한 광복군총영과 광한단을 중심으로 하는 세력 등이 핵심 세력이었다. 통합의 필요성을 느끼고 있던 이들은 신민회 간부였던 양기탁이 데라우치 총독 암살 모의 사건의 주모자로 체포되어 4년 7개월의 형기를 마치고 석방되어 서간도지역으로 건너오면서 본격적인 논의를 시작했다. 독립운동 단체의 통합 논의를 위한 통일위원회를 조직하고 양기탁이 지도위원장으로 선임됐다.

그 결과 1922년 봄 환인현에서 서로군정서와 대한독립단을 비롯한 광복군총영·광한단·평안북도독판부 등 여러 독립운동 단체가 참가하여 남만(南滿)통일회를 개최하여 통합 행정·군사 조직인 대한통군부를 결성했다. 통군부는 총장에 대한독립단의 채상덕을, 사령관에 서로군정서 김창환을 선임했다. 여기에 참가한 단체는 모두 8개 단과 9개 회를 포함한 17개 단체였다. 이 단체 대표들은 1922년 8월 23일 환인현 마권자에 모여 남만한족통일회의를 개최하고 대한통의부로 확대 개편했다. 이 회의에서는 참가한 단체의 명의를 모두 취소하고 통의부로 단일화하는 한편 군대의 명칭을 의용군으로 하기로 결정했다. 통의부는 총장에 서로군정서의 김동삼을, 부총장에 대한독립단의 채상덕을 선임했다. 통의부 의용군은 김창환을 사령장으로 하고 각 단체별로 5개 중대로 조직을 갖추었다.

그러나 불과 몇 달 후 통의부는 공화주의파와 복벽주의파 간의 갈등으로 위기를 맞았다. 통의부 지휘부를 구성하면서 당시의 세력 지형을 반영했으나 상대적으로 세력이 강했던 공화주의파인 서로군정서가 우위에 있었는데 복벽주의파인 대한독립단 계열 인사들이 불만을 드러낸 것이다. 상해임시정부까지 나서 수습하고자 했으나 10월 구타사건에 이어 12월에 총격전까지 발생하면서 결국 파국으로 치달았다. 통의부는 이후 곡절을 겪다가 1924년 8월과 12월 참의부와 정의부가 설립되면서 사실상 와해됐다.

북간도와 동간도 지역에서는 1921년 6월 자유시사변에서 대한독립군단이 큰 희생을 치른 후 전열을 정비하던 중 서일 총재가 마적들의 습격을 받아 휘하의 병력을 잃게 되자 책임을 통감하며 스스로 목숨을 끊는 일이 벌어졌다. 이 같은 시련 속에서 서로군정서와 혈성단·의군부·광복단·대진단 등의 독립운동 세력들이 통합에 나서 1922년 8월 다시 대한독립군단을 결성했다. 서간도지역에서 대한통의부가 결성된 것과 비슷한 시점이었다. 그리고 서간도지역에서 정부 형태의 참의부와 정의부가 잇따라 결성되자 이곳에서도 더 광범위한 독립운동 단체의 통합 노력이 전개됐는데 1925년 1월 목릉현에서 부여족통일회의를 열고 군정부 설치에 합의한 후 3월 영안현에서 신민부를 결성했다.

6) 3부 통합을 통해 새로운 정부를 꿈꾸다[32]

중국 동북지역 내 독립운동 단체들이 정부 형태의 참의부 · 정의부 · 신민부 3부로 재정립되면서 역내에서의 독립운동은 새로운 상황을 맞았다. 간도지역 전역에 흩어져 있던 독립운동 단체들이 지역을 나누어 각각 독립성을 갖는 3개의 단체로 정리됨으로써 일사불란한 지휘 체계를 갖추게 된 것이다. 이 같은 상황은 독립운동 자체의 동력을 강화하는 데 유리할 뿐 아니라 한 걸음 더 나아가서 3부 통합을 통한 통합된 하나의 독립운동 조직을 꿈꾸게 했다. 상해에 대한민국임시정부가 있음에도 불구하고 독립운동 방략에 대한 입장 차이로 통합된 지도력을 발휘하지 못하고 있었는데 독립 무장투쟁의 무대인 간도지역에서 새로운 비전을 만들 수 있게 된 것이다.

제일 먼저 결성된 참의부는 서간도의 압록강 대안 지역을 근거지로 하여 1924년 8월 출범했는데 공식 명칭은 대한민국임시정부 육군주만참의부이다. 공식 명칭에서 알 수 있듯이 참의부는 임시정부의 산하 무장 독립부대의 성격을 지니고 있다. 이는 통의부 산하 의용군들이 지도부의 분열에 실망해 상해임시정부를 상부 기관으로 삼기로 결정하고 직접 임시정부와 접촉해 임시정부 산하의 무장 군대의 지위를 확보함으로써 가능하게 됐다.

참의부가 대한민국임시정부의 무장 부대로 출범하게 된 것은 참의부는 물론 임시정부로서도 간도에 직할 독립군 부대를 갖게 됐다는 점에서 의미있는 일이었다. 임시정부는 원래 상해에 정부를 두는 대신 간도지역에 군정부를 두기로 하고 서로군정서 · 북로군정서와 연계를 했었다. 그러나 임시정부의 미미한 역할과 위상 변화에 더해 서로군정서 · 북로군정서의 위상마저 변하면서 임시정부와 간도지역 간의 연결 고리는 끊긴 상태였다.

참의부는 무장투쟁을 우선하는 무장 조직을 표방함에 따라 4개의 중대로 조직되었고 선임 중대장이 참의장을 겸임했다. 행정조직으로는 군자금을 징수하는 민사부 정도만 설치했다. 참의부가 정의부나 신민부와 비교할 때 관할 범위도 협소하고 조직도 단순한 것은 임시정부 산하의 무장 조직으로서 국내 진공 작전에 초점을 맞추었기 때문이다. 실제로 참의부는 수시로 국내 진공 작전을 전개했는데 간도지역에서 행한 국내 진공 작전의 3분의 2가 참의부에 의해 이루어졌다는 연구 결과도 있다.

정의부는 할빈 이남 간도지역을 관할했는데 이 지역 한인들에겐 하나의 '정부'였다. 정의부 역시 상해임시정부와 달리 머리와 몸통은 물론 손과 발도 갖춘 제대로 된 조직으로서 한인들의 대표 기관임을 자임했다. 입법·사법·행정의 3권이 분립된 민주공화제를 수용하는 등 철저한 민주주의 원칙을 지켰다. 법률 제정권은 의회에 있었고 행정부라고 할 수 있는 중앙행정위원회 산하에는 민사·군사·법무·학무·재무·교통·생계·외무 등 8개의 부서를 두었다. 사법부에 해당하는 사관소도 두었다.

군사 중심의 조직체인 참의부와 달리 정의부는 행정과 군사 병행 체제였다. 정의부는 촌락의 크기에 따라 구분해 의원을 선출하고 의원들은 신망 있는 사람들 중에서 중앙행정위 위원을 뽑았다. 초대 중앙집행위원장엔 이탁이, 중앙집행위원엔 김동삼·오동진 등이 선출됐다. 정의부는 창립선언서에서 "… 민족발달의 유일한 요소인 지식 정도를 향상시키기 위해서 교육 보급을 실시한다"고 언급한 바에서 알 수 있듯이 교육에 큰 관심을 기울였다. 실제 정의부 본부가 있던 유하현 삼원보의 동명중학, 흥경현 왕청문의 화흥중학, 화전현의 화성의숙, 그리고 부흥학교, 삼흥학교 등 많은 학교를 설립해 운영했다. 일제는 1920년대 후반 정의부에서 22개의 학교를 운영한다고 기록하고 있는데 실제는 훨씬 더 많았을 것으로 보인다.

정의부의 결성은 간도지역 내 독립운동 단체들의 통일 움직임 속에서 이루어졌다. 1923년 1월 상해에서 국내는 물론 상해·북경·간도·연해주·미주 등지의 120여 개 독립운동 단체 대표들이 모여 역사상 최대 규모의 국민대표회의가 열렸다. 이 회의는 난립된 독립운동 세력을 하나의 깃발 아래 모아 통일적이고 효과적인 독립운동을 전개하기 위해 통합된 조직을 건설하려는 것이었다. 그러나 이런저런 이유로 성과를 거두지 못했는데 회의에 참석한 간도지역 대표들이 현지로 돌아온 후 역내의 독립운동 단체들 사이에서 통합을 위한 전만통일회의주비회를 가졌다. 1924년 7월 열린 주비회를 거쳐 화전현에서 열린 전만(全滿)통일회는 서간도지역의 대표적인 독립운동 단체인 서로군정서를 비롯해 대한광정단 등 8개 단체가 참가한 가운데 정의부를 결성했다.

북간도와 동간도 지역의 15-16개 현에 거주하는 40-50만여 명의 한인 사회를 관할했던 신민부는 3부 중 가장 늦게 결성됐다. 그러나 신민부 역시 참의부나 정의부와 마찬가지로 삼권분립의 정치체제와 독립군을 거느린 완전한 정부 형태를 취했다. 행정부인 중앙집행위원회, 의회격인 참의원, 사법부인 검사원을 두었다. 대종교 계통의 김혁이 중앙집행위원장을 맡았고 김좌진이 군사부위원장을 맡았다. 참의원 의장은 의병장 출신의 이범윤이 맡았다. 대체로 대종교 계열의 지도자들이 지휘부를 구성했다.

신민부도 정책적으로 한인들의 생활 향상과 군사력 증강 그리고 한인들의 교육에 중점을 두었다. 이와 관련 신민부 결의안은 "군사는 의무제를 실시할 것. 둔전제 혹은 기타의 방법에 의해 군사교육을 실시할 것. 사관학교를 설치하여 간부를 양성할 것. 군사 서적을 편찬할 것" 등을 규정하고 있다. 이에 따라 신민부는 목릉현 소추풍에 성동사관학교를 설립해 500여 명의 장교를 양성했다. 학교 교장은 김혁이, 부교장은 김좌진이 맡았다. 주목되는 것은 군구제(軍區制)와 둔전제(屯田制)를 실시해 유사시 제빨리 대규모 병력을 동원할 수 있도록 한 것이다. 군구제는 신민부 관할 내의 만 17세 이상 40세 미만 장정들의 군적을 작성해 독립군의 기본 대오를 편성한 것이며 둔전제는 병농일치제도이다. 신민부는 또한 주 관할구역인 목릉 · 밀산 · 주하(현 상지시) · 돈화 등지에 50여 학교를 건설해 교육 사업에 매진했다.

한편 신민부는 일제의 사주를 받은 동북군벌의 탄압으로 많은 피해를 입었다. 특히 동북군벌이 조선총독부 경무국장과 맺은 이른바 미쓰야협약이 체결된 이후 상황은 극도로 악화됐다. 이에 따라 신민부는 장작림의 동북군벌을 타도하기 위해 국민당 정부와 연합 전선 결성을 추진하기도 했다. 신민부를 국민당 정부의 중앙군 제8로군으로 개편해 동북혁명군으로 활동한다는 것이었다. 이 계획은 국민당 정부 측 지휘부가 장작림에게 체포되면서 실패로 돌아갔다.

중국 동북지역에서의 독립운동은 3부가 결성되어 지역을 나누어 해당 지역을 관할하면서 사실상 지배 조직과 백성이 있는 특별한 위상을 갖게 됐다. 비록 불안전하고 임시적인 것이지만 한반도 밖의 간도지역을 무대로 하여 한민족을 통치하는 유사 정부조직이 형성된 것이다. 실제로 3부는 주권을 갖지 못했을 뿐이지 삼권분립의 민주적 제도를 도입한 나무랄 데 없는 정부의 모습을 갖추고 있었다.

그러나 비록 3부로 통합되어 독립운동 세력이 어느 정도 결집되었지만 이 역시 완전한 통일체는 아니었다. 더욱이 중국 동북지역에서의 독립운동은 일제와 동북군벌의 탄압과 내부 분열이라는 피할 수 없는 적들과 늘 마주해야 했다. 이 무렵 간도에 이주한 한인들은 중국 관헌과 주민들에게도 억압받고 있었다. 예컨대 길림성 성장이 한인 농민의 이주를 금지하고 이주한 농민들이 중국에 입적하지 않으면 1년 이상 경작지를 빌려주지 말라는 밀명을 내렸다거나, 중국 관헌들이 한인 학교를 강제로 폐교시켰고, 한인 농민들이 개간한 옥토와 농작물을 중국인에게 빼앗겼다는 등이 구체적 사례이다. 또 3부 내에서도 지역이 겹쳐 서로 경쟁하는 경우가 노정되기도 했다.

이에 앞서 1926년 7월 임시정부 국무령에 취임한 홍진이 "전 민족을 망라하는 공고한 당체(黨體)를 조직하자"고 주장, 상해임시정부에서도 통합을 지지하고 나섰다. 안창호는 창조파로서 임시정부를 인정하지 않던 원세훈을 만나 이념과 노선을 초월해 민족 대동단결을 촉구하고 간도지역을 방문해 역내에서 먼저 민족유일당을 결성할 것을 촉구하기도 했다. 이런 분위기 속에서 통합운동은 급물살을 탔다. 1928년 4월 정의부 중앙집행위원인 김동삼과 김원식이 신민부 본부를 찾아 김좌진 등 신민부 지도자들에게 3부 군부의 합작을 제의하기도 했다.

마침내 1928년 5월 12일 길림성 화전현에서 정의부 외 18개 재만단체 대표자 39명이 민족유일당 건설을 위한 회의를 개최했다. 회의는 통합 방식에 대한 의견 대립으로 난항을 겪었다. 세력이 가장 컸던 정의부는 단체 본위의 통합을 제기한 반면 참의부와 신민부는 3부를 완전 해체해 개인 본위로 조직을 새롭게 만들자고 주장했다. 두 노선이 끝내 합의를 보지 못하자 양측은 각각 별도의 협의체를 만들어 통합 작업에 나섰다. 단체 본위 조직론자들은 전민족유일당협의회를, 개인 본위 조직론자들은 전민족유일당촉성회를 결성했다.

결국 이견을 좁히지 못하고 1928년 12월 길림에서 신민부 군정부를 중심으로 참의부 주류파와 정의부 탈퇴파 그리고 일부 사회주의자들이 모여 혁신의회를 조직했다. 회장 김동삼, 중앙집행위원장 김원식, 군사위원장 황학수, 민정위원장 김승학 등을 선임하고 중앙집행위원회 산하에 3개 분회를 설치했다. 혁신의회에 가담하지 않은 정의부 주류파와 신민부 민정파 그리고 참의부 비주류 계열 등은 1929년 3월 정의부 주재로 길림에서 통합회의를 갖고 국민부를 결성했다. 이로써 중국 동북지역의 독립운동 단체는 '혁신의회와 국민부'라는 두 통합 조직으로 정리됐다. 이런 상황에서 일제와 동북군벌은 주요 독립운동 지도자들을 체포해 국내로 압송하였다. 독립운동 단체들의 통합이 이루어지고 있었지만 독립운동을 위한 외적 환경은 최악의 상황으로 치닫고 있었다. 설상가상으로 중국 동북지역을 지배하려는 일제의 계획은 점점 구체화되어 만주사변의 검은 그림자가 눈앞에서 어른거리고 있었다.

2. 중국 동북지역 이주민으로서 개척의 삶

1) 먹고 살 길을 찾아 나선 생계형 이주자들

함경도와 평안도 지역에 살던 조선인들은 19세기 말 자연재해로 기근이 들어 먹고 살 길이 막막해짐에 따라 탈출구를 찾아 중국 동북지역으로 나섰다. 청나라 조정이 봉금지대로 설정했을 뿐 아니라 조선 조정이 월강금지령을 내려 이전에는 강을 건널 엄두도 내지 못했지만 앉아서 굶어 죽으나 강을 건너다 벌을 받으나 마찬가지라고 생각하며 용기를 냈을 것이다. 그렇게 하여 시작된 중국 동북지역으로 이주하는 조선인은 점점 늘어 1900년 무렵엔 10만여 명에 이르렀다.

20세기 들어서도 한민족이 중국 동북지역으로 이주한 주된 동기의 하나는 먹고 살기 위한 것이었다. 좁은 한반도를 벗어나 넓고 비옥한 땅을 찾아 나선 것이다. 물론 일제의 한반도 침략이 노골화되고 식민지로 전락하면서 독립운동을 위해 이곳으로 이주하는 사람들이 늘었지만 먹고 살 길을 찾아 나선 사람들도 적지 않았다. 일제가 경술국치 직후부터 1918년까지 8년여에 걸쳐서 대대적인 토지조사사업을 실시했는데 이것도 주된 이유의 하나였다. 토지조사사업은 일제가 조선의 토지를 빼앗기 위해 취한 고도의 간계였기 때문이다.

일제는 조선의 토지소유제도를 봉건적인 것으로 부정하며 새로 실시하는 토지조사사업을 정당화했다. 다양한 형태의 토지 소유관계가 존재하고 있던 조선의 실정을 무시한 채 단순히 국유지와 사유지로 나눔으로써 상당수의 사유지를 국유지로 바꾸어 놓고 이를 총독부 소유로 만들었다. 토지 소유자가 소유 사실을 신고토록 한 것도 기실은 제도의 맹점을 이용해 토지를 가로채기 위한 술수였다. 실제로 복잡한 신고 방식을 몰라 토지를 빼앗긴 사례들이 적지 않았다. 토지조사사업을 통해 조선총독부가 차지한 토지와 임야가 전 국토의 40%에 달한다는 연구 결과가 있을 정도이다. 결국 토지조사사업을 거치면서 많은 자작농이 소작농으로 전락했다. 당시 자가 경작과 소작을 겸하는 반소작 농가와 완전 소작 농가를 합친 비율이 전체 농가의 77%에 달했다고 한다. 조선은 3%에 불과한 지주가 77%의 소작농을 지배하는 수탈 농업 자본주의 사회로 전락한 것이다.[33]

이런 상황에서 조선의 농민들은 살 길을 찾아 울며 겨자 먹기 식으로 고향땅을 등지고 중국 동북지역으로 이주를 결심하였다. 이렇게 떠밀리듯 동북지역으로 이주한 조선인들은 이곳에서도 비슷한 처지에서 어려운 삶을 살아야 했다. 청나라 시대엔 귀화입적은 물론 치발역복을 강요받았는데 이를 따르지 않으면 개간한 토지마저 빼앗기기 일쑤였다. 군벌시대에는 관료와 마적에게 갖가지 형태의 수탈을 당해야 했다. 이에 따라 조선인들은 현지 상황에 순응하면서 적응하기 위해 남들이 하지 않는 고된 일들을 하면서 개척의 삶을 살아야 했다.

2) 다섯 가문이 합심해 개척한 명동촌

　명동촌은 한민족이 중국 동북지역으로 이주를 본격화하면서 건설한 북간도지역의 중심지였다. 주목되는 것은 명동촌이 여타 마을과 달리 치밀한 계획하에 건설됐다는 점이다. 이미 적지 않은 한민족이 두만강을 건너 북간도지역 곳곳에 자리잡은 상황에서 1899-1900년 5대 가문이 함께 식솔을 거느리고 명동촌에 정착해 마을 건설에 나선 것이다. 그리고 이들은 명동촌을 소지역으로 나누어 개발에 참여했다.

　문치정(文治政)·김하규(金河奎)·김약연(金躍淵)·남위언(南葦彦) 4대 가문은 1899년에 먼저 이곳에 정착하였고, 1년 후인 1900년에 윤동주의 증조할아버지인 윤재옥은 가족들과 함께 이곳으로 옮겨 왔다. 명동촌에 정착한 4대 가문은 안내자를 포함해 모두 142명의 대규모였다. 문치정 집안 40명, 김하규 집안 63명, 김약연 집안 31명, 남위언 집안 7명 그리고 안내자 김항덕 등이 그들이다. 여기에 윤재옥 가문이 더해진 것이다.

　명동촌은 현재 용정시 지신진에 속해 있지만 이전에는 화룡현에 속해 있었다. 명동촌에 정착한 5대 가문은 각 집안별로 지역을 나누어 마을을 가꾸었는데 문치정 집안은 동구(東溝), 김하규 집안은 대사동(大蛇洞, 龍洞), 김약연 집안은 선봉(先鋒) 남쪽 기슭인 장재촌(長財村), 남위언 집안은 중영촌(中英村)에 각각 정착하였다. 뒤늦게 합류한 윤재옥 집안은 용암동(龍岩洞, 학교촌)에 자리잡았다. 이들은 중국인 지주 동한(董閑)이 소유하던 땅 중 1,000여 경 규모의 땅을 매입해 이곳에 마을을 형성했다. 1경은 소 한 마리가 하루 동안 밭갈이 할 수 있는 크기의 땅으로 1,000경의 규모를 가늠할 수 있다.

　그러니까 당시의 명동촌은 지금의 명동촌만을 말하는 것이 아니라 용암·장재·대룡·영암 등 인근의 여러 지역을 통칭하는 의미였던 셈이다.

더 확대하면 주변의 소룡동·풍락동·들미동·중왕동·상중왕동 등도 포함되었다. 마을 사람들의 전언에 따르면 명동촌이 번성할 때 이곳에는 수천여 명의 조선인이 모여 살았다고 한다.

명동촌이 형성된 지역의 이름은 원래 '비둘기 바위'라는 뜻을 지닌 '부걸라재(鵓鴿磖子)'였다고 한다. 이곳에 정착한 뒤 김약연을 비롯한 각 가문의 대표들이 이곳을 '동방, 곧 한반도를 밝히는 곳'으로 만들자는 취지에서 '명동촌(明東村)'으로 명명했다. 이후 이곳엔 1908년에 명동서숙(학교)이 설립되고 이듬해 명동교회가 세워지면서 조선인 이주자들의 경제·사회·문화·교육의 중심지로 기능했다.

이곳이 초기 북간도지역의 중심지로 자리잡게 된 것은 명동촌 건설에 앞장선 지도자들의 부단한 노력 덕분이다. 이들은 이곳에 명동학교를 세우면서 공동 부담으로 학전(學田)을 마련하여 학전에서 나오는 수입을 교육 기금으로 사용하였다. 이 기금 덕분에 명동서숙으로 출발한 명동학교가 서전서숙(瑞甸書塾)이 폐교된 이후 이곳에서 근무한 교사들을 초빙하여 그 맥을 이어 가면서 명동중학(1910)으로 발전할 수 있었다. 명동중학이 설립된 이듬해에 명동여학교도 설립됐다.

명동학교 교무주임 정재면(鄭載冕) 등은 김약연 등의 협조를 받아 명동촌에 명동교회를 세웠다. 이 교회 건물은 100년이 훨씬 지난 지금도 잘 보존되어 있는데 당시 주민들은 이 교회를 중심으로 한데 모여 부흥회를 여는 등 서로 의지하며 살았다. 유교적 전통을 가진 한민족 사회임에도 명동촌은 명동교회를 토대로 하여 근대 기독교 문화 공동체로 발전하였다.

3) 지명·학교명에 나타난 민족의식

중국 동북지역으로 이주한 한민족은 정착한 지역에 마을을 형성하고 민족교육을 실시하기 위한 학교를 건설하는 등 체계적으로 독립운동을 위한 거점을 만들었다. 그 과정에서 마을 이름과 학교 이름을 어떻게 지을 것인가 하는 문제로 고민했다. 그것은 타지로 이주한 한민족이 정체성을 구현하는 상징적 의미를 갖는다는 점에서 무엇보다 더 중요한 일이었다.

지명과 관련해서는 일반적으로는 여타 이주민들이 취하는 것과 같이 이주하기 전의 지명을 차용하거나 그것을 변용하는 방식을 취했다. 연변을 포함한 중국 동북지역에 새로 형성된 마을들의 경우 그와 같은 많은 사례를 접할 수 있다. 갑산촌·무산촌·회령촌·어랑촌·안산촌 등이 옛 고향의 지명을 그대로 차용한 사례에 해당한다. 산악지역인 연변지역 곳곳에 아리랑고개나 오랑캐령 등의 이름이 붙여진 것도 같은 맥락에서 이해할 수 있다. 지금은 사람들이 떠나 마을의 명맥조차 이어지지 못하고 있지만 강원도마을·원주마을 등 출신 지역 이름을 붙여 부르던 마을도 적지 않았다. 충청도마을 등은 여전히 남아 있다.

그러나 좀 더 규모가 있거나 지역의 중심지인 곳은 특별한 의미를 더해 작명한 곳도 있다. 대표적인 것이 용정시 명동촌이다. 한민족이 중국 동북지역으로 이주하던 초기의 중심 지역이었던 이곳의 이름 명동은 밝을 명(明)자에 동녘 동(東) 자를 썼는데 동자는 동국(東國) 즉 조선과 한반도를 지칭하는 것으로서 멀리 떠나왔지만 조국을 밝히겠다는 의미를 담아 작명한 것으로 알려진다. 명동촌에 세워진 명동학교와 함께 초기 이주민들의 민족의식을 고취했던 연길의 창동(昌東)학교와 개산둔의 정동(正東)학교의 경우도 똑같이 이름에 동녘 동 자를 차용함으로써 유사한 의미를 내포한다.

신빈현 와니전자촌 동북수전제일촌 기념비

4) 동북지역 수전 개발의 주역 조선인들

동북지역은 중국의 주요 곡창지대의 하나다. 옥수수 · 콩 · 쌀 등이 주종
이다. 연변지역을 포함해 두만강과 압록강 가까이에 있는 지역은 산간지대
이지만 북쪽으로 올라갈수록 넓고 비옥한 평야가 끝없이 펼쳐진다. 그야말
로 광활한 '만주 벌판'이라는 말이 실감 난다. 그 벌판은 대부분 옥수수 밭이
지만 그 사이사이에 벼농사를 하는 곳이 적지 않다.

전통적으로 동북지역에 사는 만주족과 한족은 수전(水田/논) 농사를 하지
않고 한전(旱田/밭) 중심의 농사를 지었다. 흔히 물에 발을 담그는 것을 싫어
하기 때문이라고 말한다. 논농사를 짓지 않았던 또 다른 이유도 있다. 수로
를 개발하고 복잡한 농사 기술을 익혀야 하는데 그런 것에 익숙지 못한 탓

신빈현 와니전자촌 수전

도 있다는 것이다. 논농사는 밭농사에 비해 그만큼 많은 노력과 기술이 필
요하기 때문이다. 어쨌든 이렇게 넓고 비옥한 땅을 두고도 밭농사만 지어서
이들은 이밥을 먹지 못하고 살았다.

그러나 1800년대 말 부지런한 한민족이 동북지역으로 이주해 오면서 사
정은 달라졌다. 조선인들이 정착한 곳을 중심으로 물길을 만들어 수전을 개
발하고 익히 알고 있는 농사 기술을 활용해 벼농사를 짓기 시작한 것이다.
동북지역에서의 벼농사는 조선인들이 그렇게 시작했다. 따라서 중국 동북
지역에서는 어디를 가든 가는 곳마다 전설처럼 조선인들이 수전을 개발한
이야기가 전해진다. 그 만큼 이곳에서 수전을 개발한 것은 특별한 일이고
자부심을 가질 만한 일인 것이다.

동북지역은 대체로 땅이 비옥해 이곳에서 생산되는 쌀은 밥맛이 좋기로

유명하다. 사람들은 서로 자기네 지역의 쌀이 최고라고 자랑한다. 연변지역만 하더라도 두만강변의 어곡전이나 용정과 화룡을 잇는 해란강변의 평강벌에서 나는 쌀이 좋다고 서로 경쟁한다. 흑룡강성에서는 오상과 영안 지역이 그럴 듯한 이유를 들어 자기네 고장의 쌀이 최고라고 자랑한다. 들어 보면 모두 그럴듯하여 고개를 끄덕이게 된다.

동북지역에서 제일 먼저 논농사를 지은 것은 압록강 건너 지역으로 알려졌다. 1800년대 중엽 조선의 평안도 초산 일대에 살며 뗏목을 몰던 사람들이 압록강을 건너 혼강 유역의 관전현에서 논농사를 지은 것으로 알려진다. 또 뗏목을 타고 혼강 유역을 오르내리던 평안도 사람들이 환인의 하전자에 정착해 수전을 개발했다는 설도 있다. 실제 환인현 괘마자진 왜전자촌에는 이곳이 동북지역에서 최초로 수전을 일구었다는 것을 기리기 위한 '동북제일수전비'라는 돌비석이 세워져 있다. 신빈현 왕청문에서 발원한 부얼강(富耳江)을 수원으로 하여 일찍이 논농사가 시작됐다는 것이다. 환인시 시사(市史)에도 언급되었다고 한다. 이 지역은 부얼강이 혼강으로 흘러드는 유역에 위치하고 있어 토질이 좋다. 이렇게 혼강 유역에서 시작된 조선인의 논농사는 이후 집안·환인·홍경(신빈)·통화·유하 일대로 급속히 확산됐다.

연변지역의 경우, 1890년대 들어 두만강 유역에서 처음 논농사가 시작된 것으로 알려진다. 이후 조선인들의 유입이 늘어나면서 사람들이 두만강변을 거쳐 명동·용정 등 북쪽으로 이동하게 되는데 이렇게 하여 해란강변을 포함해 연변 각지로 논농사가 확산됐다. 논농사를 짓는 사람이 늘어나면서 수리·관개를 통해 수전을 개발하기도 했다. 수리·관개에 의해 수전을 개발한 최초의 사례는 현재의 용정시 지신진 육도하 부근이다. 기록에 따르면 1906년 6월 조선인 16명이 길이 1천308m에 이르는 도랑을 만들어 육도하에서 물을 끌어들여 33쌍(33ha)의 논을 만들었다. 이를 계기로 연변지역 조선인들은 해란강변은 물론 부르하통하 · 가야하 유역 등 넓은 지역에서 수리 · 관개 공사를 하여 수전을 확보한 후 벼농사를 지었다.[34]

3. 중국 동북지역에 널려 있는 한민족의 자취

1) 노블레스 오블리주를 실천한 명문가들

노블레스 오블리주. 높은 사회적 신분을 가진 사람들이 그에 상응하는 도덕적 의무를 다하는 것을 칭하는 이 말은 중국 동북지역으로 망명해 독립운동을 행한 사람들과 불가분의 관계가 있다. 이곳에서 독립운동이 활발히 전개될 수 있었던 그 이면에는 모든 것을 버리고 오로지 조국의 독립을 위해 헌신한 '명망가'들이 있어서 가능했기 때문이다. 사회적 지위가 높고 낮고를 불문하고, 쾌척한 재산이 많고 적음을 떠나서 그들은 목숨마저 초개같이 독립운동에 바쳤다는 점에서 모두 노블레스 오블리주를 실천한 사람들이었다. 그들 중 잘 알려진 몇몇 경우를 살펴본다.

(1) 나라를 위해 모든 것을 바친 이회영과 여섯 형제들

흔히 우당(友堂) 이회영(李會榮) 선생의 가문을 일컬어 조선 시대 삼한 거족의 명문대가라 말한다. 조선 시대를 대표하는 명문가로서 권세든 재물이든 무엇 하나 아쉬울 게 없는 가문이었다는 의미다. 그러나 이들은 일제에 의해 나라가 식민지로 전락하자 모든 것을 미련 없이 떨쳐 버리고 1910년 12월 항일 독립운동을 위해 전 재산을 처분하여 북풍한설 몰아치는 중국 동북지역 서간도로 떠났다. 우당의 여섯 형제와 일가족 등 40여 명이 서울 한복판의 노른자위 땅을 포함한 모든 가산을 처분한 돈 40만원(현재 가치로 약 600억

원)을 가지고 도착한 곳은 현재의 길림성 유하현 삼원포였다.

이곳에서 이들은 경학사를 세워 낮에는 농사를 짓고 밤에는 공부하며 독립운동을 준비했다. 이후 통화현 합니하 등지로 옮기면서 독립군 양성을 위한 신흥무관학교를 설립·운영했다. 1921년 문을 닫을 때까지 신흥무관학교가 배출한 독립군은 무려 3천500여 명에 이른다. 이들은 후에 청산리전투를 포함해 독립운동사에 빛나는 수많은 독립 무장투쟁에 참여해 혁혁한 공을 세웠을 뿐 아니라 독립운동 단체들의 훌륭한 지도자로 성장했다. 이회영 가문이 뿌린 씨앗이 독립운동을 위한 튼튼한 동량이 된 것이다.

우당은 상해에 대한민국임시정부가 수립되자 동생 시영(始榮)과 함께 참여하기도 했지만 임시정부가 분열되자 아나키스트의 길로 들어선다. 말년에는 한중일 아나키스트들이 합작한 항일구국연맹을 설립해 의장으로 취임했으며 행동대로 흑색공포단을 조직해 활동하기도 했다. 그러나 우당은 흑색공포단의 활동 범위를 넓히기 위해 위험을 무릅쓰고 상해에서 배를 타고 동북지역으로 가다 대련항에서 붙잡혀 모진 고생 끝에 1932년 11월 17일 순국했다. 그의 나이 65세였다.

우당과 함께 간도로 망명한 여섯 형제와 일가족은 중국 동북지역에서 또는 상해에서 독립운동을 위해 배를 곯아 가며 갖은 고생을 다했지만 대부분 광복을 보지 못한 채 이국 땅에서 세상을 떠났다. 여섯 형제 중에는 대한민국임시정부 부통령을 지냈던 다섯째 이시영만이 생존하여 1945년 11월 임시정부 요인들과 함께 개인자격으로 고국으로 돌아왔다. 중국 정부는 2000년 이회영이 중국에서 행했던 항일운동의 높은 뜻을 기리며 특별히 '항일혁명열사'로 추대하며 그 증서를 수여했다.

안동 경상북도독립기념관

(2) 만주벌 호랑이 김동삼과 의성 김씨 가문

안동시 변두리의 내앞마을(川前里)에는 의성 김씨 가문이 대대로 살아온 집성촌이 있다. 그 옆에는 경상북도독립운동기념관(기초자치단체인 안동시가 운영했던 舊 안동독립운동기념관의 후신)이 자리잡고 있다. 기념관을 둘러보면 안동시가 왜 이곳에 독립운동기념관을 세웠었는지 금세 알 수 있다. 이곳에는 독립운동사에 길이 빛나는 안동 유림들의 혁혁한 활동들이 잘 전시되어 있는데 특히 내앞마을 출신의 의성 김씨 가문의 활약이 두드러진다. 의성 김씨 가문이 중국 동북지역으로 망명해 독립운동을 하는 과정에는 백하(白下) 김대락(金大洛)과 일송(一松) 김동삼(金東三)이 그 중심에 있다.

김동삼은 일제에 의해 국권이 침탈되기 시작하자 안동에 협동학교를 설립(1907)해 독립운동을 위한 인재 양성을 시작한다. 그러나 더 이상 국내에서 활동이 어렵다고 판단한 일송은 1911년 1월 문중 일가와 제자 등 30여 명을 이끌고 서간도 유하현 삼원포로 떠났다. 여기서 이회영·이상룡과 만나 경학사·신흥무관학교를 설립하고 운영하는 데 참여했으며 간도지역에서의 독립운동을 이끄는 지도자로 역할했다. 일송에 앞서 같은 의성 김씨로서 당숙뻘인 백하는 이미 문중 가솔들을 이끌고 서간도에 자리잡고 있었다.

우당이 간도지역을 포함해 중국 전역을 무대로 활동했다면 일송은 간도지역에서 독립운동 단체를 이끌거나 통합운동을 전개하는 데 평생을 바쳤다. 그의 이름이 간도지역을 칭하는 동3성에서 따온 것도 이와 무관치 않다. 본명은 긍식(혹은 종식)이었으나 간도로 이주한 지 얼마 지나지 않아 동삼(東三)으로 바꾸었다. 함께 간도에서 활동한 동생은 동만(東滿)이다. 그런 만큼 간도지역에서 그의 위상은 특별했다. 1923년 상반기에 세계 곳곳에서 활동하던 독립운동 단체 대표 수백 명이 상해에 모여 개최한 국민대표회의에 서간도 독립운동 단체 대표로 참가한 그는 의장을 맡아 회의를 이끌기도 했다.

일송은 간도지역 독립운동 단체들이 난립하자 이를 통합하고 통일하는 데 앞장섰으며 통의부와 정의부를 결성하는 데 주도적 역할을 하기도 했다. 1928년에는 참의부·정의부·신민부 3부의 통합 과정에도 적극 참여했다. 그는 일제가 만주사변을 일으킨 후에도 간도지역에서 활동하다 일제에 체포돼 1937년 4월 13일 57세의 일기로 경성형무소에서 순국했다. 함께 간도로 건너간 가족들은 광복 후에도 중국에 남아 정착했다.

(3) 9명의 독립 유공자 배출한 석주 이상룡 가문

대한민국임시정부의 3대 수반이자 초대 국무령을 지낸 석주(石洲) 이상룡 (李相龍)의 가문은 직계 3대뿐 아니라 아우, 조카를 포함해 모두 9명의 독립 유공자를 배출한 것으로 유명하다. 안동의 명문가인 이상룡의 고성 이씨 가문은 혼인관계를 통해서도 혁혁한 독립운동 집안과 직간접적으로 연결되어 있다. 석주의 부인은 백하(白下) 김대락의 누이동생이고 최근 새롭게 조명받는 여류 독립운동가 김락의 언니이다. 안동의 대표적인 파락호로 유명한 김용환은 김락의 사위로 석주와는 사돈지간이다. 안중근 의사가 '관계(官界) 제일의 충신'으로 칭송한 의병장 왕산(旺山) 허위(許蔿)도 겹사돈이다.

국내서 의병 활동을 하는 등 일제의 압제에 저항하여 온 석주는 1911년 1월 전 가족을 이끌고 서간도 땅으로 향했다. 그는 신의주에서 압록강을 건너기에 앞서 비통한 마음과 결기를 담아 시 한 수를 지었다. '내 아내와 자식을 왜놈의 종이 되게 할 수 없다'는 절절한 마음을 담은 이 시를 통해 중국 동북지역으로 망명의 길을 떠나는 선비의 올곧은 심정을 드러낸 것이다.

앞서 만삭의 손부와 손녀를 포함한 일가를 데리고 서간도로 떠났던 손위 처남 백하와 함께 환인현 횡도촌에 머물던 석주는 유하현 삼원보로 옮겨 이회영 · 김동삼 등과 함께 경학사 · 신흥학교를 세운다. 경학사 대표로 추대된 석주는 "아~ 사랑할 것은 조선이요, 슬픈 것은 한민족이로구나!"라고 심정을 토로하며 무장투쟁을 위해 철저히 준비하겠다는 의지를 다졌다. 이후 통화현 합니하로 옮겨 신흥무관학교를 세워 본격적으로 독립군 양성에 나섰다. 3 · 1운동 후 군정부(軍政府)를 세워 총재로 취임한 석주는 상해임시정부의 요청으로 서로군정서로 이름을 바꾸어 임시정부와 연계하기도 했다.

이상룡은 1925년 상해임시정부 국무령으로 임명되어 상해로 갔으나 1년도 안 되어 사임하고 다시 서간도로 돌아왔다. 간도지역 독립운동 단체들의 갈등 속에서 통합운동에 앞장섰지만 뜻을 이루지 못했다. 만주사변이 일어나 일제가 간도지역을 점령하자 크게 절망한 석주는 1932년 6월 15일 길림성 서란현에서 74세를 일기로 눈을 감았다.

⑷ 의병장 유인석과 최초 여성 독립운동가 윤희순

의암(毅菴) 유인석(柳麟錫)은 을미사변(1895) 이후 강원도와 충청도 지역을 무대로 의병 운동을 전개하다 중국 동북지역과 연해주 등지로 옮겨 활동하는 등 항일을 위해 도처를 떠돌았다. 그런 연유로 의암은 세 차례나 동북지역을 찾았는데 말년은 요녕성 관전현 보달원향에서 보냈다. 경기도 구리에서 성장한 윤희순은 의암의 재당질인 유제원과 결혼하면서 의암과 인연을 맺었다. 윤희순의 시아버지인 독립운동가 유홍석은 유인석과 6촌지간이다.

유인석은 위정척사파의 거두인 이항로의 문하에서 수학한 유림과 독립운동가의 대표적 인물로서 을미년 이후 전국 각지에서 항일의 기치를 높이 들었다. 일제의 핍박이 심해지자 국내 이곳저곳은 물론 중국 동북지역과 연해주까지로 활동 무대를 넓혔다. 따라서 의암이 중국 동북지역에 정착해 활

춘천 윤희순 동상

동한 기간은 그리 길지 않다. 짧은 기간이지만 그는 말년에 노구를 이끌고 서간도지역 관전·환인 등지에서 의병대장으로 추대돼 활동하다 1915년 1월 29일 74세를 일기로 생을 마감했다.

이에 앞서 유인석은 경술국치 다음 해인 1911년 유씨 가문과 처가 집안 등 40-50가구를 먼저 요녕성 신빈현 난천자 고구려구로 이주시켰다. 이 무렵 윤희순도 먼저 서간도지역으로 망명한 시아버지와 남편의 뒤를 따라 자식들을 데리고 이곳으로 건너와 유인석 가문 일행과 합류했다. 윤희순은 이때부터 집안의 대소사를 도맡아 일하며 독립운동에 나섰다. 이후 환인현 보락보진으로 옮겨 그곳에서 동창학교 분교인 노학당을 세워 독립운동을 위한 인재 양성에 주력했다. 그러나 1913년에 시아버지 유홍석이, 2년 뒤인 1915년에 남편 유제원과 유인석이 사망하자 환인현을 떠나 무순으로 옮겼다. 이곳에서 윤희순은 한중 연합 단체인 조선독립단을 조직하고 그 산하에 가족부대와 학교를 꾸려 활동했다.

윤희순은 1930년대 초 요녕성 해성현 묘관둔 등지로 이주하여 활동하였다. 1935년 이곳에서 함께 활동하던 아들 유돈상이 일본 헌병에 체포돼 모진 고문을 받고 풀려났으나 집으로 돌아가던 중 자신의 품안에서 순국했다. 그리고 11일 후 자신도 숨을 거두었다. 일제의 모진 탄압에도 굴하지 않고 시아버지 유홍석과 남편 제원, 아들 돈상에 이르기 까지 3대에 걸쳐 항일 활동을 뒷바라지 하고 자신도 적극 독립운동에 참가한 윤희순은 스스로 파란만장한 일생을 마감한 것이다. 동북지역으로 망명하기 전 국내에서 시아버지를 도와 '안사람 의병가' 등 8편의 의병가를 만들어 여성들의 의병 활동을 촉구하는 등 여성 최초로 독립운동을 행했던 그녀는 말년에 선대의 투철한 항일 애국정신을 후대에 알리고자 『서정록』을 저술했다.

2) 남북한과 중국이 공히 공적 인정하는 사람들

지금은 남북한이 휴전선을 사이에 두고 총부리를 겨누며 대립하고 있지만 광복 이전 한반도엔 아무런 경계도 없었다. 한반도는 물론 중국 동북지역도 불편함은 있었지만 마음만 먹으면 어디든지 오갈 수 있었다. 그래서 한민족은 어디에 있든, 비록 이념과 방략은 다를지라도, 항일을 위해 또는 조국의 독립을 위해 함께 목숨 바쳐 싸울 수 있었다. 그러나 광복 후 상황은 달라졌다. 남과 북이 이념에 따라 나뉘고 동북지역도 체제를 달리하면서 어떤 이념을 가지고 항일 혹은 독립운동을 했는지, 광복 후 어느 정권을 지지했는지 등의 기준으로 나라마다 독립운동가에 대한 평가가 다르다.

남한은 사회주의 이념에 따라 독립운동을 했거나 광복 후 북한체제에 참여한 사람을, 북한은 민족주의계열의 독립운동 인사나 남한체제에 참여한 사람을 인색하게 평가한다. 중국은 한민족의 독립운동에는 소극적인 평가를 하면서도 1930년대 들어 중국공산당과 함께 활동한 사람들에 대한 평가는 상대적으로 너그럽다. 개개인의 이념적 성향과 개별 국가의 정치적 판단에 따라 당시의 활동에 대한 평가가 달라지는 셈이다. 남한은 관계 당국과 학계의 치열한 논쟁 끝에 2005년부터 사회주의 계열 독립운동가들에 대한 서훈을 시작했다.

이런 가운데서 남북한은 물론 중국에서도 당시의 항일 혹은 독립운동의 공적을 높게 평가하는 사람들이 있다. 당시의 활동에 세 나라가 모두 상훈을 주거나 공적을 기리는 사람은 안중근·양세봉·최윤구 등 소수에 불과하다. 각 나라는 이들을 국가가 관리하는 묘역에 묘지를 조성하거나, 동상 (흉상) 혹은 기념(표식)비를 세우거나, 기념관을 건립하거나, 기념을 위한 상징적 조치를 취하는 등 다양한 형태로 역사적 평가를 하고 있다.

(1) 이토 히로부미를 저격한 안중근 의사

1909년 10월 26일 할빈역에서 대한의군 참모중장의 자격으로 이토 히로부미를 저격하고 체포된 후 이듬해 3월 26일 여순 감옥에서 순국한 안중근 의사는 일제의 침략에 의연히 맞선 한민족 항일 투사의 전형이다. 안중근 의사의 항일 투쟁은 을사늑약 직후 본격화된다. 1907년 연해주로 망명한 후 의병 부대를 조직해 국내 진공 작전을 감행하면서 간도지역을 넘나들며 항일을 위한 투쟁에 앞장섰다. 그리고 1909년 이토 히로부미가 할빈에 온다는 소식을 접하고 거사를 준비했다.

안중근 의사는 여순 감옥에 수감되어 여섯 차례의 일방적인 재판을 받고 사형을 선고받았다. "옳은 일을 하고 받는 처형이니 비겁하게 삶을 구하지 말고 대의에 죽는 것이 어미에 대한 효도이다."라는 모친의 말을 따라 의사는 공소도 포기한 채 『안응칠역사』와 『동양평화론』의 저술에 몰두했다. 특히 조선·중국·일본 3국이 함께 어우러져 사는 평화로운 세상을 염원하며 동양평화론 저작에 심혈을 기울였는데 전감·현상·복선·문답의 소제목을 적어 놓고 서문을 완성한 후 1장인 전감을 쓰다 형이 집행돼 순국했다. 의사는 동양평화론을 다 쓸 때까지 형 집행을 늦춰 줄 것을 청원했으나 받아들여지지 않았다. 현재까지 의사의 유해를 찾지 못하고 있다.

대한 남아의 기개를 만천하에 떨치고 의연하게 순국한 안중근 의사는 순국 직전 동포들에게 다음과 같은 유언을 남겼다. "내가 한국 독립을 회복하고 동양 평화를 유지하기 위하여 3년 동안을 해외에서 풍찬노숙 하다가 마침내 그 목적을 달성하지 못하고 이곳에서 죽노니, 우리 2천만 형제자매는 각각 스스로 분발하여 학문을 힘쓰고 실업을 진흥하며, 나의 끼친 뜻을 이어 자유 독립을 회복하면 죽는 여한이 없겠노라."

대한민국 정부는 1962년 안중근 의사에게 건국훈장 대한민국장을 수여

서울 남산 안중근기념관

한데 이어 1970년 서울시 한복판에 있는 남산에 기념관을 세우고 기념관 앞에 동상을 세우는 등 최고의 예우를 하며 그 뜻을 기리고 있다. 순국 107 주년이 지난 지금까지 유해를 발굴하지 못한 안타까움 속에서 서울 효창공 원 3의사 묘역 안에 가묘를 만들어 놓기도 했다. 사회적으로는 각 지역별로 안중근 의사의 이름을 딴 공원을 세우거나 동상을 건립하는가 하면 특정 기 념일을 기해 다양한 형태의 기념행사를 하고 있다.

북한 역시 안중근 의사에 대해 높이 평가한다. 1970년대에는 김일성의 지 시로 안 의사의 조카인 안우생을 단장으로 한 유해발굴단을 중국에 보내기 도 했으나 찾지 못했다. 1979년에는 '안중근 이등박문을 쏘다'라는 영화를 제작해 주민들을 상대로 상영하였다. 이 영화는 2000년대 들어 남한에 수입 돼 상영된 바 있다. 북한 매체들은 안 의사를 "민족이 기억하는 애국 열사" 로 기술한다.

안중근 의사는 중국이 1930년대 이전 항일운동을 한 한민족 중 국가적 차원에서 평가하는 몇 안 되는 인물이다. 중국은 2013년 박근혜 대통령이 중국 방문 기간 중 시진핑 주석에게 안중근 의사의 의거를 기념하는 표지석 설치를 제의하자 이를 받아들이는 데 더해 할빈역에 〈안중근 의사 기념관〉을 설립했다. 안중근 의사가 순국한 여순 감옥엔 〈안중근 지사 전시관〉과 안 의사의 유묵만 따로 모아 놓은 공간이 마련되어 있다. 중국 외교부는 안중근 의사를 "저명한 항일 의사로 중국 인민의 존경을 받는다."고 밝혔으며 중국의 한 매체는 안의사를 "아시아 제일의 의로운 협객"으로 평가하기도 했다.

⑵ 조선혁명군 사령관 양세봉 장군

조선혁명군 사령관을 지낸 양세봉 장군은 서간도지역에서 최후까지 활동한 독립 무장투쟁의 영웅이다. 어린 시절 안중근 의사가 이토 히로부미를 처단한 것에 크게 감동을 받아 독립운동 전선에 나서게 된 양 장군은 1917년 가족을 이끌고 압록강을 건너 서간도지역에 정착한다. 이곳에서 천마산대에 가입, 독립 무장투쟁을 시작한 양세봉 장군은 광복군총영-대한통의부-참의부-정의부-국민부를 거치며 서간도지역 독립운동 단체의 중심인물로 역할한다. 그리고 1929년 민족유일당운동이 분열된 후 결성된 국민부가 정당적 성격을 갖는 조선혁명당을 설립하고, 산하에 조선혁명군을 설치하자 장군은 부사령관이라는 중책을 맡았다.

1931년 만주사변이 발발하자 서간도 일대의 독립운동 환경은 급격히 악화되어 중국 측과의 연대 필요성이 크게 대두됐다. 이에 홍경현(신빈현) 왕청문에서 요녕농민자위단과 협의하에 연합 부대를 편성했다. 1932년 조선혁명당과 조선혁명군 간부 다수가 일본 경찰에 체포됨에 따라 양세봉 장군은 사령관에 선임된다. 이후 중국 의용군과의 협의를 통해 요녕민중자위군을

양세봉장군의 주 활동무대였던 신빈현의 현재 모습

조직해 영릉가전투 등 200여 차례의 연합작전을 성공적으로 전개했다. 그러나 공군력을 동원한 일제의 우세한 전력에 밀려 고전하였는데 1934년 8월 12일 일제 밀정의 함정에 걸려 38세의 나이에 환인현 소황구에서 순국했다.

양세봉 장군에게 대한민국은 1962년 건국훈장 독립장을 추서한 데 이어 1974년 국립묘지에 묘지를 조성했다. 유골을 모시지 않은 허묘이다. 국내에 유족이 없어 공훈판에 아무런 내용이 적혀 있지 않다. 북한은 해방 후 양세봉 장군의 무덤을 평양 근교로 이장했다가 1986년 9월 평양 대성산 기슭의 애국열사릉에 안치했다. 남북한이 공히 국립묘지에 안장한 유일한 사례이다. 김일성은 자서전『세기와 더불어』에서 양세봉 장군을 회고하기도 했다.

중국에서는 양세봉 장군의 주 활동 무대였던 요녕성 신빈현 왕청문에 장군의 동상을 세워 그의 공을 기리고 있다. 동상은 1995년 중국 내 조선족동포들이 장군의 순국 61주기를 맞아 대대적인 모금을 통해 신빈현 왕청문조선족소학교 운동장에 세웠다. 학교가 폐교된 이후 동상은 양 장군이 활동하던 신빈현 관내의 산중턱에 옮겨 놓았다.

(3) 동북항일연군 제1로군 참모장 최윤구 장군

평북 초산 출신의 최윤구 장군은 1919년 간도로 망명한 후 조선혁명군이 결성되어 참가할 때까지 대한통의부 등 주요 독립운동 단체에서 맹장으로 이름을 날렸다. 조선혁명군에 참가한 후에는 양세봉 장군을 도와 요녕농민자위단과 연합군을 조직해 영릉가전투·홍경성전투 등에서 큰 전과를 올렸다. 일제가 1935년 독립군 토벌을 위해 총공세를 펼칠 때는 중국공산당이 이끄는 동북인민혁명군과 연대하여 싸우기도 했다. 그는 1938년 12월 동북항일연군 제1로군 참모장으로서 길림성 화전(樺甸)현 유수하자 전투에서 순국했다.

대한민국은 2005년 최윤구 장군에게 건국훈장 독립장을 수여했다. 국가보훈처의 독립유공자 공훈록에는 다음과 같이 공적 내용이 기록되어 있다. "1937년부터 만주 관동군과 조선총독부가 조선혁명군에 대한 일대 탄압공작을 추진하면서, 200여 명의 조선혁명군은 … 끈질기게 저항하였다. 일만군의 대공세에 중과부적으로 패퇴하는 상황에서… 그(최윤구)는 박대호 등과 함께 60여 명의 병력을 이끌고 동북항일연군 제1로군에 참가하여 대일항전을 계속해 나갔다."

북한은 1975년 당 창건 30주년에 즈음해 혁명열사릉에 반신상을 세워 그의 공적을 기렸다. 그러나 북한의 향토대백과사전은 중국 동북지역에서 그의 활동과 관련, 조선인민혁명군에 편입돼 부대 연대참모로 활동하다 화전현의 한 지역에서 일제와의 전투 중 전사했다고 기록했다. 최윤구 장군은 조선혁명군 부대가 해산된 후 박대하 등과 장백현으로 들어가 김일성 부대와 합류하였다. 최장군이 민족주의 계열임에도 불구하고 김일성은 그 인연으로 하여 자신의 회고록에서 적지 않게 언급하였다.[35]

길림성 화전시 정부는 최윤구 장군의 순국지인 유수하자에 장군의 항일활동 기념비를 세워 그의 공적을 기렸다. 당시 세웠던 유수하전적지 기념비에는 1938년 말 양정우(楊靖宇)가 이끄는 항일연군 제1로군과 소년철혈대가 괴뢰군을 공격해 100여 명을 섬멸하고 적 비행기도 1대 추락시켰다며 "1로군 참모 최웅국이 장렬히 희생됐다."고 기록했다. 최웅국은 최윤구를 잘못 적은 것임이 후에 확인됐다. 그러나 2010년 삼림공원이 비석을 새로 세우면서 최윤구 장군의 이름은 누락됐다. 그와는 별개로 2016년 8월 23일 최윤구장군의 탄생 103주년에 즈음해 장군의 유가족과 조선족 관계자들이 모여 그의 주 활동무대였던 신빈현에 공적을 기리는 기념비를 제막했다.

3) 독립운동의 든든한 지원 세력 대종교도

2016년 9월 15일(음력 8월 15일). 대종교(大倧教) 창시자인 홍암(弘巖) 나철(羅喆) 선생이 일제에 항거하며 스스로 목숨을 끊은 지 100주기를 맞는 날이었다. 이날 서울 종로구에 있는 단군성전에서는 나철 선생의 순교 100주기를 추모하기 위한 조촐한 행사가 열렸다. 행사는 한 독지가의 후원으로 이루어졌다. 중국 동북지역을 돌아보면서 이곳에 널려 있는 대종교와 관련된 독립운동 흔적들을 접한 후 "대종교가 단순한 종교가 아닌 항일 독립운동의 원동력이자 민족의 가르침"이라는 것을 느끼게 된 것이 행사를 개최하게 된 동기라고 독지가는 말한다. 대종교에서는 음력 8월 15일을 가경절(嘉慶節)로 정하고 홍암 선생의 순교를 기념해 왔다.

나철 선생은 러일전쟁 후 일제가 노골적으로 조선에 침략의 손길을 뻗기 시작하자 조선의 주권을 회복하고 나아가 동양 평화를 보장받기 위해 다양한 방법으로 일제에 항거하였다. 시간이 지나면서 일제의 침략 책동이 구체화되자 구국운동과 민족중흥의 방법으로 단군의 정신을 널리 알리는 일을 시작한다. 흔들리는 민족정신을 바로 잡기위해 단군 정신으로 민족 고유의 종교 역사를 완성하고 민족정기를 새롭게 하여 보국안민(輔國安民)과 제인구세(濟人救世)를 꾀해 보자는 뜻이었다. 선생은 마침내 1909년 1월 15일 서울 재동 취운정에서 제천(祭天)의식을 갖고 단군교를 공식 종교로 공표했다. 그리고 1910년 8월 칙령을 통해 한얼교 또는 천신교로 불리던 단군교를 '대종교'로 개명하고 창시자가 됐다.

선생은 경술국치 후 일제의 탄압으로 국내에서 포교 활동이 어렵게 되자 단군의 발자취를 따라 성지순례에 나선다. 강화와 평양을 거쳐 백두산 아래에 위치한 북간도 화룡현 청파호에 이른 홍암은 이곳에 지사를 두고 대종교의 중흥을 꾀하려는 구상을 한다. 이미 10만이 넘는 조선인이 북간도 지역으로 이주하여 살고 있어 포교를 위한 대중적 기반이 갖추어져 있었기 때문이다. 중국 동북지역과 대종교의 인연은 이렇게 맺어졌다.

대종교는 중국 동북지역이 독립운동의 무대로 변하는 과정에서 조선인들의 민족의식에 불을 지핀 모태였다. 독립운동에 나선 많은 인사들이 이미 민족종교로서 대종교의 정신과 뜻을 헤아리며 대종교도가 되었고 이들이 간도지역으로 건너와 독립운동을 이끌었기 때문이다. 대종교가 한민족의 뿌리(단군), 한민족이 추구할 가치(홍익인간)를 정립하고 나라를 세우기 위한 독립운동을 당면 목표로 세웠던 것이 주된 이유이다. 포교를 위해 4도본

서울 대종교 본사

대종교 본사에 모신 역대 대종교 지도자 영정

사를 두었는데 동도본사(서일)는 북간도 · 연해주 · 함경도를, 서도본사(신규식)는 서간도 · 중국 · 몽골 · 평안도를, 북도본사(이상설)는 동간도 · 흑룡강성을, 남도본사(강우)는 평안도 · 함경도 지역을 제외한 한반도 전 지역을 관할지역으로 하는 등 중국 동북지역을 핵심 포교 권역으로 설정했다.

이에 따라 중국 동북지역 각지에는 대종교와 관련된 단체 · 학교 등이 잇따라 설립됐다. 북간도지역에는 왕청현 덕원리에 세워진 중광단이, 서간도지역에는 환인의 동창학교가 세워졌다. 동간도지역인 흑룡강성 밀산과 영안에는 1920-1930년대 들어 대종교 총본사가 세워졌다. 중광단은 1911년 서일이 중심이 되어 세웠으며 후에 대한정의단-대한군정서-북로군정서로 변천을 거듭하며 북간도지역 독립운동의 중심으로 역할했다. 중광단의 이름은, 대종교를 새롭게 내온 날인 1910년 1월 15일을 중광절로 기념하는데, 중광절에서 차용한 것이다. 동창학교는 윤세용 · 윤세복 형제가 동지를 규합해 민족의식을 고취하기 위해 1911년 5월 설립됐다. 박은식 · 신채호 등도 이 학교에서 교사로 활동하였다. 특히 대종교를 접하면서 민족주의사관을 체계화한 신채호는 이 학교 교사 시절 『조선상고사』를 집필한 것으로 알려져 있다.

대종교가 1914년 총본사를 화룡현 청파호로 옮긴 후 중국 동북지역을 주요 포교 대상지로 선정하고 적극적인 포교 활동을 함에 따라 역내 조선인들중 대종교인이 크게 늘었다. 1915년을 전후한 무렵 동북지역 내 조선인은 30만 명을 넘었는데 이 중 다수가 대종교인이었다. 동북지역 곳곳에 자리잡고 살아가던 대종교인들은 물심양면으로 독립운동을 지원하는 든든한 지원세력이었다. 특히 동북지역 독립운동 지도자들 중엔 대종교인이 많았다. 북간도지역의 서일 · 김좌진 · 홍범도 등이, 서간도지역의 윤세영 · 박은식 등이 대표적인 인물이다. 3 · 1운동에 앞서 동북지역에서 선포된 대한독립선언서(무오독립선언서)는 서명자 39명 중 대종교 2대 종사인 김교헌이 제일 먼저 서명하는 등 대종교인들이 주도했다. 대한민국 임시정부는 1919년 수립 당시 의정원 의장 이동녕을 비롯해 29명의 의원 중 대종교인이 21명이었다는 기록도 있다.[36]

그러나 1915년 10월 일제가 종교 통제안을 공포하고 탄압을 노골화하면서 교세는 급격하게 위축됐다. 이런 상황을 타개하기 위해 나철 선생은 황해도 구월산의 단군성적지를 찾아 참배하고 순교한다. 나철 선생의 뒤를 이어 무원 김교헌이 대종교 2대 종사가 되었으며 그는 동북지역에서 시교당 설립에 박차를 가하면서 학교를 세워 학생들에게 민족의식을 고취하는 데 주력했다. 교인들이 크게 증가하자 대종교는 1922년 3월 교구분리를 실시했는데 총 46개 곳의 시교당 중 간도지역에 34개 곳, 국내 6개 곳, 러시아지역 3개 곳, 중국 본토 3개 곳 등으로 간도지역에 치중했다. 중국 동북지역이 대종교 활동의 중심 무대였음을 엿볼 수 있는 대목이다.

그러나 1920년대 들어 중국 동북지역에서의 독립운동에 대한 탄압이 강화되면서 대종교에도 잇따라 시련이 닥쳤다. 1921년 8월 대종교의 핵심 인물이었던 서일이 자결한 데 이어 서도본사를 맡아 이끌어 왔던 신규식도 이듬해 자결한다. 그리고 1923년 김교헌도 윤세복에게 뒤를 맡기고 영안현의 총본사에서 생을 마감한다. 대종교가 중국 동북지역으로 총본사를 옮겨 활동했던 화룡현 청파호가 내려다보이는 나즈막한 언덕 위에 홍암 나철과 백포 서일 그리고 무원 김교헌의 묘역이 '대종교 3종사 묘'란 푯말과 함께 조성되어 있다.

김교헌의 뒤를 이어 대종교 3대 종사가 된 윤세복은 일제의 탄압으로 총본사를 밀산과 영안으로 옮겨 가며 교세를 이어가는 데 주력했다. 1926년 일제와 결탁한 동북군벌의 대종교포교금지령으로 각 지역별 본사가 해체되자 총본사를 밀산현 당벽진으로 옮겨 6년여 기간 동안 피해 있다가 1934년 영안현 동경성으로 이전한다. 영안에서 중흥을 꾀하던 중인 1942년 윤세복을 비롯한 20여 명의 지도자들이 조선 독립을 위한 단체를 구성했다는 이유로 체포되어 윤세복은 무기형을 선고받았고 10여 명은 고문 등으로 옥사하였다. 대종교에서는 이를 임오교변(壬午敎變)이라 부른다.

중국 동북지역에서 대종교의 역할은 절대적이었다. 앞서 살펴본 바와 같이 독립운동 지도자들의 다수가 대종교인이었으며 역내에서 살아가며 독립운동을 물심양면으로 지원했던 주민들의 다수도 대종교인이었다. 그런 만큼 중국 동북지역 곳곳에는 대종교와 관련된 다양한 흔적들이 남아 있다. 역사 속에 잘 드러나 익히 알고 있는 것도 많지만 역사의 그늘에서 잊혀진 또는 잊혀져가는 것들도 적지 않다. 이것들을 되살리고 기리는 것은 살아남은 우리들의 몫이다. 독립운동의 든든한 지원세력으로서 대종교인들이 없었다면 중국 동북지역이 독립 무장투쟁의 무대로 기능할 수 있었을까?

4) 광복 후 질서 재편 과정에서 겪어야 한 기구한 운명들

한민족은 1800년대 말부터 한 세기에 걸쳐 슬픈 역사를 살아왔다. 20세기가 시작되며 일제의 강점으로 나라를 잃은 백성으로 살아야 했고, 그로 인해 한반도를 벗어나 중국 동북지역에서 독립을 위한 무장투쟁에 나서 많은 희생을 감수해야 했다. 일제의 항복으로 광복을 맞았지만 슬픈 역사는 끝나지 않았다. 오히려 더 비극적이고 긴 슬픈 역사가 시작됐다. 나라가 두 동강이 나 남북으로 나뉘고 그 속에서 같은 민족이면서 이념을 달리한다는 이유로 대립하고 갈등했다. 급기야 6·25전쟁이라는 동족상잔의 비극을 겪어야 했다. 그 결과 세계적인 냉전 질서가 해체된 지금까지도 남북한은 총부리를 맞대고 으르렁거리고 있다.

일제가 항복함에 따라 중국 동북지역에서 살아온 조선인들 역시 광복의 기쁨과 새로운 세상에 대한 희망으로 기대에 부풀었다. 그러한 기대 속에서 동북지역에서 힘겹게 살아온 조선인 216만여 명 중 절반은 한반도로 돌아가고 절반은 그곳에 정착하였다. 그러나 기대와 달리 한반도로 돌아간 사람은 그들대로, 중국 동북지역에 정착한 사람은 정착한 사람들대로 역내의 질서 재편 과정을 온몸으로 겪어야 했다. 특히 중국 동북지역에 정착한 사람들은 역내 질서 재편의 소용돌이에서 더 모진 역사를 살아야 했다. 민족 내부에서 빚어진 대립과 갈등의 기구한 운명은 모진 역사의 극한을 보여준다.

(1) 조선의용군 동생에 붙잡힌 한국 특무 신철[37]

심양시에서 단동으로 가는 입새에 자리잡은 요녕성 본계(本溪)시 왜두산(歪斗山)진 조선족둔(屯). 새로 이전한 본계 시청 인근에 위치한 이 마을은 1970년대 말 본계 시내에 살던 조선족 45여 호가 집단으로 이주해 살아온 제법 역사가 있는 순수 조선족마을이다. 2016년 6월 이 마을을 찾았을 때 마을에는 겨우 수 명의 조선족동포들만이 사라져 가는 마을을 안타까운 마음으로 지켜보고 있었다. 본계 시청이 인근으로 이전해 오고 심양-단동 간 고속철로가 마을 위로 지나가는 등 주변 환경이 변함에 따라 마을을 포함한 인근 지역에 개발구가 들어서게 되어 더 이상 마을을 유지하기 어렵게 된 것이다.

이런 사정도 모른 채 마을을 찾은 것은 20세기 한민족이 겪었던 슬픈 역사를 온몸으로 견뎌야 했던, 신철(가명) 선생의 절절한 사연을 되새겨 보기 위해서였다. 2008년에 작고한 선생의 사연은 이제는 유명을 달리한 걸출한 조선족작가 유연산(柳然山)이 남긴 유작 전기소설 『문화대혁명을 이긴 한국인 신철』(서울, 여울목, 2015)에 기록되어 있다. 이미 철거가 시작된 마을 한편에는 아직 제 모습을 갖춘 교회당이 마을의 역사와 신철 선생의 삶의 역정을 알리듯 우뚝 서 있었다. 선생은 자신이 손수 지은 이 교회당에서 안식을 취하며 인생 후반을 평화롭게 보냈다.

20세기 질곡의 역사를 살아야 했던 한민족으로서는 누구도 슬픈 역사에서 자유로울 수 없다. 그중에서도 신철의 이야기는 특별했다. 2차 세계대전이 끝난 후 동북아시아에서의 질서 재편 과정에서 신철은 한국인으로서 제3국인 중국 동북지역에 간첩으로 파견돼 활동하다가 이곳에서 활약하던 조선의용군 출신 동생에게 붙잡혀 청춘을 감옥에서 보내야 했다. 선생의 기막힌 사연은 한반도와 동북지역을 무대로 숨 막히게 전개된 역사의 소용돌이를 감안한다 하더라도 너무나도 가슴 아픈 것이었다. 그에 대한 연민이 왜두산진 조선족둔을 찾아 나서게 한 이유였다.

광복 후 한반도와 중국 동북지역은 공히 이념적 대립의 각축장이었다. 민족 내부에서 편을 나눠 세력이 형성되고 헤게모니를 잡기 위해 힘을 사용하면서 갈등은 고조되었다. 1948년 11월 어느 날. 한반도에는 남과 북에 미군과 소련군이 들어와 각기 자신의 이념에 따른 정권을 이미 수립한 반면 중국 동북지역에는 국민당 정부 세력과 중국공산당 세력 간의 이른바 국공내전(해방전쟁)이 그 막바지를 행해 치닫고 있었다. 갓 수립된 한국 정부는 국민당 정부의 편에 서 있었는데 중국 동북지역에서 조선의용군 출신을 포함한 조선인들이 중국공산당을 도와 국민당 정부와 싸우고 있는 상황을 반전시키기 위한 모종의 계획을 수립한다. 그리고 20대 중반의 신철이 한국 정부의 밀명을 받아 이 계획에 참여한다. 광복 전 부모를 따라 요녕성 홍경(신빈)지역에서 살았던 신철이 여러모로 적임자라고 판단했을 터이다. 자신의 운명이 어떻게 될지에 대한 걱정보다 국가의 부름에 따라야 했던 청년은 두

본계 왜두산진 조선족둔 교회

살 아래의 동생과 함께 소년 시절을 보냈던 이 지역에서 임무를 수행한다.

그러나 기구한 운명은 이미 예정되어 있었는지도 모른다. 대학 공부를 위해 서울로 갔던 형과는 달리 고향에 남아 조선의용군에 가입해 활동하던 동생이 중견 간부로서 한국의 특무(간첩)가 모종의 임무를 띠고 이 지역에 파견돼 활동하고 있다는 첩보를 가지고 포위망을 좁혀 가고 있었기 때문이다. 결국 신철은 동생이 쳐 놓은 포위망에 걸려 붙잡히게 된다. 그리고 그는 문화대혁명이 끝나 중국 사회가 안정을 되찾은 1979년이 되어서야 완전한 자유의 몸이 된다. 무려 30여 년 동안 감옥을 들락거리며 청춘을 송두리째 날려버린 것이다.

그래도 신은 그를 가엽게 여겨 남은 인생은 좀 더 평안하게 보낼 수 있도록 배려한다. 55세의 나이에 자유의 몸이 된 그로서는 언감생심 결혼은 꿈에도 꿈 수 없었다. 그러나 기막힌 운명을 탓하는 그에게 귀인이 나타나 한 여인을 소개함으로써 결혼을 하고 그녀를 따라 왜두산진에 보금자리를 틀 게 된다. 그리고 일찍부터 기독교에 의지하며 자신의 삶을 추슬러 왔던 그 는 마을 사람들의 뜻을 모아 앞장서 교회를 세운다. 그리하여 그의 말년은 이전과 달리 하나님에 의지하며 평화롭게 보낼 수 있었다.

신철의 기막힌 사연은 우연히 그의 소식을 접한 유연산에 의해 세상에 알려지게 됐다. 신철의 사연이 가슴을 아리게 하는 것은 비단 그의 기구한 운명 때문만은 아니다. 한민족이 겪은 슬픈 역사에서 특히 이념과 사상의 차이로 민족 간에 총부리를 겨누며 싸워야 했던 사례들은 너무나 많다. 그런데 신철의 사연은 이곳 중국 동북지역에서 형제간에 적 아닌 적으로 만나 총을 겨누어야 했고, 동생에게 붙잡혀 30년 세월을 감옥에서 살아야 했던 흔하지 않은 이야기이기에 더 가슴 아픈 것이다. 더욱이 그는 조국의 명을 받고 청춘을 송두리 째 바쳤지만 조국에서도 외면당한 채 중국 공민으로서 인생을 마감했다. 유연산이 아니었더라면 누구도 신철의 슬픈 역사를 기억하지 못했을 것이다.

본계시 왜두산진 조선족둔

1970년대 중후반 본계시가 개발구를 건설하면서 그곳에 거주하던 조선족 약 45호를 이곳으로 이주시켜 조선족마을을 형성했다. 이 마을에는 기독교인들이 적지 않게 있어 1980년대 초 신철을 비롯한 마을 사람들이 힘을 합해 마을 한가운데에 교회를 세웠다. 그러나 35여 년이 지나 마을이 다시 개발구로 지정돼 조선족동포들은 다른 곳으로 뿔뿔이 흩어질 수밖에 없게 되었다. 2016년 6월 말 현재 마을은 이미 대부분 철거됐고 교회당은 아직 제 모습을 갖춘 채 우뚝 서 있었다.

(2) 중국과 북한 그리고 남한을 전전해야 한 정수일

사람들은 하기 쉬운 말로 운명은 스스로 개척하는 것이라고 말하곤 한다. 태평성세를 누리는 평화롭고 자유로운 세상에서는 능히 할 수 있고 그래야 할 것이다. 하지만 극단적으로 가치가 충돌하고 강 건너 또 산을 만나야 하는 난세에도 그런 말이 가능할까? 설령 난세를 헤쳐 나온 영웅이라 할지라도 쉽게 말할 수는 없을 것이다. 이중 삼중의 난관을 뚫고 스스로 원하는 길을 나선다는 것은 그만큼 힘든 일이기 때문이다.

중국 동북지역에서 태어나 북한을 경유해 남한에서 살아온 정수일의 파란만장한 삶을 보면 난세에 스스로 운명을 개척한다는 것이 얼마나 힘든 일인지 헤아릴 수 있다. 〈실크로드사전〉 등 수 많은 관련 저서를 낸 정수일은 문명교류학의 세계적 권위자이다. 단국대학교 교수를 역임한 그는 우리에게 '무하마드 깐슈'라는 아랍인 이름으로 더 잘 알려져 있다.

정수일은 일제가 만주사변을 일으켜 중국 동북지역을 지배하던 1934년 북간도 지신(용정)에서 태어났다. 어려서부터 천재적 재능을 보였던 정수일은 용정에서 고등학교 과정을 마치고 중국 최고의 엘리트 코스인 북경 베이징대학 동방학부에 들어가 수석으로 졸업하고 국비장학생 1호로 이집트·모로코 등 아랍권 지역에서 유학했다. 유학을 마친 후 현지에서 외교관 생활을 하며 동서교역사와 실크로드를 연구했다.

중국으로 돌아온 그는 마음속에 간직해 두었던 조국(북한)행을 택한다. 그 때가 만 29살이던 1963년이다. 그렇게 북한으로 들어간 정수일은 북한국적을 가지고 다시 튀니지 말레이시아 등지로 나가 연구 생활을 하며 10년을 보낸다. 그리고 1984년 한국에 정착한 후 지금까지 한국에서 생활하고 있다. 2017년 현재 84세인 정수일은 중국에서 태어나 그곳에서 25년, 북한에서 15년, 해외에서 10년, 그리고 한국에서 34년째 살아가고 있다.

그러나 그의 삶이 이렇듯 담담하게 단순히 숫자로 나열할 수 있을 만큼 평탄한 것은 아니었다. 한국에서의 삶만을 보더라도 그의 파란만장한 인생 역정이 얼마나 고되었을지는 짐작할 수 있다. 1984년 한국에 정착하기 위해 그는 무하마드 깐슈라는 아랍인으로 변신해야 했다. 남북 관계의 엄중함 때문에 정상적인 방법으로는 한국에서 살기 어려웠기 때문에 불가피하게 선택한 길이었다. 1996년 그만 정체가 드러나 간첩 혐의로 붙잡혀 사형을 구형받지만 여러 가지 정상이 참작돼 12년 징역 형을 선고받는다. 그리고 5년여 동안 복역하다가 2000년 광복절 특사로 풀려났다. 그때에 이르러서야 완전한 자유의 몸이 된 것이다. 당시 그가 겪었을 정신적 고통이 어땠을지는 짐작하고도 남음이 있다.

그는 감옥에서도 그랬지만 오랫 동안 공부해 온 문명교류학을 발전시키는 데 노년의 시간을 쏟아붓고 있다. 그 결과 2008년에 문명교류연구소를 설립한 후 관련된 다양한 저술을 출판하고 있는데 그의 저술들은 문명교류학 부문에서 독보적인 것으로 평가받고 있다.

정수일은 2011년 7월, 50여 년 아니 60여 년 만에 고향 용정을 방문했다. 1961년 북한으로 떠나기 전에 잠깐 고향에 들렀던 때를 기준으로 하면 50년이지만 대학을 가기 위해 고향을 떠났던 때부터로 보면 60여 년이 된다. 그는 고향에서 그 오랜 시간 혈육을 기다리던 피붙이들을 만나 – 어떤 이는 이미 고인이 되어 지하에서, 어떤 이는 이날이 오기를 학수고대하고 기다렸다는 양 고향 땅 언저리에서 – 회포를 풀었다.

어머니와 작은 누나는 이미 고인이 되었다. 산소를 찾아 영전 앞에서 만났지만 어머니와 마주한 것은 43년 만이었다. 마음속에 그리던 조국(북한)으로 돌아갈 기회를 얻어 미리 국적까지 변경해 완전한 조선인이 되어 1963년에 중국을 떠났는데 1968년 두만강변의 회령에서 어머니와 이틀 밤을 함께 보낼 수 있었다. 특별히 많은 추억을 가지고 있던 작은 누나는 2년 전 사망했다. 고향 방문을 통해 정수일은 어쩌면 그동안 겪었을 육체적 고통보다 그리운 사람을 못 보고, 가고픈 곳을 못 가는 정신적 고통에서 해방되었을 지도 모른다.

정수일의 60년 만의 고향 방문에 동행했던 차병직 변호사는 프레시안에 기고한 글에서 정수일을 가리켜 '경계인'이 아닌 '통일인'으로 표현했다. 통일인이란 정수일이 왜 중국과 북한을 거쳐 한국에 정착했는지를 설명하기 위해 찾은 조어일 것이다. "그의 집요한 학문적 관심사가 생의 마지막 공간으로 한국을 선택하게 된 이유"라고 언급한 대목에서 차 변호사가 그를 통일인으로 지칭한 이유를 가늠하게 한다. 그러나 그의 고단한 삶이 보상받기 위해서는 남북한 및 한민족의 통일을 넘어 중국 동북지역을 포함한 동북아시아가 함께 더불어 살아가는 더 큰 비전이 구현되어야 하지 않을까?

5) 독립운동의 대의에 동참한 외국인들

흔히 어려울 때 친구가 진정한 친구라고 말한다. 어려움에 처한 사람을 위해 기꺼이 나설 수 있는 사람이 흔치 않다는 의미일 것이다. 친구 사이에도 그런데 하물며 생판 모르는 사이에서는 말해 무엇하랴. 그러나 꼭 그런 것만도 아니다. 세상에는 자신의 이해관계를 떠나 불의에 저항하고 대의를 좇아 행동하는 사람들이 적지 않기 때문이다. 독립운동 과정에서도 일본의 약소국 침략에 저항하며 대의에 동참한 외국인들이 적지 않다. 그중에는 일본인들도 포함되어 있다.

(1) 파란 눈의 독립운동 지원자 조지 루이스 쇼

조지 루이스 쇼(George Lewis Shaw/ 조지 쇼, 1880-1943)는 아일랜드계 아버지와 일본계 어머니 사이에서 1880년 중국 복건성 복주에서 태어난 혼혈 영국인 기업가이다. 1990년대 초 평안도지역의 은산금광 회계로 조선을 방문한 것을 계기로 압록강을 사이에 두고 신의주와 맞닿아 있는 안동(安東/ 현재의 단동)에서 선박업과 무역업을 하는 이륭양행(怡隆洋行)을 세워 운영했다. 현재의 단동시 원보구 흥륭가 25호가 이륭양행이 있던 곳이다.

그가 독립운동을 지원하게 된 것은 한반도에서 중국 동북지역으로 들어가는 관문인 안동에서 사업을 시작한 것이 첫째 이유라고 말할 수 있다. 지리적으로 수많은 독립운동가들이 압록강을 통해 한반도와 중국을 오가는 상황에서 그 길목에 위치해 사업을 하고 있어 할 수 있는 역할이 많았기 때문이다. 죠지 쇼가 조선과 비슷한 처지에 있던 아일랜드 출신인 점은 정서적으로 조선의 독립운동을 이해하고 지원하게 된 내적 동기였다고 할 수 있다. 오랜 기간 영국의 식민지였던 아일랜드는 1919년부터 2년 6개월 동안 독립전쟁을 벌여 남부의 26개 주가 북아일랜드공화국으로 독립했다. 조선과 아일랜드는 비슷한 시기 비슷한 처지에서 힘든 역사를 살았던 공통점이 있다.

조지 쇼가 독립운동을 적극 돕기 시작한 것은 1919년 대한민국임시정부가 수립된 후 국내와 긴밀한 연락을 위해 교통부 산하에 교통국을 설치하고 안동에 교통국 지부를 개설하면서부터이다. 조지 쇼가 운영하는 이륭양행 건물 2층에 교통국 지부가 자리를 잡은 것이다. 교통국 지부는 1922년까지 국내와 중국 동북지역 독립운동 단체들 간의 교신, 임시정부 자금 조달, 정보 수집, 무기와 지령의 국내 반입, 독립운동가 물색 등의 비밀 임무를 수행하는 거점이었다.

조지 쇼가 3·1운동 직후의 엄중한 분위기 속에서 위험을 무릅쓰고 이륭 양행에 교통국 지부 설치를 허락한 것만으로도 그의 뜻을 가늠할 수 있다. 그러나 조지 쇼가 교통국 지부 설치 외에 이륭양행을 통해 독립운동을 지원한 사례는 무수히 많다. 임시정부 수반이었던 김구 선생이 이륭양행 선박을 타고 상해로 건너간 것은 많은 사람들에게 회자된다. 기실 국내에서 상해를 오갔던 독립운동가들 중 이륭양행 소유의 선박을 이용하지 않은 사람이 없을 정도였다고 한다.

김구 선생은 『백범일지』에 다음과 같은 경험담을 기록해 조지 쇼에게 감사한 마음을 전했다. "거기서 이레를 보낸 후 이륭양행 배를 타고 상해로 출발했다. 황해안을 지날 때 일본 경비선이 나팔을 불고 따라오며 정선을 요구했다. 그러나 영국인 함장은 들은 체도 않고 전속력으로 경비 구역을 지나갔다. 그리하여 나흘 뒤 무사히 황포 선창에 정박했다. 그 배에 탄 동지는 모두 15명이었다."

이와 같이 독립운동을 적극 지지함에 따라 조지 쇼는 늘 일본 영사관과 경찰서 그리고 조선총독부로부터 감시를 당했다. 그러던 중 일본에서 오는 아내와 아이들을 맞이하려고 기차를 타고 신의주로 갔다가 일본 경찰에 체포됐다. 표면상 여권을 소지하지 않았다는 이유를 들었지만 일본 경찰은 눈엣가시 같은 존재로 여긴 조지 쇼를 계획적으로 체포했다. 그리고 4개월여 동안 감금했다가 영국 등 외국의 여론이 비등하자 마지못해 보석 형식으로 석방했다. 그러나 조지 쇼는 옥고를 치르고 석방된 후에도 변함없이 독립운동을 적극 지지하였다. 이륭양행은 여전히 중국 동북지역 독립운동의 거점으로서 폭탄·무기 등을 운반하고, 독립운동 단체들의 상호 연락을 도모하고, 독립운동가들을 숨겨 주는 일을 수행했다.

그러나 1931년 만주사변이 일어나면서 상황은 달라졌다. 일제가 갖은 방법을 동원해 압박하고 이륭양행의 사업을 방해함에도 불구하고 버티던 조지 쇼는 1935년 2월 더 이상 버티기 힘들다고 판단해 이륭양행의 모든 재산과 권리를 다른 회사에 넘겼다. 그 이후에도 조지 쇼는 안동-상해 간의 운송업에 전념하는 등 안동지역에서 사업했으나 이마저 원치 않는 일제의 간계로 1938년 4월 안동을 떠나 푸저우로 사업 근거지를 옮겼다. 이로써 30여 년 동안 머물러 온 조지 쇼의 안동 시대는 끝났다. 또한 조지 쇼가 일제의 갖은 탄압에도 굴하지 않고 이어 온 조선의 항일 독립운동 지원도 중단되었다.

조지 쇼는 푸저우로 옮겨간 뒤 석유 판매업을 하는 등 지속적으로 사업을 하였으나 성공을 거두지 못한 채 1943년 11월 63세의 일기로 생을 마감했다. 그러나 아무런 이해관계도 없는 외국인으로서 오직 대의를 위해 조선의 독립을 위해 성과 열을 다한 그의 정신은 한국인은 물론 세계인의 가슴속에 영원히 지속될 것이다. 대한민국은 독립운동을 지원해 준 데 대한 고마움을 담아 1963년 조지 쇼에게 건국훈장 독립장을 추서했다. 그는 대한민국 건국훈장을 받은 몇 안 되는 외국인 중의 한명이다.

(2) 의열단원 김시현의 변호인 후세 다쓰지

영화 '밀정'은 의열단의 밀령으로 국내에서 전국 규모의 폭동과 요인 암살을 위해 폭탄을 들여오다 체포된 의열단원 김시현 등이 주도한 일명 '황옥경부사건'과 관련된 내용을 담았다. 의열단원 김시현이 체포되어 법정에 섰을 때, 나라 잃은 식민지 조선의 독립투사를 변호한 사람은 일본인 후세 다쓰지(布施辰治, 1880-1953)였다. "조금의 사심도 없는 그들의 태도를 양해하고 공정한 판결을 내려 달라." 이것이 후세 다쓰지가 김시현을 위해 행한 최종 변론이다.

의열단(義烈團)은 1919년 11월 길림성 길림시에서 황상규의 지도와 김원봉의 주도로 결성된 항일 비밀결사이다. 김원봉을 단장으로 윤세주 등 13명을 단원으로 하여 창립됐는데 단원의 절반은 밀양 태생의 신흥무관학교 출신이었다. 일본 메이지대학 법학부를 졸업한 엘리트인 김시현은 뒤늦게 의열단에 가입해 활동하다 체포돼 법정에 서게 됐다. '의열'이란 '천추의열(千秋義烈)'이란 말에서 따왔다. 예부터 천추에 빛날 충의로 열렬하게 행동한 인물을 가리켜 의열지사라 칭했는데 결국 '의열'은 '의'를 '열'로 표출한다는 의미를 담고 있다.

후세 다쓰지는 김시현의 변론을 맡은 것 외에 다양한 형태로 조선의 독립운동을 도왔다. 그는 일본의 조선 강점은 명백하고 분명한 침략이고 위법이라는 입장을 견지했다. "한일합방은 어떠한 미사여구로 치장하더라도 실제로는 자본주의적 제국주의의 침략"이라고 주장했다. 관동대지진으로 이성을 잃은 일본인이 조선인을 무차별 살육한 것과 관련, "어떤 말로 추도하더라도 조선인 6천의 유령은 만족하지 않을 것"이라면서 "일본인으로서 조선인 학살에 마음으로 사죄를 표명하고 자책을 통감한다"고 애도했다.

그는 일본의 조선 침략과 조선인에 대한 만행을 사죄하는 마음을 담아 남들이 외면하는 조선인 관련 사건의 변호인으로 적극 나섰다. 조선인들은 그런 그에게 고마움을 담아 '우리 변호사'로 불렀다. 하지만 후세 다쓰지는 그 때문에 1930년대에만 세 차례에 걸쳐 변호사 자격을 박탈당하고 두 번이나 투옥당하는 고초를 스스로 감당해야 했다. 그러나 그는 거기서 멈추지 않았다. 광복된 조선과 조선인을 위해 1946년 직접 「조선건국 헌법 초안」을 저술해 한국 사회가 나아갈 방향을 조언했다.

대한민국 정부는 그에 대한 고마움을 담아 2004년 건국훈장 애족장을 수여했다. 일본인에게 수여한 최초의 건국훈장이다. 일본 안에서도 그를 특별히 평가한다. 고향인 미야기(宮城)현 이시노마키(石卷)시의 아케보노미나미

공원에 그를 기념하는 현창비가 건립되어 있다. 우리는 일제의 조선 병탄과 갖은 만행, 그리고 지난 역사에 대한 왜곡 및 무반성으로 일본과 일본인에게 불편한 감정이 있을 수밖에 없다. 그러나 후세 다쓰지같이 일본인으로서 일본과 일본인의 행태를 비판하며 조선인 편에 서서 자신을 희생한 사람들도 있음을 기억해야 한다. 그런 일본인이 있음을 위안 삼으며 함께 사는 동북아시아의 새로운 미래를 기약하고 준비해야 하지 않을까?

(3) 조국을 등진 국제주의 전사 이다 스케오

연변조선족자치주 왕청현 동광진 소왕청에는 소왕청 동만항일유격 근거지(마촌)가 자리잡고 있다. 이곳에는 다양한 기념비들이 세워져 있어 이곳에서 치열하게 전개됐을 항일 활동을 가늠하게 한다. 이곳은 1930년대 초 중국공산당을 중심으로 한 항일 유격대가 일본 관동군을 상대로 투쟁한 곳이

왕청 이다 스케오 희생지 표지석

다. 중국공산당의 항일 유격대에는 김일성부대도 포함되어 있어 김일성의 항일유적지이기도 하다.

이 유격 근거지에는 중국인도 한민족도 아닌 일본인 이다 스케오(伊田助男)와 관련된 두 개의 표식비가 있다. 하나는 일본인으로서 관동군에 속해 있으면서도 일본의 침략전쟁에 반대해 10만 발의 탄알을 항일연군에 넘겨주고 스스로 목숨을 끊은 이다 스케오의 죽음을 기리기 위한 '이다 스케오 희생지' 표식비이고, 다른 하나는 이다 스케오의 희생을 기억하기 위해 당시 이곳에 있던 마촌소학교를 이다소학교로 개칭했었는데 바로 '이다소학교 옛터'의 표식비이다.

"그의 사적은 공산국제 제7차 대표대회에서 널리 전파되어 세계 투쟁의 빛나는 본보기가 되었다. 위대한 국제주의전사 이다 스케오는 영생불멸하라!" 이다스케오희생지 표식비 뒷면에 적힌, 그를 추모하는 글이다.

예외적인 경우가 있지만 흔히 근대 국가를 일컬어 국민국가라고 말한다. 국민은 민족을 단위로 하였다. 국가와 민족을 동일시하는 이러한 인식으로 인하여 국가와 국가 간의 관계를 민족과 민족 간의 대립적 경쟁적 관계로 규정하기도 한다. 이러한 관념은 21세기인 지금도 보편적인 현상이다. 그러나 같은 민족이라고 하여 다 똑같지는 않다는 것을 받아들여야 한다. 일제 식민지하에서 일본인이면서 일본의 침략전쟁에 반대하며 목숨을 바쳐 저항한 사람이 있는가 하면 침략을 당한 약소민족이면서 일본 편에 서서 독립투사들에게 총부리를 겨눈 사람도 있다. 이다 스케오는 그런 점에서 중국 동북지역이라는 융합의 공간에서 일본인을 대표해 억압받는 사람들 편에 선 특별한 사람이라고 할 수 있다.

제4부

한민족
항일 독립운동의 거점,
중국 동북지역

大韓民國三年一月一日

중국 동북지역은 한민족이 일제에 항거해 싸운 독립운동의 무대였다. 한반도가 일제의 식민 통치 하에 놓이면서 다수의 한민족이 이주해 살던, 일제의 영향이 덜 미치던 이곳이 새로운 독립운동의 무대로 자리잡게 된 것이다. 그런 만큼 이곳은 도처에 독립운동의 흔적들이 널려 있다. 따라서 중국 동북지역은 한민족 독립운동의 역사가 스며 있는 노천박물관이며 한민족이 외면하거나 소홀히 해서는 안 되는 역사의 보고이다.

중국 동북지역은 조선이 일제의 완전한 식민지가 되기 전부터 일부 항일투사들이 일제에 저항하기 위한 무대로 인식하기 시작했다. 1800년대 말 국내서 의병을 일으켰던 인사들 중 국내에서의 항일 활동이 여의치 않자 이곳을 대안으로 선택하기도 했다. 그러나 동북지역을 항일 및 독립운동의 거점으로 삼으려는 움직임이 구체화된 것은 1905년 을사늑약 이후부터 이다. 일제가 외교권을 박탈하며 침략의 고삐를 다잡자 일제의 영향이 미치지 않고 조선인들이 새롭게 정착한 중국 동북지역이 항일 및 독립운동을 위한 대안으로 떠오른 것이다. 이상설 등이 1906년 용정에 서전서숙을 세워 구국을 위한 인재 양성에 나선 것이 구체적 사례이다. 선각자들은 이 무렵부터 간도지역은 물론 연해주지역을 항일 및 독립운동을 위한 대안으로 삼고 거점 구축에 나선 것이다.

그러나 중국 동북지역이 항일 독립운동의 거점으로 확실하게 자리매김한 것은 1910년 경술국치 이후부터이다. 조선이 일제의 완전한 식민지가 되고, 의병 등 국내에서 항일 활동이 제약받고, 한반도에서 동북지역으로 이주한 조선인의 수가 수십만 명에 이르는 등 조선의 정치적 상황과 동북지역의 사회적 여건이 변하면서 자연스럽게 이 지역이 항일 독립운동의 무대로 자리잡게 됐다. 그러나 중국 동북지역에서 항일 독립 무장투쟁이 전개된 것은 1919년 이후부터이다. 이전까지는 항일 독립운동을 위해 학교를 세워 인재를 양성하고 독립운동 단체를 결성하는 등 준비 기간의 성격이 짙다. 용정에서의 3·13만세운동 등 서울에서의 3·1운동 후속 운동이 간도지역 전역에서 2개월여에 걸쳐 활화산처럼 분출된 뒤 중국 동북지역은 독립 무장투쟁을 위한 무대로 전환됐다. 당시 중국 동북지역 곳곳에서는 73회의 크고 작은 독립만세운동이 벌어졌다.[38]

이런 과정을 거쳐 한민족이 행한 항일 독립운동의 흔적은 중국 동북지역 도처에 널려 있다. 목숨 걸고 온몸으로 싸웠던 전투 현장은 물론 지역별 독립운동을 이끈 독립운동 단체가 자리잡았던 유적지, 독립투사를 양성하였던 학교와 학교터, 그리고 당시를 기억하기 위해 후세들이 어렵게 만들어 놓은 기념비 및 기념관 등등 이루 헤아릴 수 없다. 그중에는 당시의 흔적이 남아 있는 곳도 있지만 아무런 흔적도 없이 잡초만 무성하게 남아 무심하게 옛날을 말하고 있는 곳도 적지 않다. 그런 곳 중에는 정확한 위치를 비정하지 못해 찾아간 사람이 '이쯤일 거야'하고 생각하며 그저 그 언저리를 빙빙 돌아야 하는 곳도 수두룩하다.

항일 독립운동의 흔적이 중국 동북지역 곳곳에 널려 있지만 '그곳'이 넓은 동북지역 어디에 있는지 찾아가기는 쉽지 않다. 더욱이 표식비 하나 없이 방치되어 있는 곳이 부지기수여서 마음이 있어도 찾아갈 수가 없다. 또 많은 사람들이 관심을 갖고 연구하고 현장을 다녀갔지만 '그곳'에 대한 주장들이 난립하는 곳도 적지 않다. 항일 독립운동의 역사가 점점 희미해지면서, 중국의 영토인 이곳에 필요한 관심을 제대로 드러내지 못하면서 일어나는 현상이다. 자료의 부족과 불확실성 등 그럴 수밖에 없는 여러 가지 이유를 감안한다 하더라도 안타깝기 그지없는 일이다. 최근 일부 전문가들이 답사기 형태로 동북지역에서의 항일 독립운동을 재조명하며 그 흔적들을 안내해 그나마 다행스럽다.

이 장에서는 그런저런 마음을 담아 중국 동북지역의 항일 독립운동 주요 거점을 지역별로 나누어 현장 중심으로 살펴보고자 한다. 중국 동북지역을 여행하는 사람들이나 '그곳'을 찾아가 보고 싶은 사람들이 좀 더 손쉽게 관심을 갖고 접근할 수 있도록 안내하려는 것이다. 관심있는 사람들의 이해를 돕기 위해 과거의 지명으로 기술했던 앞서의 서술 방식과 달리 중국 동북지역을 연변지역, 길림성지역, 요녕성지역, 흑룡강성지역 등 현재의 행정구역별로 나누고, 각 성 지역을 다시 소지역별로 나누어 접근하고자 한다. 소지역별 안내는 그 지역에 대한 개요, 현장 접근 방법, 주요 사적과 유적 내용, 관련 사진 등을 담을 것이다.

1. 연변지역

1) 연변지역 개관

연변(延邊)은 북간도 혹은 동만(東滿)으로 불렸었다. 오늘날 연변은 두 가지 의미로 사용된다. 하나는 연변조선족자치주의 줄임말로서 행정적 의미를 내포하며 다른 하나는 중국 변방에 위치한 조선족이 모여 사는 곳 이라는 지역적 의미를 담고 있다. 어떤 의미로든 조선족과 떼려야 뗄 수 없는 불가분의 관계가 있는 말이다. 연변에 대한 관심 또한 여기서부터 시작된다. 이

〈연변조선족자치주 개념도〉

곳이 조선족과 밀접한 관계가 있고 그래서 주된 독립운동의 무대였기에 많
은 역사적 내용을 담고 있기 때문이다.

길림성에 속한 연변조선족자치주는 중국이 소수민족을 우대하기 위해
취한 '민족구역자치제'에 따라 형성된 특별 행정구역이다. 55개 소수민족의
하나인 조선족을 위해, 다수의 조선족이 이주 후 정착해 살고 있는 역사와
현실을 감안해 이곳을 자치지역으로 설정했다. 연변조선족자치주에서는
조선족이 행정의 중심이 되며 말과 글은 물론 조선족의 문화를 향수할 수
있다. 1952년 9월 3일 연변조선민족자치구가 성립되었고 3년여 후인 1955
년 12월 현재와 같이 연변조선족자치주로 정착됐다. 6개 시(연길 · 용정 · 도문 ·
훈춘 · 화룡 · 돈화)와 2개 현(왕청 안도)으로 구성되며 연길(延吉)이 주도이다. 전체
면적은 4만 2천700km²이고 인구는 220만여 명이다. 조선족은 78만여 명으

로 약 35%에 이른다.

연변은 중국의 소수민족정책의 영향으로 한민족에게 외국이면서 외국이 아닌 듯 이중적인 모습으로 다가온다. 이곳을 처음 찾은 사람들은 분명 중국에 왔는데 거리의 간판은 물론 전체적인 분위기가 한국과 비슷하여 어리둥절해 한다. 조선족을 위한 자치지역인 연변지역에서는 조선족의 말과 글을 우선적으로 쓰도록 하는 등 조선족 고유의 문화를 우대하는 조치를 취하고 있기 때문이다. 거리의 간판은 위쪽이나 오른쪽에 먼저 한글(조선어)로 쓰도록 한다. 그러나 조선어 표기 방식이 우리와 달라 다소 어색함을 느낄 수도 있다. 고속철도의 경우 연변지역에 진입하면 조선어로 안내 방송을 하기도 한다.

역사적으로 보면 이 지역은 고구려와 발해의 땅이었다. 그런 만큼 도처에 관련된 흔적들이 남아 있다. 연변지역은 고구려 시대엔 변방이었다고 할 수

민족구역자치제

연변지역을 여행한 적지 않은 사람들이 중국에 갔지만 한국에 있는 것 같은 착각이 들었다고 말하곤 한다. 거리에서 한글로 된 간판을 보고 길거리에서 혹은 식당에서 우리말로 길을 묻고 음식을 주문할 수 있는 데 따른 인상이다. 이것은 연변지역이 조선족을 위한 자치주로서 민족구역자치제가 실시되는 지역이기 때문에 가능하다. 이렇듯 민족구역자치제는 해당 소수민족이 특정 구역 안에서 민족문화를 향유하며 자치를 할 수 있도록 허용하고 있는 중국 소수민족정책의 핵심이다. 중국 정부는 1952년 '중화인민공화국 민족구역자치 실시 강요'를 제정하고 이듬해 제1차 소수민족식별사업을 실시해 37개 민족을 민족구역자치의 대상 민족으로 설정했다. 소수민족식별사업은 이후 2차례 더 실시돼 현재와 같이 55개 소수민족으로 확정됐다. 조선족은 제1차 소수민족식별사업 때 중국의 소수민족으로 선정됐으며 1952년 9월 3일 한민족이 많이 살고 있던 연변지역에 '연변조선민족자치구'가 수립됐다. 그리고 3년 후인 1955년 12월 '연변조선족자치주'로 명칭을 바꾸어 현재에 이르고 있다.

있지만 발해 시대에는 중심지였다. 대조영이 발해를 건국한 곳은 물론 발해의 수도인 5경 중 중경 현덕부와 동경 용원부가 연변지역에 있다. 발해가 건국된 동모산은 돈화시 육정산풍경구에, 중경 현덕부 서고성은 화룡현 서고성진에, 동경 용원부 팔련성은 훈춘시 영안향에 그 흔적이 남아 있다.

연변지역은 1800년대 중후반 조선인이 먹고 살 길을 찾아 이주했던 초기 정착지이다. 그런 만큼 곳곳에 당시 새로운 삶을 시작했던 조선인들의 애환이 남아 있다. 조선족동포들은 이곳에 당시의 모습을 재현하며 선조들의 역사를 기리고 있다. 1900년대에 들어서면서 이곳은 단순히 먹고 살 곳을 넘어서 일제의 압제로부터 벗어나기 위한 항일 또는 독립운동을 위한 무대로 바뀌었다. 1919년 이후 본격화된 항일 무장 독립 투쟁의 흔적은 연변지역 도처에 널려 있다.

2) 연길

연길은 연변조선족자치주의 주도로서 주의 중심에 위치하며 조선족 사회의 경제·사회·문화·행정의 중심지이다. 도시 한가운데를 부르하통하가 서에서 동으로 흐르고 연길하(구 연집강)가 북에서 남으로 흘러 연길시 도심에서 부르하통하에 합류한다. 전체 인구는 60만여 명이며 그중 조선족은 절반이 넘는다. 물론 실거주자가 아니라 호구(호적) 상의 수치이다. 실거주자의 정확한 숫자를 확인하기는 어렵지만, 다른 지역의 경우 조선족 거주자가 급격히 줄어들고 있는 반면 이곳은 그래도 조선족동포들이 일정 수는 유지되고 있다. 나가는 사람도 있지만 타지역 사람들 중 이곳으로 거주지를 옮기는 사람들이 적지 않기 때문이다. 연변을 '마음의 고향'으로 생각하는 조선족동포들 중 원래의 고향으로 가기 어려운 경우 이곳으로 들어오고 있기 때문이다.

　연길은 연변지역은 물론 중국 동북지역을 찾는 한국인들의 중요한 관문이다. 1987년에 문을 연 연길공항이 내륙지역인 연변의 유일한 국제공항으로서 국제사회와 이어 주기 때문이다. 인천공항과 연길공항을 오가는 정기 항공 노선이 하루 4편이나 있고 요일별로 청주와 부산을 오가는 항공 노선도 개설되어 있다. 관광 성수기에는 양양 등지를 잇는 항공 노선이 추가로 개설되기도 한다. 비행시간은 연길-인천 구간의 경우 대략 2시간 10분 정도가 소요된다. 2015년 9월 장춘과 훈춘을 잇는 고속철도가 개통됨으로써 연길은 앞서 개통된 고속도로와 고속철도를 모두 이용할 수 있다. 연길서 심양에 가려면 예전에는 14~15시간 걸렸으나 지금은 고속철도를 이용해 4시간이면 갈 수 있다.

　연길시는 중국의 주요 소비도시로, 또는 생태도시로 알려져 있다. 2014

연길시내를 북에서 남으로 흐르는 연길하 풍경

년 12월 홍콩에서 열린 제13기 '중국도시경쟁력순위차트' 발표회에 따르면 연길은 2014년 중국에서 경쟁력 있는 100강현(强縣) 중 96위에 올랐다. 또 비슷한 시기 길림성이 42개 현(시) 경제사회 20가지 주요 지표의 통계를 발표한 데 따르면 연길시는 재정·세금수입 수준·주민수입 수준·사회소비 수준·도시화 수준·경제발전 수준·외향형 경제 수준 등 14가지 지표에서 1위를 차지했고 8가지 지표에서 길림성의 평균 수준을 추월했다. 이에 따라 연길시는 '길림성 최강, 동북 10강, 전국 100강' 도시로서 자리매김 하였다.[39]

연길시에는 역사적 유적이나 독립운동과 관련해 자랑할 만한 두드러진 자원은 없다. 그러나 연변조선족자치주 주도이며 백두산 가까이에 있는 배후 도시로서 이 지역을 찾는 사람들을 위한 각종 편의시설이 잘 갖추어져 있다. 따라서 연변지역을 두루 살피기 위해서는 연길을 거점으로 활용하는 것이 편리하다. 또 연길에는 연변지역 전체를 이해하는 데 필요한 다양한 시설들이 갖추어져 있다. 연길박물관이나 연변혁명열사릉 등이 그것이다. 물론 꼼꼼하게 지역을 살피려면 이곳에도 찾아갈 곳이 더 있다. 1907년대에 설립된 창동학교 터와 창동중학 사은기념비, 일제하에서 많은 독립운동가들이 고초를 겪었던 연길감옥 터와 탈옥기념비 등이 이곳에 있다.

연길은 조선족동포들의 생생한 삶의 모습을 살펴보는 데도 더없이 좋다. 조선족 인재 양성을 위한 요람인, 중국의 100대 중점대학의 하나인 연변대학이 연길 시내에 있다. 연변대학은 중화인민공화국이 수립되기 전에 설립된 민족대학으로서 조선족동포들의 자부심이기도 하다. 연변대학과는 별도로 한국인을 포함한 한민족이 조선족동포들의 교육을 위해 세운 연변과학기술대학도 연길에 있다. 이곳에는 전 세계의 한민족이 한데 모여 조선족동포 학생들의 교육을 고민하고 있다. 중국 사람들은 아침에 열리는 새벽 시장에서 식재료를 포함한 필요한 물건들을 산다. 연길에도 연길하(구 연집장) 옆에 새벽 시장(수상시장)이 열린다. 100m 이상 길게 늘어선 장터(난전)에 진열된 물건들을 통해 이곳 사람들의 생활 모습을 살필 수 있다. 사람들이 물건을 사기 위해 흥정하는 모습을 지켜보는 재미는 덤이다. 새벽 시장 외에 종합도매시장인 서시장도 시내 중심에 있다.

(1) 연변대학교[40]

중국 길림성 연변조선족자치주 주도인 연길시(延吉市)에 위치한 연변대학은 조선족이 스스로 조선족을 위해 세운 민족대학이다. 중화인민공화국이 수립되기 6개월여 전인 1949년 3월 중국공산당 동북국의 인가를 받아 설립됐다. 설립 당시 연변전원공서 전원이었던 임춘추(북한 국가부주석 역임)가 초석을 다졌고 초대 교장이었던 주덕해(초대 연변조선족자치주 주장) 등이 주요한 역할을 했다.

1996년 기존의 연변대학에 연길시 주변에 있는 의학원 · 농학원 · 사범대학 · 예술대학 등 각급 대학들을 합병해 현재와 같은 거대한 종합대학으로 발전했다. 현재 모두 21개 단과대학에 74개 학과가 설치되어 있다. 학생수는 학부생 1만 9천여 명에 대학원생 3천500여 명 등 모두 2만 3천660여 명에 이른다. 또한 31개 국가에서 온 550여 명의 유학생이 있다. 조선족 학생 수는 약 30% 정도이다.

중국의 100대 중점대학의 하나인 연변대학은 연변조선족자치주 안에 있는 유일한 종합대학으로서 조선족을 대상으로 민족 인재 양성에 기여해 왔다. 그런 점에서 연변대학은 조선족사회에서 특별한 의미가 있다. 이를 반영하듯 연변대학 캠퍼스 안쪽 북산공원에는 항일무명영웅기념비가 세워져 있다. 중국 동북지역에서 항일운동에 참여했다 이름 없이 사라져 간 무명용사들을 추모하기 위한 것이다.

(2) 연변과학기술대학

연길시 동쪽 조양가에 위치한 연변과학기술대학(총장 김진경)은 중국 최초의 중외합작대학으로 1992년 9월 16일 개교했다. 내용상 독립적 성격을 반영해 연변과학기술대학(Yanbian University of Science & Technology/ YUST)으로 부르지만 형식상 연변대학교와의 관계를 감안하여 연변대학교 과학기술학원으로도 부른다. 전체 학생은 약 2천여 명이며 유학생과 교환학생 등 200여 명의 외국인 학생이 있다. 외국인 학생은 대부분 한국 학생이고 러시아와 중앙아시아에서 온 고려인 학생이 일부 있다.

대학에는 모두 9개 학부에 14개 학과가 개설되어 있다. 세부적으로 보면 생물화공학부(생물공정, 화학공정 및 공예), 재료기계자동화공학부(재료기계자동화공학), 컴퓨터전자통신학부(계산기과학 및 기술, 통신공정), 건축예술학부(건축학, 공업디자인), 상경학부(국제경영 및 무역, 정보관리 및 정보계통, 마케팅), 서양어학부(영어, 독

연길 연변과학기술대학

일어), 동양어학부(한국어), 간호학부(간호학), 교양학부 등이다. 부속 교육기관으로는 유치원, 연변외국인학교(YIA), YUST 사회교육원, YUST 최고경영자 과정 등이 있다.

진리·평화·사랑의 교육이념 아래 꿈과 비전을 함께 하는 전 세계 10여 개 국가에서 모인 200여 명의 교직원들이 국제적인 경쟁력을 지닌 창의형·실무형 인재를 양성하는 것을 목표로 봉사하고 있다. 이를 위해 학교는 한국은 물론 미국·독일 등 세계 100여 개 대학·연구소·기업과 자매결연을 맺고 활발한 교류 협력을 한다. 매 학기 100여 명에 가까운 학생들이 교환학생·기업연수생으로 해외에 나간다.

(3) 연변박물관

연길 시내에서 하남을 거쳐 조양천 방향으로 가다 공항을 조금 지나면 우

연길 연변박물관

측에 3층으로 된 전통 한옥 모양의 큰 건물이 나온다. 큰 길 옆에 위치하고 있고 가까이에 연변부덕축구장이 있어 찾기 쉽다. 공식 명칭은 연변박물관이지만 주로 조선족의 이주 역사와 문화를 다양하게 전시하고 있어 연변지역과 조선족의 역사와 문화에 관심 있는 사람들이라면 반드시 들러야 할 곳이다. 공항 가까이에 있어 짬을 내어 들르기에도 좋다.

연변박물관은 몇 차례의 발전 과정을 거쳐 현재는 부지 면적 2만m²에 달하는 규모로 크게 발전했다. 수장 문물도 1만 5천여 건에 달하며 국가급 희귀 문물도 600여 건에 이른다. 연변박물관은 중국 '1백개 중점박물관' 중의 하나이기도 하다. 주요 전시 내용은 기본적으로 조선족민속 전시, 조선족혁명투쟁사 전시, 연변지역 출토 문물 전시 등 3가지 부분으로 구성되어 있다. 이곳에는 화룡 서고성진에 있는 발해 중경 현덕부 서고성터 근처에서 발굴된 발해 3대 문왕의 넷째 딸 정효공주 무덤의 모형이 세워져 있다.

(4) 연변혁명열사능원

연길시 인민공원 북쪽에 위치한 연변지역에서 항일 투쟁과 해방전쟁(국공내전) 당시 순국한 선열들의 영령을 모신 묘원이다. 기존의 연길혁명열사능원을 1992년에 확장하여 현재에 이르고 있다. 전체 부지면적 9만m²에 건축면적 6천165m²이다. 패루(牌樓)와 열사기념비 · 기념당 · 납골당 · 열사묘 등으로 이루어져 있다.

열사기념비 전면에는 '혁명열사영수불후(革命烈士永垂不朽)'라고 쓰여 있다. 이 글은 개원 당시 장쩌민 국가주석이 친필로 제사한 것이다. 기념당에는 혁명 열사와 관련된 유물이 전시되어 있고 1만 7천773명의 열사 이름이 새겨진 비가 세워져 있다. 이들 열사의 대부분이 조선인(족)이다.

연변혁명열사능원은 도올 김용옥이 쓴 『중국일기』 제1권에서 언급해 많

연길 연변혁명열사능원

은 한국인의 관심을 자아냈다. 김용옥은 열사능원에 모신 열사들의 수를 언급하며 연변조선족자치주의 존재는 "수많은 조선인들의 피눈물 나는 투쟁으로 획득된 것"이라고 주장했다. 그는 또 많은 조선족동포들이 한국에서 고생하고 있어 가슴 아프다며 한국 사회가 이들을 적극 이해하고 포용할 것을 주문하기도 했다.

(5) 연길감옥터/ 수변루/ 오도호록정거사비/ 창동학교 사은기념비[41]

연길시 하남 연변노동자문화궁과 연변가무단 건물 사이에 연길감옥탈옥기념비가 세워져 있다. 이곳은 길림성 제4감옥(통칭 연길감옥) 자리였으나 지금은 연변노동자문화궁이 자리하고 있다. 2000년 6월 당시 연변예술극장이 있었는데 여기에 탈옥자 중의 한명인 김명주 후손의 후원으로 탈옥기념비가 세워졌다.

만주사변 이전에 세워진 연길감옥에는 이 지역에서 활동하던 조선인들도 수감되었고 조선인들에 의한 몇 차례의 탈옥 시도가 있었다. 그중 두 차례는 실패하고 세 번째 탈출 시도에서는 비록 희생은 있었지만 성공하였다. 연변TV는 1980년대 말 이 사건을 토대로 '동틀 무렵'이라는 드라마를 제작하기도 했다. 연길감옥 수감 중 김정길이 뜬 뜨개보는 혁명문물로 현재 중국혁명박물관에 보관되어 있다고 한다.

연길감옥은 이와 함께 중국의 마지막 황제였던 푸이의 부인이었던 궈뿌러 완룽(郭布羅 婉容)이 연금됐던 곳이기도 하다. 중화민국시절인 1922년 푸이와 결혼한 그녀는 2년 후 푸이와 함께 궁에서 쫓겨났다가 1932년 3월 푸이를 따라 만주국 황궁에 기거한다. 그러나 스캔들로 인해 1934년부터 일제가 항복해 만주국이 사라질 때까지 연금 생활을 하였다. 그리고 중국공산당이 이 지역을 장악한 후 연길감옥에 수감됐다. 수감생활 중 1946년 6월 20일 지

연길감옥탈출기념비

병으로 숨을 거두었다.

　연변노동자문화궁 앞 큰길을 건너 서쪽으로 조금 내려가면 연변조선족
자치주 인민대표대회 청사가 있고 그 뒤편 아파트에 둘러싸인 한 낡은 건물
을 만날 수 있다. 청나라 말기 이 지역에 설치된 주요 관청이 사무를 보던 수
변루(戍變樓)이다. 동서 길이 20.8m, 남북 넓이 18.6m로서 정남향의 2층 누각
이다. 1910년 1월 준공된 이 건물은 당시 행정 기구였던 길림변무독판공서
동남로 병비도가 들어 사무를 보았다. 당시 주변에는 큰 건물들이 여럿 있
었으나 지금은 수변루만 남아 있다. 수변루는 연변지역에 남아 있는 유일한
청나라 시기 건물로서 1990년 길림성급 중점보호문물로 지정되었다.

연길 창동중학 사은기념비

수변루 남쪽 정문 위에는 '연변에서의 애국장령 오록정'이란 현판이 걸려 있다. 오록정은 호북성 운몽현 사람인데 1907년 동3성 총독 서세창을 따라 동북지역으로 와 연변지역에서 활동한 인물이다. 그는 당시 일제의 수탈과 조선인에 대한 강압에 대항하였는데 1911년 석가장에서 암살당했다. 이에 중화민국 초기 연길시서공원에 오도호록정거사비를 세웠다. 만주국 시절 일제가 연길신사를 지으며 비를 철거했으나 중화인민공화국 수립 후 다시 연길공원 분수 뒤편에 세워 놓았다.

한편 연길시 소영향 민흥촌 소재지인 상발원을 지나 오른 골 안으로 쪽 들어가면 와룡동이 나온다. 마을 서쪽으로 구불구불 뻗은 산들이 기다란 용이 누워 있는 모양을 하고 있다고 하여 붙여진 이름이라고 한다. 와룡동은 민흥촌 3, 4촌민소조의 별칭이기도 하다. 와룡동 언덕 위에는 창동중학교 출신 정제환 등이 학교 선생님들을 기리며 세운 '사은기념비'가 세워져 있다. 화강암으로 된 받침돌 위에 세워진 총 높이 1.87m의 비 뒷면에는 "사립 창동중학 원장 오상근 이병휘 남성우"라고 새긴 큰 글씨의 머리글이 있고 그 아래 비문을 새겨 놓았다. 비문은 은사들의 이름을 나열해 놓고 선생님들이 온갖 고생을 마다하지 않고 자신들을 가르쳤음을 언급하며 그들의 은공을 잊지 못해 비석을 세워 칭송하고자 한다는 내용을 담았다. 창동학원은 1907년에 소학교를 설립한 후 4년 후 중학교를 세웠는데 연변지역에서도 초기에 세워진 학교이다. 사은기념비에서 서쪽편의 길 건너 산 기슭에 나무 숲에 둘러쌓인 밭 가장자리가 창동중학이 있던 자리이다.

3) 용정

용정은 연변지역에서도 한민족과 인연이 가장 많은 곳이다. 연길에서

20km정도 떨어져 있으며 시내버스가 수시로 다닌다. 오늘날 용정은 주도인 연길에 가려 상대적으로 침체되었지만 과거 북간도지역의 중심지로서의 자존심을 잃지 않으려 안간힘을 다하고 있다. 최근에는 용정지역에 산재해 있는 일제시대 항일 독립운동의 흔적을 비롯한 문화유산들을 발굴하고 복원하는 등 도시의 면모를 일신해 가고 있다.

해란강이 굽이치고 육도하가 해란강에 합수하는 곳에 자리잡은 용정은 광복 전까지는 지리적으로 연변지역의 중심이었고 조선인의 경제·사회·문화·교육의 중심지였다. 일본 간도총영사관도 이곳에 있었다. 특히 용정은 교육도시로서의 면모를 갖추고 있어 간도지역은 물론 해외에서도 유학을 오는 학생들이 많았다고 한다. 1933년 통계에 따르면 당시 용정은 인구 1만 5천여 명의 변방도시였지만 27개 학교에 학생 수가 5천900여 명에 이르

일송정에서 내려다 본 용정시내 및 해란강 모습

렀다. 학생 수가 전체 인구의 38.8%에 이르렀으며 주택의 70% 가까이가 학생들을 위한 숙소였다고 한다.

조선인들의 주요 집거지로서 용정은 또한 항일 및 독립운동의 중요한 거점이기도 했다. 중국 동북지역에서 항일 무장 독립투쟁이 시작되는 계기가 됐던 3·13만세운동도 바로 용정에서 일어났다. 무려 2만여 명이 운집한 만세운동은 조선인들의 마음속에 있던 결기를 드러낸 것이었다는 점에서 독립운동사에서 매우 의미있는 사건이었다. 만세운동 이후 조선인들은 앞다투어 독립운동 단체를 만들어 독립운동을 시작했는데 이를 계기로 1920년부터 일제에 항거해 중국 동북지역에서 무장 독립투쟁이 본격화됐다.

용정이 독립운동을 위한 중심지로 역할 할 수 있었던 데는 몇 가지 이유가 있다. 이곳에 조선인들이 밀집해 살아가고 있었다는 점에 더해 각급 학교에서 독립투사로 교육받은 젊은이들이 양성되었던 점과 1907년부터 용정에 일본인 경찰들이 상주하며 조선인을 괴롭혔던 것을 꼽을 수 있다. 이외에 당시 영국과 캐나다의 선교사들이 용정에 거주하며 조계지를 형성하고 있었던 것도 주목할 만하다. 임시정부가 상해 프랑스 조계지에 거점을 마련했던 것처럼 용정에는 영국인들이 모여 살던 이른바 '영국더기'가 있어 이곳을 활용할 수 있었다. 용정 사람들은 지금도 이곳을 영국더기라 부른다.

용정지역은 전체가 노천박물관이라고 할 만하다. 따라서 가 볼 만한 곳은 부지기수다. 용정을 대표하는 비경인 일송정은 용정 전체를 한눈으로 살필 수 있는 자연 전망대일 뿐 아니라 우리에게 잘 알려진 노래 선구자의 노랫말이 시작되는 곳이기도 하다. 선구자의 작사가인 윤해영의 친일 활동이 알려지면서 이 노래에 부정적 평가가 이어지면서 다소 어색해 졌지만 용정에서는 이 노래를 '용정의 노래'로 칭하며 기리고 있다. 은진중학을 포함한 6개의 중학교는 물론 연변지역의 역사를 전시해 놓은 대성중학 기념관, 용정의 지명이 유래한 용드레우물 터, 간도 일본총영사관 건물, 해외에 세운 최초의 근대적 학교인 서전서숙 터, 3·13만세운동에서 희생된 사람들의 유해를 모신 3·13반일의사릉 및 윤동주 묘소 등이 대표적이다. 용정 시내에서 조금 떨어진 곳에는 윤동주 생가와 명동학교터, 15만원탈취사건 기념비 등도 있다.

(1) 대성중학 기념관/ 이상설 기념관

용정이 일제하에서 조선인을 위한 교육도시였음을 알 수 있는 대표적인 역사 유적이다. 현재의 용정중학이 서 있는 대성중학 옛터에는 무너져 가던 대성중학 건물이 복원되어 일제하에 용정에 세워졌던 6개 학교의 통합 기념관으로 활용되고 있다. 6개 학교는 대성중학과 함께 은진·동흥·광명·광명여중·명신여중 등이다. 대성중학은 유교가, 은진중학은 개신교가, 동흥중학(현 용정3중 자리)은 천도교가 세운 학교이다.

건물 안에는 1층에 윤동주가 은진중학에서 공부하던 모습을 재현하여 놓은 윤동주교실과 기념품 상점이 있고 2층에 용정과 연변지역 출신 인사들의 면면과 역내의 주요 독립운동 역사에 대한 사진 자료들을 전시해 놓았다. 특히 은진중학과 광명중학을 다닌 윤동주는 물론 송몽규·문익환·나운규·정일권 등 한국 근현대사에서 접할 수 있었던, 연변지역 출신 인사들을 만날 수 있다.

이상설기념관은 대성중학 건물 옆에 세워져 있다. 이상설은 1906년 해외에 설립된 첫 근대 교육기관인 서전서숙을 용정에 세운 것을 비롯해 이 지역과 많은 인연이 있다. 서전서숙은 이상설이 1907년 이준·이위종과 함께 헤이그만국평화회의에 참가한 것이 알려져 일제에 의해 강제로 폐교되었다. 하지만 당시 지역사회에 많은 영향을 미쳐 창동학교·명동학교·정동학교 등 새로운 민족교육 기관을 설립하는 동인이 됐다. 인근에 있는 용정 실험소학교 유치원 옆에 서전서숙이 있던 자리를 알리는 표식비가 세워져 있다.

(2) 간도 일본총영사관 건물

용정 시정부 청사 안에 위치하는 간도 일본총영사관 건물은 2015년 이후 일제의 만주 침략 역사를 전시한 혁명전시관으로 활용되고 있다. 얼마 전까지 시정부 청사로 사용되었다. 1920년대 중반에 세워진 이 건물은 아직 옛 모습을 그대로 유지하고 있으며 주변에는 총영사 관저 등 부속 건물들이 남아 있다.

일제가 이 지역에 공관을 세운 것은 조선(대한제국)에 일본 통감부를 세운 1907년부터이다. 을사늑약을 통해 조선의 외교권을 빼앗아 간 일제가 이곳으로 이주하여 살아가던 조선인을 '보호'한다는 구실을 붙여 조선통감부 간도파출소를 세운 것이다. 간도파출소는 일본과 청나라가 이른바 간도협약을 체결한 1909년에 간도 일본총영사관으로 바뀌었다. 현재의 건물은 1920년대 중반에 새로 건축된 것이다.

지상 2층 지하 1층으로 된 건물에는 일제의 침략 역사를 사진 자료는 물론 영상 자료, 육성 녹음 자료 등 다양한 형태로 전시해 놓았다. 지하 1층엔 당시 이곳에 독립운동가들을 수감하고 고문했던 모습을 그대로 재현하여 놓았다. 1층에는 일제의 침략 역사를 다양한 방식의 자료들을 활용해 전시함으로써 조선인들이 이 지역에서 겪은 아픔을 잘 드러내고 있다. 2층은 향후 일제의 침략 역사에 대한 자료를 보완하여 전시할 계획이란다.

전시관으로 사용되고 있는 용정 간도일본총영사관 건물

(3) 일송정/ 해란강/ 용문교/ 용드레우물 터

널리 알려진 노래 '선구자'의 가사에는 용정의 여러 명소들이 나온다. 비암산ㆍ일송정ㆍ해란강ㆍ용문교ㆍ용드레(용두레)우물ㆍ용주사 등…. 일제시대에 불리던 노래이지만 이 노래 가사에 담긴 명소들은 오늘날에도 그 이름 그대로 남아 있다. 그래서 용정을 찾는 많은 사람들은 이 명소를 둘러보며 당시 이곳에 이주하여 살아가던 선조들의 마음을 헤아리기도 한다. 용정에서는 선구자를 '용정의 노래'라 부르고 있다.

용정 일송정

최근 노래 '선구자'의 위상은 흔들리고 있다. 선구자의 작사자인 윤해영의 친일 행적을 둘러싸고 논란이 일어나면서 노래의 평가가 엇갈리고 있기 때문이다. 한민족이 겪은 슬픈 역사의 잔영이 오늘날까지도 짙게 드리워져 있는 셈이다. 그러나 노래 선구자에 대한 세간의 시비와는 별개로 용정지역에 산재해 있는 이들 명소는 변함없이 정겹고 많은 사람들의 사랑을 받고 있다.

용정 시내의 서남쪽 해란강변 비암산 중턱에 우뚝 솟아 있는 일송정은 용정 주변을 조망할 수 있는 천혜의 전망대이다. 이곳으로 오르는 중턱에는 용주사가 있고 그 부근에는 용정지역을 무대로 활동했던 여류작가인 강성애의 문학비가 세워져 있다. 일송정 주변에는 일송정을 알리는 표식비가 있으며 용정의 노래 가사 등이 새겨져 있다. 일송정에 오르면 동북쪽으로 용정 시내와 서전벌이 한눈에 내려다보인다. 서쪽의 화룡시 방향으로는 해란강을 따라 넓고 끝없이 펼쳐진 평강벌을 바라볼 수 있다. 독립운동가들이 일송정을 중요한 접선 지역으로 삼았다거나 일제가 이곳에 있던 소나무에 약물을 투입해 고사시켰다는 등의 이야기는 그저 옛 얘기의 한 토막일지라도 눈앞에 펼쳐지는 수려한 경관은 분명 현재의 모습이다.

일송정에서 내려와 용정 시내로 들어오면 용정의 지명이 유래된 용드레 우물터와 해란강 위의 용문교를 만날 수 있다. 그와 함께 용정 시내 곳곳에는 당시에 세워진 각급 학교들의 흔적을 살필 수가 있다. 윤동주 등이 다녔던 은진중학은 영국인과 캐나다인들이 모여 살던 조계지로서 오늘날 '영국더기'로 불리는 언덕 위에 있었다. 3·1운동 후속운동 성격을 지닌 3·13만세운동 당시 부상자들을 치료한 제창병원도 이곳에 있었다. 동흥중학의 터에는 현재 용정3중이 자리잡고 있다.

용정 3.13반일의사릉

(4) 3 · 13반일의사릉/ 윤동주묘

용정에서 남쪽 삼합 방향으로 나서 시내를 빠져 나오면 길 왼쪽에 야트막한 동산이 있고 그 아래쪽에 작은 묘원이 있다. 3 · 13반일의사릉이다. 큰길에서 불과 150m 정도 떨어져 있어 쉽게 찾을 수 있다. 1919년 3월 13일 서울에서의 3 · 1운동 영향을 받아 용정에서 전개된 3 · 13만세운동'에서 희생된 19명의 열사들 중 13명을 모신 묘원이다.

3 · 13만세운동은 간도지역과 이 지역에 이주해 살던 조선인의 존재를 만천하에 알린 역사적인 사건이다. 간도지역에는 이미 40만 명 이상의 조선인들이 이주해 살아가며 독립운동을 위한 준비를 하고 있었지만 세인들에게

용정 동산에 위치한 윤동주묘

는 아직 그다지 알려지지 않았었다. 그러던 중 서울에서 3 · 1만세운동이 벌어지자 이곳 민족지도자들도 서둘러 계획하고 있던 독립선언을 발표하며 만세운동을 추진했다.

북간도지역 곳곳에서 모인 2만여 명의 군중은 이날 정오 예배당 종소리에 맞추어 간도 일본총영사관을 향해 평화적인 행진을 시작했다. 그러나 그 위세에 놀란 일본 경찰과 일본 경찰로부터 압력을 받은 동북군벌의 맹부덕 부대가 군중을 향해 발포했다. 그 결과 현장에서 숨을 거둔 시위대와 이후 병원으로 옮겨 치료를 받다 목숨을 잃은 사람 등 모두 19명이 희생됐다. 묘역에는 가족들이 유해를 찾아간 사람들을 제외한 모두 13명의 순국자를 모서 놓았다.

3·13반일의사릉에서 11시 방향의 동산 공동묘지에는 윤동주 묘가 있다. 1945년 2월 16일 일본 후쿠오카형무소에서 의문의 죽음을 당한 윤동주는 6월 14일 가족들의 슬픔을 뒤로 하고 이곳에 묻혔다. 그러나 광복 이후 역사의 소용돌이 속에서 잊혀진 채로 있다가 40여 년이 지나서야 세상에 다시 모습을 드러낼 수 있었다. 연변대학을 방문한 와세다대학의 오무라 교수가 윤동주의 존재와 함께 묏자리를 알리고 주변 인사들이 힘을 합해 찾아낸 것이다. 윤동주묘와 불과 20m 정도 떨어진 곳에 윤동주의 평생 동지였으며 고종사촌인 또 한 명의 혁혁한 독립지사인 송몽규가 묻혀 있다.

(5) 15만 원 탈취 사건 기념비

용정 시내에서 3·13반일의사릉을 지나 다시 삼합 방향으로 10여 분쯤 가다보면 지신진 승지촌이 나온다. 그 근방에서 우측으로 뻗은 백금 방향의 길로 들어서면 좌측 산기슭에 작은 기념비가 하나가 서 있다. 이름하여 '15만 원 탈취 사건 기념비'이다. 수년 전에 상영됐던 영화 '놈놈놈'의 소재로 잘 알려진 15만 원 탈취 사건은 1920년 1월 초 간도지역 독립운동 단체인 '철혈광복단' 단원들이 군자금을 모으기 위해 회령의 한 일본은행(조선은행)에서 용정출장소로 수송하던 현금을 탈취한 사건이다.

현금 탈취에 성공한 후 이들은 일제의 삼엄한 포위망을 뚫고 연해주 블라디보스토크 신한촌으로 가 그곳에서 체코제 무기 구입을 타진했다. 그 과정에서 이미 변절해 일제의 밀정으로 활약하던 엄인섭이 일본 헌병대에 밀고해 거사는 실패로 끝났다. 단원들 중 3명은 현장에서 붙잡히고 2명은 목숨을 잃었다. 최봉설만이 총상을 입은 채 탈주해 기적적으로 살아남았다. 체포된 윤준희·림국정·한상호 3명은 1921년 8월 서대문형무소에서 꽃다운 나이에 형장의 이슬로 사라졌다. 유일한 생존자인 최봉설은 1921년 연해주에서 적기단을 조직해 활동하기도 하였는데 이후 중앙아시아 카자흐스탄으로 이주해 그곳에서 1973년에 사망했다.

당시 간도로 이주해 온 사람들의 가구당 이주 비용은 100원 가량이었고, 쌀 한 가마니는 5원 정도였다고 한다. 2천 원 정도를 가지고 있으면 부자(재력가) 소리를 들었고 소총 1정이 30원이었다고 하니 15만 원이면 독립군 5천여 명을 무장할 수 있는 거금이었다. 이 사건이 성공하여 무기 구입이 이루어졌다면 독립운동의 판도가 달라졌을 것이란 주장도 있다.[42]

용정 15만 원 탈취 사건 기념비

15만 원 탈취에 가담한 6명의 단원은 대부분 서전서숙·창동학교·명동학교 출신으로 3·13만세운동에도 참가하였다. 이들은 만세운동에서 일제와 중국 군벌의 총격으로 무고한 사람들이 희생당하는 것을 보고 무장하지 않고 독립을 쟁취할 수 없음을 깨닫게 되었고 무기 구입을 위해 현금 탈취를 계획하였다. 실제 학계에서는 이 사건을 중국 동북지역에서 1920년부터 본격화된 독립 무장투쟁의 시작을 알린 역사적인 사건으로 평가하기도 한다. 이 거사가 있은 지 6개월 후 홍범도가 이끄는 독립군 연합부대가 해외에서 일본군과 행한 최초의 전투인 봉오동전투에서 대승을 거두었다. 그리고 중국 동북지역은 독립 무장투쟁의 장으로 바뀌었다.

(6) 명동촌/ 윤동주 생가/ 명동학교

용정 시내서 두만강이 있는 삼합 방향(남쪽)으로 약 20km 정도 내려오면 좌측으로 선바위가 나오고 곧 우측으로 명동촌이 눈에 들어온다. 명동촌에는 윤동주 생가와 1910년대 당시 촌민들이 함께 이용했던 교회 건물, 최근에 새롭게 복원된 명동학교 건물, 그리고 윤동주와 고종사촌 간으로 평생을 서로 의지하며 살았던 송몽규 생가 등이 있다.

명동촌은 윤동주 생가로 많이 알려져 있지만 그 보다 훨씬 큰 역사적 의미가 있다. 이곳은 1900년대 초 조선인의 초기 정착지로서 조선인들이 이주하여 삶의 터전을 마련하여 온 간고한 역사가 깃들어 있다. 1899년과 1900년에 다섯 가문이 지역을 나누어 정착해 세운 명동촌은 용정이 북간도지역의 중심지가 되기까지 조선인들의 경제 · 사회 · 문화의 중심지로 기능했다 (참고 명동촌 건설관련).

윤동주 생가 표식비가 있는 담장 안으로 들어가면 우측에 당시 명동촌 주민들이 다녔던 교회의 건물이 옛 모습 그대로 남아 있다. 100여 년이 넘는 긴 시간을 견디느라 많이 낡았지만 아직도 제 모습을 간직한 채 뭇 사람들에게 그때의 역사를 알려 주는 장소로 사용된다. 교회 건물에서 나오면 돌 위에 새겨진 윤동주 시를 만나게 된다. 시가 새겨진 돌판들 사이를 지나면 정원 안쪽에 윤동주 생가가 자리잡고 있다.

8간짜리 전통 양식의 기와집으로 된 윤동주 생가는 북방식 가옥의 전형을 보여주고 있다. 북방식 가옥은 겹집으로 되어 있을 뿐 아니라 부엌이 집

용정 명동촌 윤동주 생가 표식비

가운데에 들어와 있어 북방지역의 추위를 견디기에 적합한 구조다. 추위를 견디기 위해 에너지 효율을 극대화한 조상들의 지혜를 엿볼 수 있다. 이 집은 1980년대 중반 윤동주의 존재가 알려지게 된 후 이곳에 복원된 것이다.

오늘날 한민족에게 윤동주는 일제에 저항한 민족시인 이상의 특별한 인물로 자리매김 되어 있다. 민족 시인으로서의 그의 면면과 시에 대한 특별한 감상, 그리고 광복을 목전에 둔 젊은 나이에 감옥에서 비참하게 목숨을 잃어야 했던 안타까움 등이 그를 그리게 하는 요인일 것이다. 그러나 조선족 사회가 윤동주를 만나게 된 것은 1980년대 중반에 이르러서였다. 한국에서는 1940년대 말부터 윤동주 시집이 출판되는 등 널리 알려졌지만 이념적으로 나뉘어져 교류가 불가능했던 이곳에서는 모를 수밖에 없었다. 그런 이곳에 윤동주의 존재를 다시 일깨운 것은 일본 와세다 대학의 오오무라 마스오(大村益夫) 교수였다. 한국과 조선(북한) 문학을 공부하던 오오무라 교수는

용정 명동촌에 옛 모습으로 복원된 명동학교 건물

이즈음 일제하 만주지역에서 활동하던 문학인과 문학에도 관심이 있었다. 윤동주와 그의 시도 주된 관심사 중의 하나였다.

그러던 중 오오무라 교수는 연변대학에서 일본어를 가르치며 1년간 머물기 위해 1985년 4월 연변을 찾았다. 그리고 주변에 윤동주의 존재를 알리고 그에 대해 평가하며 그의 묘소를 찾아 나섰다. 연변에서 윤동주의 존재는 그렇게 세상에 알려지게 되었다.

4) 화룡/ 안도

화룡은 연길에서 70km 정도 떨어진 작은 도시로서 연길에서 백두산으로 가는 길목에 위치해 있다. 백두산 끝자락에 자리잡고 있으며 두만강 상류 지역을 형성하고 있다. 서쪽으로는 안도현, 동쪽으로는 용정시와 인접해 있다. 두만강을 접하고 있는 화룡은 용정과 함께 조선인들이 초기에 이주하여 정착했던 지역으로서 조선족의 비율이 높았다. 화룡은 초기 삼도구로 불렸는데 이전에는 소재지가 대립자(현재 용정시 지신진)·투도진 등에 있었다.

화룡 시내에서 남쪽 방향으로 50km 남짓 가면 두만강이 나온다. 두만강 건너편에는 북한의 노천 철광석 산지인 함경북도 무산과 북한의 감자 생산지인 양강도 대홍단군이 자리잡고 있다. 두만강변의 군사도로를 따라 강 상류로 올라가면 좌측으로 두만강 발원지가 나온다. 그리고 인근 오른쪽에 청나라를 건국한 누르하치 선조의 신화와 관련된 원지(圓池)가 있다.

화룡시의 서남쪽 백두산 자락에는 청산리대첩의 현장이 있다. 청산리전투는 화룡 시내에서 약 20km 정도 떨어져 있는 청산촌을 중심으로 주변의 백운평·천수평·갑산·어랑촌·완루구 등 넓은 지역에서 일주일간 이어졌다. 연길에서 화룡 시내로 들어가기 전 좌측에 대종교 3인을 모신 묘역이 있다. 나지막한 언덕 위에 있어 쉽게 찾을 수 있는데 이곳은 대종교 총본사가 있던 청파호 인근이다. 용정에서 화룡으로 가는 길목에 위치한 화룡시 서성진에는 발해 중경 현덕부의 서고성 성터가 남아 있다. 성터 부근에서 발해 3대 문왕의 넷째 딸인 정효공주묘가 발굴됐다. 공주묘는 공개되지 않고 있는데 연길시에 있는 연변박물관 내에 모형이 만들어져 있다.

안도는 행정구역상 백두산을 품고 있으며 연변조선족자치주의 서쪽에 위치해 길림성 백산시와 접해 있다. 백두산의 배후도시인 이도백하가 안도현에 속한다. 비교적 길게 늘어져 있는 행정구역의 특성상 동남쪽으로는 화룡시와 연길시에 접하고 북쪽으로는 돈화시와 경계를 이룬다. 안도는 왕청현과 함께 연변조선족자치주에 있는 2개의 현 중 하나이다. 연길에서 안도현 소재지인 명월진까지는 고속철도로 약 20여 분 정도 걸린다.

이곳은 백두산 줄기가 뻗어 내린 지형적 특성이 있어 독립군들의 활동 무대였으나 세인들의 관심을 끌만한 두드러진 역사적 흔적이 많지 않다. 백두산 아래 첫 조선족 마을로 일컬어지는 내두산촌이 독립운동 근거지로서 또는 조선족특색마을로서 최근 세인의 관심을 끌고 있는 정도이다.

(1) 청산리전투기념비

화룡 시내에서 청산리전투기념비까지는 약 20km 정도 떨어져 있으며 화룡시 부흥향 청산촌에 자리잡고 있다. 백두산 방향의 큰 길을 빗겨 서쪽 방향으로 가다 보면 부흥향 소재지가 나오고 이어 송월평(송림평) 라월평 십리평이 나온다. 송월평·라월평 사이에는 화룡 시민들이 먹는 식수원으로 사용하는 저수지가 있다. 해란강 물줄기를 거슬러 더 올라가다 보면 곧 높게 솟은 교각 위로 철교가 보인다. 청산촌에 가까워졌음을 알리는 신호이다. 용정에서 단동까지 오가는 철로가 청산촌을 통과한다. 철교 아래의 계곡 안쪽에 청산촌이 자리잡고 있고 청산촌 앞 산중턱에 청산리전투기념비가 우뚝 솟아 있다.

청산촌의 원래 이름은 평양평(平壤坪)이었다고 한다. 평양지역에서 이주해 온 사람들이 고향 이름을 그대로 사용한 때문이다. 실제 1920년 무렵 이 지역의 조선인은 대부분 평안도 사람들이었다고 한다. 백운평에 거주하는 사람들만이 함경북도 길주에서 온 사람들이었단다.[43] 평양평을 청산리로 고친 것은 만주국 시절인 1932년 경이라고 화룡현 지명지에 기록되어 있다.[44] 따라서 청산리는 현재의 청산촌을 칭하는 것이 아니라 화룡시 소재지에서 서남쪽으로 뻗어 안도현 방향의 로령 쪽으로 이어지는 긴 계곡을 통칭하여 부르던 것으로 이해하여야 한다. 즉, 청산리전투라고 말할 때 청산리의 의미는 현재의 청산촌을 말하는 것이 아니라 송월평에서 라월평·백운평으로 이어지는 긴 골짜기를 통칭하는 의미로 사용되었다는 것이다. 당시의 자료

화룡 청산촌 청산리전투기념비

에도 '삼도구 청산리 북구' 등 청산리를 포괄적 의미로 사용하고 있다.

청산리전투는 1919년 10월 21일부터 26일까지 일주일여간 청산리지역의 백운평·천수평·완루구(완류구)·어랑촌·천보산·고동하 등 여러 곳에서 십여 차례의 격전을 치른 전투를 총칭한다. 일제가 독립군 토벌에 나선다는 정보를 입수한 독립군 단체들은 연합부대를 형성해 미리 작전을 세워 청산리 일대에서 일본군을 기다리고 있었다. 청산리전투의 첫 전투가 벌어진 곳은 청산리전투기념비가 있는 곳에서 더 안쪽에 있는 베개봉 기슭의 직소 주변이다. 이 전투를 백운평전투로 부른다. 이후 완루구전투·어랑촌전투·천보산전투·고동하전투·안도현전투 등으로 이어졌다.

당시 독립군과 일본군의 규모 그리고 전과에 대해서는 주장마다 다르다. 독립군은 홍범도의 대한독립군, 김좌진의 북로군정서, 안무의 국민회군 등 여러 독립운동 단체들을 망라한 연합부대로 구성됐는데 대략 1천4백-2천명 정도의 규모였다. 일본군은 조선에 주둔하던 부대는 물론 연해주 등 러시아 주둔군을 포함해 4천-5천명 이상이었던 것으로 추정된다. 일부에서는 일본군 병력 수가 2만여 명에 이를 것이라고 주장하기도 한다.

서일을 총재로 하고 홍범도와 김좌진이 사령관으로서 역할한 독립군 연합부대는 일주일간에 걸친 격렬한 전투에서 대승을 거두었다. 한국독립운동사에서는 봉오동전투·대전자령전투와 함께 독립군의 3대 대첩으로 부른다. 청산리전투 전과와 관련해서는 일본군 수천 명을 사살한 것으로 알려지고 있으며 많은 군수품도 노획했다.

(2) 대종교 3인 묘역

용정에서 화룡으로 가다 화룡 시내를 2-3km 못 미친 지점의 좌측 언덕에 자리잡고 있다. 길 건너 청파호지역을 내려다보고 있는 묘역에는 대종교 창시자인 홍암 나철선사, 2대 교주 김교헌, 북로군정서 총재로서 청산리전투의 실질적인 주역인 대종교 대종사 서일 세 분이 잠들어 있다. 행정구역상으로는 화룡현 용성진 청파호촌이다.

홍암 나철은 대종교를 창시한 후 1911년 일제의 탄압을 피해 이곳 화룡현 청파호에 머물며 중국 동북지역으로 이주한 조선인들을 대상으로 포교를 실시한 데 이어 1914년에는 교단 본부를 이곳으로 옮겼다. 그러나 나철선사는 일제의 탄압이 고조되는 상황에서 1916년 8월 참배 길에 올라 황해도 구월산 삼성사에서 제례를 올린 후 일제 강압 통치에 대해 일갈하는 유서를 남기고 49세의 나이로 순교조천(殉教朝天)했다. 김교헌은 나철선사의 지명으로 2대 교주가 된 후 총본사를 둔 화룡 청파호에서 포교 활동에 진력하면서 무장 독립투쟁에도 적극 나서 대한독립선언(무오독립선언)에 첫 번째로 서명하기도 했다. 그러나 김교헌도 1923년 일제의 탄압에 통분하다 타계했다. 서일은 왕청에서 중광단을 세워 포교운동을 통해 독립운동의 기반을 구축하면서 동도본사를 책임지기도 했다. 청산리대첩의 총지휘자로서 공을

화룡 청호촌 언덕에 위치한 대종교 3인묘

세운 후, 일제를 피해 밀산으로 이동한 독립군 단체들이 연합해 1921년 초 결성한 대한독립단 총재를 맡았다. 그러나 밀산에 남아 있던 중 자유시참변 소식을 접한 데다 마적들의 습격으로 함께 있던 대원들이 희생되는 것을 지켜보며 조식법(調息法)으로 스스로 목숨을 끊었다. 당시 그의 나이 41세였다.

나철선사는 황해도 구월산 삼성사에서 순교한 후 이곳으로 모셨으나 김교헌과 서일은 모두 중국 동북지역(영안과 밀산)에서 활동하다 이곳에서 타계했다. 서일의 유해는 타계한 직후 일시 밀산의 당벽진에 매장됐다가 1927년 봄 대종교 3대 교주인 윤세복에 의해 화장되어 화룡 청파호에 이장됐다. 현재 대종교 3인묘는 청파호촌 노인회에서 관리하고 있다.

(3) 발해 중경 현덕부 서고성터

발해의 5경 중 하나인 중경 현덕부 서고성은 화룡시 서성진 북고성촌에

화룡 서성진 발해 중경 현덕부 서고성터

있으며 용정과 화룡의 중간 지점쯤에 위치하고 있다. 용정에서 화룡 방향으로 가다가 좌측 길 옆 평강벌 한가운데에 자리잡고 있다. 서고성터 표식비가 세워져 있고 울타리 안으로 성터의 흔적을 엿볼 수 있다. 성터 뒤쪽 산기슭에는 돈화에서 이곳으로 천도한 발해 3대 문왕의 넷째 딸 정효공주 무덤 유적이 있으나 공개되지 않고 있다. 연길에 있는 연변박물관에서 그 모형을 볼 수 있다.

(4) 두만강 발원지/ 원지

화룡에서 숭선진을 거쳐 두만강 상류지역으로 올라가는 군사 도로를 따라가다 보면 두만강 건너편으로 김일성 낚시터 유적지가 나오고 이곳에서 한 참을 더 가면 좌측으로 중국과 북한의 국경을 나누는 경계석(69호)이 나온다. 바로 그 옆이 두만강 발원지이다. 최근 군사 도로를 확장하면서 이곳의 지형도 다소 변했다. 화룡에서 숭선진까지는 80km이고 숭선에서 발원지까지는 60km 가까이 된다. 오던 길을 계속 가면 백두산 북쪽 산문이 나온다. 그곳까지는 35km 정도 거리이다. 최근엔 도로 사정은 좋아졌지만 국경지역이라 찾아가기 어려운 실정이다.

실제 두만강 발원지는 이곳에서 북한의 삼지연지역으로 더 들어가 있다고 한다. 그러나 중국 측에서는 여기서부터 두만강이 시작되는 셈이다. 따라서 중국과 북한의 경계를 표시하기 위해 압록강 발원지 근처에서 시작된 경계석이 이곳까지 이어지고 이후부터는 두만강이 경계선으로 기능하게 된다. 발원지인 만큼 샘물 웅덩이 같은 곳에 물이 고여 있고 강의 넓이는 그야말로 작은 도랑처럼 좁다.

두만강 발원지에서 조금 더 위쪽으로 올라가다 보면 오른쪽에 원지(圓池) 표식비가 나온다. 길이 약 260m에, 넓이 약 180m의 아담한 못인 이곳은 청

두만강 발원지

청나라 시조 누르하치 선조 설화

백두산(장백산) 동쪽에 부쿠리 아피에 부라호리(원지)라고 부르는 못이 있는데 세 명의 선녀가 하늘에서 내려와 목욕하곤 했다. 어느 날 까치가 열매 하나를 가져다 셋째 선녀의 옷에 놓았고 선녀는 그만 그 열매를 삼켜 버렸다. 그 후 선녀는 잉태하여 사내아이를 낳았는데 아이는 용모가 비범하고 총명하였다. 선녀는 어느 날 아이에게 아이신줴러 부쿠리옹순(愛新覺羅 布苦里雍順) 이라고 성과 이름을 지어 주고 작은 배 두 척을 주며 나라를 구하고 도탄에 빠진 백성들을 건지라 말하고 하늘나라로 올라갔다. 어머니의 명을 받들어 배를 타고 강을 따라 내려가다 삼성(三性)이라는 곳에 정착해 살았는데 그 후손이 청나라를 세웠다. 그가 아이신줴러 누르하치(愛新覺羅 努爾哈赤)이다.

나라를 건국한 누르하치 가문의 시조 탄생 설화가 있는 곳이다. '선녀욕지'라고도 부른다. 한국의 '나무꾼과 선녀'를 연상시키는 설화는 청나라 건륭제의 명으로 만들어진 만주족 역사서인 『흠정만주원류고(欽定滿洲原流考)』에 전해진다.

(5) 백두산 아래 첫 동네 내두산촌

안도현 이도백하진에서 백두산 북쪽 산문 방향으로 올라가다가 좌측(동남방향) 길로 들어서 20분 남짓 가면 내두산풍경구가 나온다. 눈을 들어 남쪽 방향을 보면 마치 여인의 가슴을 닮은 두 산봉우리를 마주하게 된다. 이름하여 내두산(奶頭山)이다. 내두산을 뒤로 하고 10여 분 더 우측 길 안쪽으로 들어가면 멀리 높은 산들이 병풍처럼 둘러쳐진 넓게 확 트인 평지가 나온다. 그리고 현대적인 전통마을로 잘 꾸려져 있는 작은 마을이 눈에 들어온다. 순수 조선족촌인 '백두산 아래 첫 동네' 내두산촌이다.

이곳은 중국과 한반도의 경계 중 강을 건너지 않고 왕래할 수 있는 지역으로서 1920년대 중엽 함경북도 갑산지역의 수렵군들이 사냥을 하며 드나들면서 세상에 알려졌다. 그렇게 조선인들이 모여들기 시작했는데 1930년대 초에는 제법 많은 사람들이 모여 들어 마을을 형성했다. 지금도 두만강 발원지 위쪽에 북한의 삼지연군과 연결되는 육상 도로가 있는데 중국 측의 쌍목봉해관이 그것이다.

내두산촌은 일제에 항거한 항일 근거지이기도 하다. 마을로 들어가려면 왕덕산이라 이름 붙여진 작은 산을 왼쪽에 두고 산기슭을 따라 내려가야 하는데 그 초입에 이곳이 '내두산항일유격근거지'임을 알리는 빛바랜 표식비가 세워져 있다. 1930년대 초 왕덕태 등 중국동북인민혁명군이 일제에 맞서기 위해 이곳에 근거지를 세웠는데 제법 큰 규모였다고 한다. 당시 김일성

안도 이도백하진 내두산촌 촌부

도 왕청에서 활동하다 이 부대에 합류했단다.

그러나 한민족의 중국 동북지역에서의 항일 독립운동 역사에도 내두산 지역에 대한 이야기는 나온다. 1910년대부터 민족주의 계열의 독립운동 단체들이 내두산에서 활동했다고 한다. 통화현 합니하에 신흥무관학교를 수립한 후 인근에 백서농장을 세워 군사훈련을 하는 군영으로 활용했는데 당시 장주로 있던 김동삼이 훈련생들을 이끌고 내두산에서 활동을 했다. 3·1운동 직후 결성된 대한정의군정사가 1920년을 전후한 시기 내두산을 무대로 활동했다는 기록도 있다.[45]

현재 총 가구 수는 72가구에 이르지만 실제는 40여 호 정도가 살고 있다. 한때는 중학교까지 있을 정도로 제법 큰 마을이었지만 이제는 아이들은 물

안도 내두산촌 항일밀영 표식비

론 젊은이들도 별로 없다. 그럼에도 남아 있는 사람들은 내두산촌을 전통
조선족민속촌으로 가꾸기 위해 부단히 노력하고 있다. 이를 위해 지금까지
다른 민족을 받아들이지 않음으로써 순수 조선족마을로서의 위상을 견지
하고 있다. 이를 지키기 위해 민족 고유의 전통문화를 유지하고 발전시키기
위한 갖가지 구상을 실천하고 있다.

　일차적으로 내두산촌은 안도현 정부의 지원을 받아 최근 마을 전체를 전
통 민속촌으로 새롭게 단장해 보는 이들로 하여금 이곳이 조선족마을임을
실감케 하고 있다. 2015년부터 마을에 아담한 '작가공원'을 만들어 조선족
유명 작가들의 시비를 세우고 있는가 하면 2016년 가을에는 사라져 가는 조
선족의 전통 장례문화를 되살리기 위해 제1회 조선족상여문화축제를 개최

했다. 작가공원에는 대표적인 조선족작가들의 작품을 선정해 시비를 세웠다. 상여문화축제는 오늘날 토장문화가 사라짐에 따라 사실상 전통 장례문화가 자취를 감추었는데 축제를 통해 민족 고유의 장례문화를 되새기는 계기가 됐다는 평가를 받았다.

내두산촌은 최근 '한국인의 밥상'이라는 TV 프로그램에 나오면서 한국 사회에도 많이 알려졌다. 이곳은 고산지대이지만 토질이 비옥해 특히 감자 농사가 잘 되는데 감자를 이용한 먹거리가 유명하다. 감자의 녹말 성분이 특별히 많아 이를 활용해 만든 감자찰떡·감자국수가 별미이다. 산촌이라 쌀이 귀한지라 감자를 이용해 찰떡도 국수도 해 먹었던 선조들의 지혜를 엿볼 수 있다.

5) 도문

도문시는 서에서 동으로 흐르는 두만강과 북에서 남으로 흐르는 가야하 사이에 자리잡고 있다. 연길에서 50km 정도 떨어져 있으며 두만강을 사이에 두고 북한의 온성군 남양노동자구와 마주보고 있다. 남양노동자구의 산 넘어 동남쪽에 온성군 소재지가 있다. 남양노동자구의 동쪽에 위치한 온성군 풍서리는 한반도의 최북단(북위43도) 지점이다.

풍서리에서 두만강 하류로 내려가면 온성섬이 나온다. 온성섬은 북한 영토지만 두만강 북쪽의 중국 영토에 붙어 있다. 압록강 상에는 이같은 섬이 여럿 있지만 두만강에는 드물다. 북한 온성군과 중국 도문시는 2014년 이 섬을 관광특구로 개발하기로 합의한 바 있다.

도문시는 중화인민공화국 수립 이후에도 연길현에 속한 진급 소도시였다. 그러다가 1965에 이르러 왕청현의 석현진과 연길현에 속했던 월청진,

훈춘시의 양수진 등을 합병해 시로 독립했다. 이곳은 1930년대 초에도 1백 수십 호의 민가밖에 없는 작은 마을이었다. 당시 한족은 '하전자'로, 조선인은 '회막동'으로 불렀다.

그러나 도문은 만주사변 이후 한반도 북부지역과 북간도지역을 잇는 요충지로서 교통 요지였다. 1933년에 두만강 상에 두 지역을 잇는 철교가 건설됐고 8년 후인 1941년에 도로교가 세워졌다. 특이한 것은 육로를 잇는 도로교 보다 철교가 8년여 먼저 건설됐다는 점이다. 도문은 중국 동북지역과 한반도를 연결하는 철교뿐만 아니라 도문-장춘 간 장도선과 도문-목단강 간 목도선이 연결되어 있다. 2015년에 개통된 장춘-훈춘 간 고속철로도 도문을 거쳐 지나간다.

도문에서는 두만강변에 풍경구가 만들어져 있어 손으로 강물을 만질 수도 있고 뱃놀이도 할 수 있다. 도문과 온성군 남양을 잇는 도로교 옆에서는 북한지역을 관망할 수 있는데 도로교 중간 지점까지 나아가 북한지역에 좀 더 가까이 다가갈 수도 있다. 도문시 서쪽 지점에는 시 북쪽에 우뚝 서 있는 일광산 자락에 풍경구가 건설되어 있다. 이곳에서는 북한지역과 함께 두만 강 물줄기를 넓게 살펴볼 수 있다.

풍경구에서 일광산 정상 부근으로 올라가면 화엄사가 나온다. 조선족 주지스님이 관리하는 이 절은 도문시와 북한지역을 발아래 놓고 굽어보고 있다. 화엄사는 중국은 물론 남한과 북한이 함께 힘을 합해 건설했다. 탱화는 남한의 전문가가, 일부 불화 등은 북한의 만수대창작사가 제작에 참여했다. 그런 연유에서인지 이곳에서는 일제시대 북간도지역에서 수행하며 독립운동가들을 음양으로 도와준 수월 스님의 영정을 모셔 놓고 한반도 통일은 물론 동북아시아의 평화를 기원한다.

도문시 가까이에는 중국 동북지역에서 무장 독립투쟁의 시작을 알렸던 봉오동전투 현장이 있다. 도문시에서 15분 정도 거리에 위치한 석현진 수남촌에는 봉오동전투를 기념하는 기념비가 세워져 있다. 그러나 전투 현장은 도문 시민들이 식수원으로 쓰는 저수지 상류에 위치해 접근할 수 없다. 그렇지만 독립군이 일본군을 전투 현장으로 유인하며 넘었던 고려령과 당시 전투에 직간접적으로 도움을 주었던 조선인마을이 있던 고려둔(촌) 등 역사적 현장들을 통해 그 당시의 긴박했던 상황을 헤아려 볼 수 있다.

한편 김정구 선생의 흘러간 옛 노래 '눈물 젖은 두만강'이 도문의 한 여인숙에서 탄생한 것으로 알려져 있다. 1937년에 발표된 이 노래는 작곡가 김시우 작사자 김용호로 되어 있다. 그러나 이 노래는 앞서 김시우가 중국 동북지역의 조선인마을을 찾아다니며 순회공연을 하던 중 도문에서 독립운동가 남편을 잃은 한 여인이 밤새 울던 사연을 듣고 즉석에서 곡을 붙인 노래라고 한다. 두만강 나룻가에서 사랑하는 님을 잃고 슬피 우는 한 여인의 모습이 눈앞을 스친다.

(1) 도문해관: 도로교/ 철교

중국 동북지역과 한반도를 잇는 두만강 상에는 여러 다리가 있는데 그중 도문에는 철교와 도로교 두 다리가 있다. 도로교의 경우, 중국은 도문교로 부르고 북한은 남양교라 부른다. 도문 맞은편 북한지역은 함경북도 온성군 남양노동자구이다. 북한의 남양노동자구는 시골의 작은 마을이지만 중국과 연결되는 도로와 철로가 건설되어 있는 교통의 요지이다. 남양노동자구 동남쪽 방향에 온성군 소재지가 있다.

도로교는 건설된지 오래 되어 많이 낡아 2016년 경부터 다리 바로 위에 새로운 다리를 건설중에 있다. 철교는 정기 노선 없이 부정기적으로 기차가 오간다. 따라서 주요 해관 시설은 도로교로 통하는 곳에 설치되어 있다.

도문 철교

북한의 김정일 국방위원장이 사망 7개월 전인 2011년 5월 이 철교를 이용해 중국 동북지역을 방문한 바 있다.

　도로교 옆에는 이곳을 찾는 사람들이 북한지역을 관망할 수 있도록 시설을 갖추고 있다. 도로교는 다리 측면을 붉은색과 푸른색으로 칠해 놓았는데 색깔로 두 나라의 관할 지역을 표시한 것이다. 일정 비용을 지불하면 도로교의 중국 측 관할 범위까지 나아가 좀 더 가까이에서 북한지역을 살필 수도 있다. 도로교 전면에 있는 망루에도 올라 갈 수 있다.

　도로교는 1941년 일제에 의해 건설됐다. 그러나 철교는 이에 앞서 만주사변 직후인 1933년에 건설됐다. 도로교가 8년이나 먼저 건설된 것이다. 철교가 도로교보다 먼저 건설된 것은 일제가 중국 동북지역을 침략하고 수탈하기 위한 수송 문제 해결에 철로가 더 유용한 수단이었기 때문일 것이다.

　도로교 아래는 두만강풍경구가 있다. 이곳에는 여름철 물놀이를 할 수 있는 소형 보트가 관광객들을 기다리고 있다. 그러나 2016년 9월 대홍수로 두 만강 물길이 바뀌고 토사가 쌓이는 등 상황이 변하여 계속해서 물놀이를 할 수 있을지는 미지수다.

(2) 봉오동전투 기념비

도문시 석현진 수남촌은 예전 봉오동전투가 벌어진 지역을 포함하고 있는 마을이다. 연길-훈춘 간 고속도로에서 도문 방향으로 내려온 후 도문 반대쪽의 왕청 방향으로 1km 쯤 가다 보면 우측에 자리잡고 있다. 수남촌 옆길을 따라 다시 400m쯤 더 올라가면 봉오동저수지 정문이 눈에 들어오는데 저수지 안쪽에 봉오동전투기념비가 있다. 기념비는 1990년대 초에 세워졌던 것을 2013년에 새로 건립했다.

봉오동전투가 벌어진 봉오동 상촌은 현재 도문 시민들의 식수원인 저수지의 위쪽에 위치하고 있다. 따라서 그곳에 갈 수 있는 길이 없어 저수지 앞에 비를 세워 기념하고 있다. 그러나 봉오동저수지 정문 앞에서 위쪽으로 난 길을 따라 올라가면 독립군이 일본군을 유인해 오던 고려령과 주민들이 살던 고려둔 그리고 봉오동 상촌으로 넘어가던 고개 등을 살펴볼 수는 있다. 전투 현장을 보지 못하는 아쉬움을 달랠 수 있는 길은 있다는 것이다. 여러 가지 불편한 점이 있음에도 불구하고 봉오동전투기념비가 접근하기 쉬운 고속도로 변에 있어 한국인들이 제법 많이 찾는다.

봉오동전투는 홍범도와 안무·최진동 등이 이끄는 독립군 연합부대가 두만강 건너에 있던 일본군을 유인해 대승을 거둔 독립군 3대 대첩의 하나이다. 또한 중국 동북지역에서 일본군을 상대로 싸운 첫 전투로서 이후 독립 무장투쟁의 시작을 알리는 신호탄이었다.

봉오동전투는 3일간의 유인 과정이 있었지만 본격적인 전투는 1920년 6

봉오골 반일전적지

鳳梧溝反日战迹地

봉오골반일전적지

鳳梧溝反日战迹地

도문 수남촌 봉오동전투기념비

월 7일 하루 동안 벌어진 단일 전투였다. 따라서 전투 과정과 결과는 비교적 잘 알려져 있다. 상해임시정부 군무부의 발표에 따르면 봉오동전투에서 일본군은 157명이 사망하고, 중상 200여 명, 경상 100여 명의 피해를 입었다. 반면 독립군은 전사자 4명, 중상자 2명 등 비교적 경미했다. 독립군의 완벽한 승리였다.

봉오동전투 전적지를 포함하고 있는 수남촌은 선열들의 희생정신을 기리며 마을을 순수 조선족마을로 가꾸고 있다. 마을 중앙에 조성된 광장에는 '넋'이라는 돌비석을 새겨 선열들의 정신을 기리고, 마을의 거리마다에는 오동나무 가로수를 심어 봉오동의 뜻을 이어 가고 있다. 촌민위원회는 향후 수남촌을 조선족민속촌으로 가꾸고 마을에 봉오동전투를 포함한 민족의 역사와 문화를 기릴 수 있는 기념관을 세우려는 꿈을 키우고 있다.

(3) 화엄사

도문시 북쪽에 위치하는 일광산 자락에 자리잡고 있다. 도문철교가 있는 곳에서 북쪽 일광산 기슭의 조각공원을 따라 10여 분 정도 올라가면 만나게 된다. 도문시를 발아래 굽어보며 두만강 너머 북한지역을 내려다 볼 수 있는 화엄사(華嚴寺)는 눈앞에 보이는 경관만으로도 가 볼 만한 가치가 있다.

조선족인 오득(悟得) 스님이 주지로 있는 화엄사는 1910년대 수월 스님이 세웠던 화엄사를 중창한 것이다. 따라서 화엄사에는 수월 스님의 화상을 모셔 기리고 있다. 또 주변에는 일제 때 독립운동가와 주변 조선인들을 물심양면으로 도왔던 수월 스님이 거처했던 수월정사가 세워져 있다. 이 절을 중창하는 과정에 중국은 건축, 남한은 단청, 북한은 불상과 탱화 제작을 맡는 등 3국이 모두 참여했다는 특별한 의미도 있다. 북한에서는 만수대창작사가 참여했다.

수월 스님은 경허 스님의 제자로 평생을 글공부를 하지 않고 일상적인 일을 통해 깨달음을 얻고 말없이 행동으로 가르침을 주었던 대선사였다. 경허 스님이 열반한 후 중국 동북지역으로 건너온 스님은 도문 두만강변에 거처를 정하고 짚신을 삼고 주먹밥을 만들어 독립운동가들이 다니는 길목에 놓아두어 그들이 굶주린 배를 채울 수 있게 한 것으로 알려진다.

6) 훈춘

훈춘은 연변조선족자치주에 속해 있으면서도 국가급 경제특구로서의 위상이 있는 특별지역이다. 북한과 러시아와 경계를 맞대고 있어 1990년대 초부터 중요한 개발지역으로 부각되었다. 특히 유엔개발계획(UNDP)이 3국 간 국경을 접하고 있는 두만강 하구 개발을 추진하면서 개발 붐이 일어나기도 했다. 그러나 북한문제와 러시아 경제난 등으로 두만강개발계획에 차질이 빚어지면서 아직까지 구체적인 전기를 마련하지는 못하고 있다.

하지만 내륙지역으로서 물류의 문제를 안고 있는 길림성과 흑룡강성 동북지역에서 바다로 나가는 길을 뚫기 위한 노력이 지속적되고 있다. 중국은 최근 훈춘을 거점으로 하여 동해로 나가는 차항출해 전략을 추진하고 있다. 차항출해 전략이란 북한 라선시의 부두를 빌려서 동해 바다로 나가는 것을 뜻한다. 이를 위해 중국은 중국(동북지역)에서 외국(라선)을 거쳐 다시 중국(상해 등 남방지역)으로 들어가는 '중-외-중'무역을 허용한 상태이다. 동북지역에서 훈춘이 여전히 주목받는 이유이다.

훈춘의 지정학적 · 지경학적 중요성은 3국 국경 지대를 형성하고 있을 뿐 아니라 중국 동북지역의 물류 문제를 해결할 수 있는 요충지라는 점에서 확인된다. 이에 따라 중국은 최근 고속도로에 이어 고속철로를 훈춘까지 연결해 접근성을 높였다. 연길에서 훈춘까지는 고속도로로 1시간, 고속철로로는 40분 정도 소요된다. 북한의 라선시로 통하는 도로를 개선하고 두만강상의 권하-원정리를 잇는 신두만강대교를 건설해 2016년 말 개통했다. 구 다리는 이용하지 않는다. 훈춘까지 이어진 고속도로 및 고속철로를 러시아 연해주까지 확장하려는 계획도 수립하고 있는 것으로 알려진다.

훈춘은 용정과 연길이 발전하기 전인 1900년대 초까지는 연변지역의 중심지였다. 역사적으로도 발해 중기, 동경 용원부 팔련성이 있던 발해의 수도였다. 지금도 팔련성의 성터가 남아 있다. 예전에 알동으로 불렸던 이 지역은 이성계의 조상이 살았던 지역으로도 알려져 있다. 이성계의 6대조 할아버지가 전주에서 이곳으로 이주해 살다가 다시 함흥지역으로 옮겨가 그곳에서 세력 기반을 다진 것으로 '용비어천가'는 전한다.[46]

훈춘의 명소로는 중국과 북한과 러시아 3국의 국경 지대인 방천이 있다. 방천풍경구는 두만강 하구, 북한의 두만강마을, 러시아의 핫산지역과 녹둔도 등을 조망할 수 있는 곳이어서 많은 관광객들이 즐겨 찾는다. 이곳에는 중국과 러시아의 최남단 국경을 표시하는 토자비가 세워져 있고 관광객들이 3국 지역을 잘 조망할 수 있도록 용호각이란 망루를 세워 놓았다. 방천풍경구 안에는 1886년 러시아와 국경을 담판한 중국관리인 오대징 동상이 세워져 있고 만주국 시절 일본과 러시아 간의 갈등을 빚었던 장고봉전투 전적지가 있다. 그리고 북한과 러시아로 통하는 권하해관과 장영자해관이 있다.

(1) 발해 동경 용원부 팔련성터

발해 중기인 8세기 후반 발해의 수도였던 곳이다. 문왕 말년에 상경 용천부(흑룡강성 발해진)에서 잠시 이곳으로 수도를 옮겼다가 그가 사망한 후 다시 상경으로 되돌아갔다. 발해 동경(東京) 용원부(龍原府)는 훈춘시 삼가자향(三家

子鄕)의 두만강변에 위치하고 있는데 훈춘 시내에서는 6km 정도 떨어져 있다. 반랍성(半拉城)·고토성(古土城)·팔뢰성(八磊城)·팔루성(八壘城) 등으로 불리기도 한다. 만주국 시절 일본인들이 발굴했는데 1937년에 도리야마 기이치(鳥山喜一)가, 1942년에 사이토 진베이(齋藤甚兵衛)가 발굴 조사를 실시했다. 성은 외성과 내성으로 구성되어 있으며, 전체 둘레는 2.8km이다. 성벽은 흙으로 판축하여 쌓았다. 주변 훈춘하(琿春河)를 따라 온특혁부성(溫特赫部城), 신생(新生) 사지, 마적달(馬滴達) 탑지 등 발해 시대 유적이 분포한다. 현재는 별다른 유적은 없고 작은 표식비만 세워져 있다.

(2) 방천풍경구

두만강 하류를 따라 길게 늘어져 있는 중국 영역 끝자락에 위치한 지역으로서 북한과 러시아와 국경을 맞대고 있는 곳이다. 훈춘 시내에서 약 60km 정도 남쪽에 위치해 있다. 중국의 전 국가주석 강택민(姜澤民)이 이곳을 찾아 "일안망3국(一眼望三國, 한 눈으로 세 나라를 본다)"이란 휘호를 적어 놓은 것으로 유명하다. 이곳에는 중국과 러시아의 경계비인 토자비가 세워져 있고 관광객들이 3국 국경지역을 조망할 수 있는 전망대가 있다.

용호각으로 부르는 전망대에 오르면 날씨가 좋을 때는 두만강 하류의 동해 바다를 볼 수 있다. 방천에서 동해 바다까지는 약 17km이다. 두만강 건너 북한지역에는 두만강마을과 조산 등이 보인다. 러시아의 핫산은 지척에 있으며 핫산 너머로 보이는 넓은 들판이 녹둔도이다. 녹둔도는 두만강상의 섬으로서 조선의 영토였다. 그러나 두만강 물길이 바뀌어 러시아쪽에 붙게 되고 1860년 북경조약으로 연해주지역을 러시아가 차지하면서 현재에 이르고 있다. 조선 말기와 1980년대에 러시아 측에 이 같은 사실을 알리며 반환을 요구하기도 했으나 별다른 효과가 없었다.

훈춘 방천 용호각

 3국이 경계를 접하는 이곳은 1990년대 초 유엔개발계획(UNDP)이 두만강 하구개발을 적극적으로 추진하고 중국도 훈춘을 경제특구로 개발하고자 하면서 관심을 끌었었다. 그러나 국제사회의 노력에도 불구하고 북한문제 등으로 지금까지 진전을 보지 못하고 있다. 그러나 몇 년 전부터 3국의 인접 도시들이 공동으로 새해맞이 행사를 갖는 등 변화를 갈구하는 움직임들은 지속되고 있다. 2017년 1월 1일 새해맞이 행사가 방천 용호각에서 열렸다. 행사는 일출에 앞서 중국ㆍ북한ㆍ러시아 공연단이 함께 공연하고, 3국의 각 지역에서 동시에 불꽃놀이를 하는 형태로 이루어졌다.

 방천풍경구 안에는 청나라 말기 러시아를 상대로 국경 협상을 했던 오대

훈춘 방천 토자비

징 동상과 만주국 시절 일본과 러시아가 전투를 벌였던 장고봉전투 현장이
있다. 오대징은 러시아가 중국과의 경계를 북쪽으로 옮기는 것에 맞서 현재
의 토자비가 있는 곳까지 남쪽으로 경계를 확장한 인물이다. 현재 훈춘지역
에는 토자비를 비롯해 러시아와의 경계를 알리는 200여 개의 경계비가 세
워져 있다. 오대징은 러시아와의 담판을 통해 중국의 영역을 확장했을 뿐
아니라 두만강 하구로의 뱃길을 뚫는 데도 기여했다. 뱃길은 1938년 만주국
시절 일본과 러시아 간 장고봉전투를 한 후 러시아가 철회할 때까지 열려
있었다.

(3) 권하해관/ 장영자해관

권하해관은 방천으로 가는 어귀의 두만강변에 위치해 있으며 북한의 원
정리와 마주보고 있다. 훈춘에서 북한 라선으로 가는 관문이다. 권하-원정
리는 2016년 말에 개통된 신두만강대교로 연결되어 있다. 길림성과 흑룡강
성 동북지역의 물류 문제를 해결하기 위해 라선 부두를 이용한 차항출해 전
략을 추진하고 있는 중국에게 권하세관이 갖는 의미는 특별해 보인다. 단순
히 외국으로 나가는 해관의 기능 뿐 아니라 중-외-중무역을 위한 또 다른 기
능이 있기 때문이다. 실제 중국은 라선으로 가는 도로를 확장한데 이어 신
두만강대교를 건설해 도로 여건을 크게 개선하였다. 최근에는 권하지역에
새로운 물류단지를 조성하고 있다. 북한도 신두만강대교 건너편 원정리에
관광객들을 받아들이기 위한 검사장을 새로 건설하였다.

장영자해관은 훈춘에서 러시아 연해주로 가는 관문이다. 러시아와는 철
로가 연결되어 있지만 화물열차만 부정기적으로 운행되고 있다. 고속도로
와 고속철로는 아직 건설되지 않아 장영자해관을 통한 도로는 훈춘에서 러
시아 연해주로 갈 수 있는 유일한 통로인 셈이다. 훈춘 장영자해관에서 연
해주의 관문도시인 크라스키노까지의 거리는 불과 10km 정도 떨어져 있다.
이 해관을 통해서는 관광객들은 물론 중국과 러시아 간의 무역을 하는 사람
들과 화물차들이 쉴 새 없이 드나든다.

7) 왕청/ 돈화

왕청은 산악 지형인 연변지역 중에서도 가장 산이 많은 지역이다. 연변지
역 내에서는 돈화 다음으로 넓은 면적이지만 인구는 그리 많지 않다. 노야
령 등 높은 산과 령이 있고 그로 인해 가야하·왕청하·수분하 등 크고 작

은 강이 발원하는 등의 지형적 요인 때문이다. 안도와 함께 연변조선족자치주에 있는 두 개의 현 중 하나이다. 연길에서 약 70km 떨어져 있으며 연길-왕청간 고속도로가 건설되어 있다.

왕청현 백초구진은 일제 시기 현 소재지였다. 왕청에서 연길로 들어오는 고속도로 변에 위치한 백초구진 정부 청사 뒤편에는 당시 간도총영사관 백초구분원 건물 흔적이 남아 있다. 1919년 3·1운동 후속 만세운동이 왕청현 관내 중 백초구에서 먼저 일어난 것도 이곳에 조선인이 많았을 뿐 아니라 이곳이 현 소재지였기 때문이다.

산악지역이지만 조선인들은 비교적 일찍 들어와 살았다. 1910년대 초에 라자구와 덕원리 등지에는 조선인들이 집거해 살기 시작했는데 그에 따라 주요 독립운동 거점으로 기능하기도 했다. 라자구에서는 1914년부터 이동휘 등이 무관학교를 운영했으며 덕원리에서는 서일이 중광단을 세워 독립운동을 준비했다. 중광단은 후에 대한정의단·대한군정서로 발전했으며 북로군정서로 이름을 바꾸면서 서대파 십리평으로 옮겼다.

한편 왕청지역에는 조선인이 1930년대 중국공산당 등과 함께 연합해 항일 독립운동을 전개한 전적지가 여러 곳 있다. 왕청현 소재지 가까이에 있는 소왕청혁명근거지와 라자구지역이 대표적인 곳이다. 소왕청혁명근거지는 김일성이 동북인민혁명군과 함께 항일투쟁을 했던 곳이다. 라자구지역은 지청천장군이 1933년 중국호로군(中國護路軍)과 연합하여 대승을 거둔 대전자령전투 현장이다. 라자구지역에는 당시 일본군이 대거 주둔하고 있었는데 역내에 비행장도 있다.

돈화는 연변조선족자치주의 북쪽에 위치하고 있으며 자치주 내에서 가장 넓은 면적을 가지고 있다. 연변조선자치주가 수립된 후 뒤늦게 합류하였으며 조선족 비율은 가장 낮다.연길에서 고속철도로 40분 정도 소요된다.

북쪽으로는 흑룡강성, 서쪽으로는 길림성 교하시(蛟河市) 등과 경계를 맞대고 있다.

돈화는 대조영이 698년 발해를 세운 곳으로 유명하다. 동모산 중턱에는 지금도 발해 3대 문왕의 둘째 딸인 정혜공주 무덤 유적을 포함한 발해 유적이 남아 있다. 중국은 현재 동모산을 포함한 주변의 넓은 지역을 육정산풍경구로 지정하여 관리하고 있다. 풍경구 안에는 동모산 발해 유적지와 함께 금정대불을 모신 정각사와 청나라의 역대 왕들을 모신 청조사 등이 있다.

(1) 중광단/ 대한정의단/ 대한군정서

서일을 중심으로 한 대종교 계열 독립운동가들이 왕청현 왕청진 덕원리에 자리잡고 활동한 독립운동 단체들이다. 대종교가 중국 동북지역을 중점 지역으로 설정하고 체제를 정비한 1914년 이후엔 이곳에 동도본사를 세워 서일이 그 책임을 맡았다. 이 단체들은 1911년부터 1919년 초까지 이곳에

중광단이 위치하고 있던 왕청 덕원리 현재 모습

서 활동하다가 북로군정서로 개편하면서 서대파 십리평으로 근거지를 옮겼다. 그러니까 중광단은 초기의 단체 이름이고 이후 대한정의단/대한군정서로 이름을 바꾸었다.

덕원리 중광단은 왕청하 하류와 유수하가 만나는 지점의 언덕에 위치하였다. 왕청역에서 북쪽 유수하 방향으로 2km 정도 떨어진 곳에 있다. 지금은 아무런 흔적도 남아 있지 않다. 유수하는 이곳에서 북서쪽으로 조금 더 흐르다가 왕청하에 합수되고 왕청하도 곧 가야하에 합류한다. 가야하는 만족어로 '진주를 줍는 강'이라는 뜻이다. 가야하는 동남쪽으로 흘러 왕청을 지나 도문에서 부르하통하 강을 흡수한다. 그리고 곧 두만강에 합류한다.

덕원리에는 1909년 경 이미 심권·박승익 등 조선인이 정착해 살면서 서당을 운영하고 있었다. 1911년 이곳에 서일이 들어와 현천묵·리홍래·계화 등과 손잡고 중광단을 세웠으며 서일이 단장을 맡았다. 중광단은 대종교를 선포한 날인 정월 보름을 일컫는 중광절에서 차용한 것이다. 같은 해 11월 서일은 화룡현 청파호에서 대종교 창시자인 나철을 만나 가르침을 받

'왕청같다'는 말의 의미와 어원

조선족 사회에서는 흔히 누군가가 엉뚱한 말을 하거나 행동을 할 때 '왕청같다' '왕청같은 소리(짓)'라고 말한다. 상식적으로 납득하지 못하거나 사리에 맞지 않는 말과 행동에 대한 핀잔이라고 할 수 있다. 이 말은 조선족 사회에서는 널리 쓰이지만 어떻게 생겨났는지는 설명이 구구하다. 왕청현 지명을 사용한 듯한 이 말의 유래를 왕청 사람들도 딱히 잘 모르고 있는 듯하다. 일부 사람들은 예전엔 왕청이 험지여서 연길이나 용정에 사는 사람들이 낮추어 한 말로 이해한다. 왕청현의 한 지식인은 왕청하에 빗대어 그 뜻을 헤아렸다. 왕청지역의 하천은 대부분 서북쪽에서 동남쪽으로 흐르는데 왕청하만은 동남쪽에서 서북쪽으로 흘러 다른 강들과 달라 여기서 '왕청같다'는 말이 생겨났다는 것이다. 그러나 이 말이 왕청현과 아무런 관계가 없는 조어라는 주장도 있다.

았는데 이후 중광단은 항일 독립운동 단체로 거듭났다. 서일은 대종교 포교 활동에도 적극적이었으며 대종교인들을 독립운동의 근간으로 삼았다. 1912년 겨울엔 동천(東天) 신팔균이 덕원리를 찾아와 중광단 군사교관으로 역할한 것으로 알려져 있다.

1913년 이곳에서 운영되던 서당을 확대 개편해 명동학교를 세웠다. 명동학교의 설립과 관련해서는 서일이 세웠다는 설과 한승점이 세웠다는 설이 나뉜다. 대종교가 세운 이 학교는 소학교와 중학교가 있었다.

1919년 3·1운동 직후 중광단을 대한정의단으로 확대 개편하고 간도 각 지역에 5개의 분단과 70여 개의 지단을 설치했다. 7월에는 군정회를 조직해 군사의 모집과 훈련에 주력했다. 10월 대한정의단과 군정회를 통합해 대한군정서로 재편하고 12월 상해 대한민국임시정부의 뜻에 따라 대한군정서를 북로군정서로 고쳤는데 이때까지 본부를 덕원리에 두었다.

중광단 등이 있던 덕원리는 현재 밭으로 변해 당시의 흔적은 찾을 수 없다. 1920년 북로군정서로 이름을 고치고 본부를 서대파 십리평으로 옮김에 따라 중광단의 덕원리 시대는 막을 내렸지만 그 후에도 조선인 마을은 남아 있었다. 그러나 1920년 일제에 의한 경신참변 때 1차 타격을 받았고 만주사변 직후인 1932년 봄 일제가 대포까지 동원해 마을을 폭격해 사람이 살 수 없게 되었다.

(2) 북로군정서 / 사관연성소

덕원리에 자리잡고 있던 대한군정서를 북로군정서로 이름을 고친 직후인 1920년 초 북로군정서는 서대파 십리평으로 본부를 옮겼다. 북로군정서가 덕원리에서 서대파 십리평으로 옮긴 것은 군정서의 규모가 커진 데다 항일 독립 무장투쟁을 전개하기 위해 더 유리한 지역에 근거지를 확보하려는 판단에 따른 것으로 보인다. 상해 대한민국임시정부의 북간도지역 군정부로서 북로군정서의 역할을 수행하기 위한 노력의 일환이었다고 할 수 있다. 특히 독립군 양성을 위한 사관연성소를 창설한 상황에서 더 넓은 곳으로 근거지를 옮기는 것은 불가피했을 것이다.

그런데 북로군정서가 위치했던 서대파 십리평이 어디인지를 확인할 수 있는 정확한 자료가 없다. 따라서 학자마다 현지를 찾는 사람마다 제각각 자신들이 아는 것을 근거로 장님 코끼리 만지듯 하고 있다. 역사적인 현장에 대한 비정이 정확히 이루어지지 않은 데다 흔한 표식비 하나 세워져 있지 않기 때문이다. 연변지역 항일 사적 연구자인 김철수 선생은 『연변항일사적지연구』(2002)에서 관련된 자료와 학계의 주장 등을 상세히 거론하면서 기존의 설과 다른 새로운 주장을 제기했다. 이를 근거로 북로군정서의 위치를 살펴보면 다음과 같다.[47]

먼저 서대파와 십리평의 지리적 개념을 정리할 필요가 있다. 현재 왕청현에는 서대파와 십리평이라는 지명이 모두 존재한다. 왕청현 소재지에서 동남쪽 방향으로 왕청하를 거슬러서 20km 정도 가면 서대파가 나오고 다시 10km 정도 더 가면 십리평이 나온다. 십리평은 현재 왕청현 복흥진에 속하지만 1990년대까지는 별도의 행정구역인 십리평향의 소재지였다. 현재의 태평촌이 그곳이다. 서대파에서 십리평에 이르는 지역은 지금도 그다지 많은 사람이 살지 않지만 드문드문 마을이 형성되어 있다. 그러나 1920년대에는 인적이 드문 깊은 산중이었을 것이다. 따라서 현재의 서대파에서부터 십리평에 이르는 긴 골짜기를 통칭하여 서대파라 하고 특정 지역에는 별도의 이름을 붙여 불렀던 것 같다. 북로군정서의 위치를 서대파 십리평이라 부른 것도 이렇게 이해할 수 있다. 즉, 서대파는 넓은 지역을 가리킨다면 십리평은 그 안의 특정 지역을 지칭한다는 것이다. 실제로 현재의 서대파는 북로군정서 본부나 사관연성소와 상관이 없지만 십리평은 북로군정서와 많은 연관이 있다.

다음은 북로군정서와 사관연성소의 위치이다. 기존의 설과 주장은 엇갈리지만 다수는 십리평 향소재지가 있던 현재의 태평촌을 중심으로 골 안쪽 약 10km 지점에 군정서 본부가 있었고 태평촌 뒤 언덕(잣덕)에 사관연성소가 있었다고 말한다. 십리평이 군정서와 사관연성소의 근거지였다는 것이다. 그러나 여러 가지 자료를 종합한 바에 따르면 북로군정서 본부는 지금의 태평촌에서 왕청하를 거슬러 13km 정도 더 들어간 창림(蒼林) 부근이며 사관연성소는 이전의 십리평이었던 현재의 장영촌 부근으로 보인다. 사관연성소가 있었던 것으로 알려진 현재의 태평촌 뒤 언덕에는 북로군정서 부대들이 있었던 것으로 추정된다.

그리고 당시 북로군정서 인원에 대한 추정과 함께 이들이 주둔하던 근거지의 범위를 헤아리는 것이 필요하다. 자료에 따르면 북로군정서의 전체 인원은 대략 1천여 명에 이르는 대규모 부대였다. 그리고 군정서 본부와 사령부는 물론 사관연성소도 분리되어 있었다. 훈련을 위한 연병장도 2개가 있었다. 이렇게 보면 부대가 차지하던 범위는 생각보다 더 컸다고 보아야 한다. 거리상으로 장장 40km가 넘는 서대파의 넓은 지역이 북로군정서가 관할하던 지역이었다면 당연히 이 지역 곳곳에 소부대들이 진을 치고 있었을 것이다.

북로군정서는 서대파 십리평으로 옮긴 후 자리를 잡아 가고 있었으나 일제의 독립군 대토벌이 임박하면서 9월 중순 경 이곳을 떠나야 했다. 8월 하순 경 북간도지역의 다른 독립군 부대들도 근거지를 옮기는 대이동을 이미 시작했다. 북로군정서는 서일이 무기 구입차 러시아에 다녀온 후인 9월 9일 사관연성소 제1기 졸업식을 거행하고 17일이 되어서야 이동을 시작했다.

북로군정서 사관양성소가 있었던 것으로 주장되는 왕청 십리평 잣덕이 속해 있는 태평촌 촌부

왕청 십리평 지역 현재 모습. 산 아래가 사관양성소가 있던 곳으로 알려진 잣덕이다.

사관연성소 1기 졸업생은 280여 명이었다. 1천여 명의 대부대는 선발대와 본대로 나누어 청산리 방향으로 이동했다. 그리고 10월 말 그곳에서 청산리 대첩에 참가해 큰 전과를 올렸다.

(3) 라자구사관학교 / 라자구대석굴

왕청현 라자구진(羅子溝鎭) 태평구 태평촌 인근 수분하 강기슭에 위치했던 라자구사관학교는 동림(혹은 대전)무관학교로도 불린다. 왕청현 동북쪽 끝에 위치한 라자구진 태평촌은 왕청현 소재지에서 100km나 떨어져 있다. 대홍구진 소재지를 지나 우측으로 빠지면 라자구 방향으로 가는데 대홍구진에서도 80km 거리이다. 대홍구를 지나면 장가점촌을 지나 태평령 등 크고 작은 영을 넘어야 라자구진에 이른다. 라자구진 소재지에서도 5-6km 정도 더 가면 수분하를 건너는 다리가 나오고 이 다리 동남쪽이 태평구이다. 사관학교 자리는 태평구다리 건너기 전 오른쪽 수분하 강변에 있었다.

그러나 이 학교도 학자들 간에 주장이 엇갈린다. 학교 이름과 설립 시기, 설립 후 운영 주체가 누구냐 하는 것이 가장 큰 쟁점이다. 학교 이름과 관련해서는 앞서 언급한 바처럼 지역 명칭에 사관학교를 붙여 라자구사관학교로 부르는 것이 일반적이지만 동림무관학교·대전무관학교 등으로도 부른다. 학교 설립 시기와 관련해서는 1913년 설, 1914년 8월 설과 12월 설 등 3가지가 있다. 이 역시 정확한 자료가 없는 상황에서 각자가 접한 자료를 추론하는 과정에서 빚어진 결과이다. 김철수는 여러 정황을 검토한 후 1914년 12월이 가장 설득력있다고 주장한다.[48] 학교 운영 주체와 관련해서는 이동휘와 이종호가 엇갈린다. 이에 대해 김철수는 이종호가 교장으로 역할했을 것이라는 주장에 무게를 둔다. 이유는 이동휘가 당시 항일 활동의 중심인물로서 한곳에 머물지 않고 연변 등 여러 지역을 순회하며 활동하였기 때문에

학교의 책임을 맡을 수 없었을 것이라는 추론이다.[49] 그렇다 하더라도 라자구사관학교에 대한 이동휘의 역할은 결코 과소평가할 수 없을 것이다.

왕청현의 골짜기 안에 라자구사관학교가 들어설 수 있었던 것은 이곳이 산악지역임에도 불구하고 흑룡강성과 인접해 연해주로 쉽게 왕래할 수 있을 뿐 아니라 벌판이 넓어 일찍이 많은 조선인들이 이주해 터를 잡고 살아가고 있었다는 인적 지리적 조건 때문이라고 할 수 있다. 자료에 따르면 1910년경 라자구지역에는 730여 세대에 4천900여 명의 조선인이 살았다. 그에 따라 라자구에 예수학교, 삼도하자에 태흥학교, 태평구에 신흥학교, 동성용에 동성의숙 등 여러 학교가 설립됐다. 예수학교는 1911년 2월에, 태흥학교는 1912년 3월에 설립됐다.[50] 그리고 태흥학교에는 중학부도 설치되어 있었는데 학생들은 라자구사관학교 설립 후 사관학교에 들어갔다. 결국 라자구사관학교는 태흥학교 중학부를 토대로 설립됐다고 할 수 있다.[51]

라자구사관학교는 교수의 중점을 군사 지식과 항일사상을 교양하는 데 두었다. 학생 수는 많게는 300여 명에 이르렀다는 자료도 있다. 그러나 라자구사관학교는 1년여 기간 존속하다 여러 가지 사정이 겹쳐 폐교되었다. 일제의 압박으로 중국 지방정부가 해산령을 내린 데다 리동휘 등 학교 운영의 주체들이 어려움을 겪게 된 것이 주된 사정이다.

한편 라자구사관학교에서 수분하 건너편 산중턱에는 자연 동굴이 있는데 이 동굴 입구에 태극기가 새겨져 있고(40×30cm) 그 옆에 태극기를 새긴 사람들로 추정되는 4명의 이름이 적혀 있다. 이준(李俊), 양희(梁熙), 지승호(池承浩), 장태호(張泰浩) 등이다. 이른바 대석라자 산굴이라 불리는 이 동굴의 태극기는 언제 새겨졌는지 확인되지 않고 있다. 하지만 라자구사관학교 학생들이 그 주인공이 아닌가 추정된다. 라자구사관학교와 인접해 있고 태극기 문양이 명확하게 남아 있다는 점에서다.

왕청 라자구 라자구사관학교가 있던 태평촌 입구

왕청 라자구 대석라자 산굴

(4) 육정산풍경구

돈화시 남쪽 외곽에 위치한 육정산여유풍경구(六頂山旅游風景區)에는 3곳의 각기 다른 내용의 볼거리가 있다. 주변 지역을 잘 활용해 인공호수를 조성하고 동쪽에 비구니 사찰인 정각사(正覺寺)를, 서쪽에 발해 고분군과 청나라 왕들을 모신 청조사(淸朝社)를 세웠다. 세 곳을 모두 둘러보려면 한나절 이상의 시간이 필요하다.

중국 동북지역 최대의 사찰로서 세계 최대의 비구니 사찰인 정각사는 100여 년도 채 되지 않는 역사를 가졌지만 거대한 불상으로 유명하다. 돈화시에서도 산 위로 높이 솟아 있는 불상을 볼 수 있다. 좌불(座佛)인 금정 대불은 3층으로 된 만불전(萬佛殿)인데 이곳에는 9천999개의 불상을 모시고 있다. 나머지 하나는 금정 대불이다. 높이 48m의 금정대불은 가까이는 백두산을 바라보고 있고 멀리는 홍콩의 천단대불(天壇大佛)과 마주하고 있다고 한다.

청나라 시조인 누르하치와 역대 왕들을 모신 청조사는 최근 만주족과 청나라에 대한 중국의 관심을 엿보게 한다. 특히 돈화는 백두산 가까이에 위치하고 있어 청나라 시조인 누르하치 조상의 설화와 연계하려는 것으로 보인다. 백두산 동쪽 기슭의 두만강 발원지 인근에 있는 원지(圓池)가 설화의 진원지이다. 누르하치는 요녕성 신빈에서 태어나 만주족을 통일시켰다.

발해 초기 왕족과 귀족의 무덤이 널려 있는 발해 고분군은 1949년 이곳에서 80여 기의 무덤이 발굴되면서 세상에 알려졌다. 그러나 발굴 당시 뜨거운 관심을 모았으나 유물은 일반에 공개되지 않았는데 2016년 4월에 이르러 개방됐다. 이곳에는 특히 발해 3대 문왕의 둘째 딸 정혜공주묘가 있는데 비석과 돌사자 등이 발굴됐다. 정혜공주묘는 1980년 화룡 용두산에서 발견된 넷째 딸 정효공주묘에서 발굴된 자료와 연관되어 당시의 사정을 살피는 데 기여했다. 이곳 발해 고분군에서 발굴된 유물들은 길림성 박물관에 전시

돈화 육정산풍경구 내에 있는 발해문화원 표지석

되어 있다.

한편 돈화에는 육정산 발해 고분군 외에 발해 건국 당시의 도성터로 알려진 오동성지(敖東城址)가 있다. 현재는 거의 흔적조차 남아 있지 않아 이곳이 발해국의 터였음을 알리는 표지석만 세워져 있다. 당시 도성은 외성(둘레 1.2km)과 내성(둘레 약 400m)으로 구성되었다. 오동성지 가까이에는 발해 시대의 대표적인 유적의 하나인 24개 돌이 남아 있다. 연변을 포함한 옛 발해지역에서는 이와 같은 24개 돌이 모두 15곳에서 발견되었다. 그러나 이 돌의 사용 용도에 대해서는 정확히 알려지지 않고 있다.

2. 길림성지역

1) 길림성지역 개관

길림성(吉林省)은 연변조선족자치주를 포함하고 있는, 중국 동북지역의 중남부에 위치한다. 전체 면적 18만7천km²로서 연변조선족자치주 4만2천700km²를 제외하면 약 14만 4천300km²에 이른다. 동쪽으로는 연변조선족자치주, 북쪽으로는 흑룡강성, 서쪽으로는 요녕성과 접하고 남쪽으로는 압록강 중상류지역을 접하며 북한의 양강도와 자강도 지역과 마주보고 있다. 장춘(長春)이 주도이며 장춘 옆에 성 이름과 같은 길림시가 위치한다. 길림성의 전체 인구는 2013년 말 현재 2천751만여 명이며 호구에 등록된 조선족 인구는 105만여 명을 상회한다. 연변조선족자치주를 제외하면 28만여 명 정도인 셈이다.

성도인 장춘과 길림시 중간 지점에 국제공항이 있어 한국과 직항로가 개설되어 있으며 두 도시를 고속철로가 이어 주고 있다. 장춘에서 연길까지는 고속철도로 약 2시간 20분이 소요된다. 이 구간에서는 시간당 최고 속도가 시속 200km로 제한되기 때문이다. 장춘은 동북3성의 중간에 위치한다. 대련에서 출발하는 고속철도가 심양을 거쳐 장춘을 통과한 후 할빈까지 거의 직선으로 이어져 있다. 장춘에서 심양까지는 1시간 40여 분이 걸리고 할빈까지는 1시간 20여 분의 시간이 걸린다.

길림성 남부지역의 집안·통화·유하 등지는 요녕성의 관전·환인·신빈 등지와 함께 서간도의 중심지역이었다. 1910년대 들어서는 나라를 잃은 조선인들이 압록강을 건너 이 지역으로 이주해 옴으로써 조선인들의 삶의 터전이었으며 또한 독립운동의 거점이었다. 1910년대 이 지역의 대표적인 독립운동 거점인 유하현 삼원포 추가가의 경학사와 신흥강습소 터를 비롯해 합니하의 신흥무관학교터 등이 있다. 1920년대 중후반 이 지역에서 활동한 참의부는 집안에, 정의부는 화전에 본부를 두었다. 정의부는 화전에 화성의숙을 세웠다. 길림에는 의열단을 결성한 곳과 김일성이 다닌 육문중학 등이 있다. 집안은 고구려 국내성이 자리잡고 있던 곳으로 광개토왕비와 장군총 고구려고분 등이 잘 보존되어 있다.

만주국 수도였던 장춘(신경/新京)에는 만주국과 관련된 유적들이 많이 남아 있다. 청나라 마지막 황제로서 일제에 의해 만주국 황제로 옹립된 푸이(溥儀)가 거주했던 만주국 황궁을 위만황궁박물관으로 조성해 놓아 만주국의 실상을 살필 수 있다. 바로 옆에는 동북륜함사진열관(東北淪陷史陣列館)이 있는데 중국 동북지역이 일제에 의해 짓밟힌 역사를 중국 측 자료들을 이용해 잘 전시해 놓았다. 물론 만주국을 실질적으로 통치했던 관동군사령부 건물 등 일제의 통치기제들과 관련된 유적들도 남아 있다.

압록강을 건너온 조선인들은 집안·통화·매화구·반석·영길·길림·서란으로 이어지는 도선을 따라 정착했다. 조선인은 이후 흑룡강성 지역으로까지 이주지역을 넓혀 오상 · 상지 · 연수 · 방정 · 통하로까지 이어졌다. 따라서 이 지역은 여전히 조선족동포들이 많이 사는 지역으로 꼽힌다. 특히 압록강을 사이에 두고 북한의 혜산과 마주보고 있는 장백조선족자치현은 중국 유일의 조선족자치현이다. 연변조선족자치주를 제외한 길림성에는 모두 11곳의 조선족향(진)이 남아 있다. 이전과는 사정이 많이 달라졌지만 각 지역마다 조선족마을이 있고 각 현(시)에는 조선족학교가 남아 있어 민족문화를 지켜 가고 있다.

2) 장춘/ 길림

길림성 성도인 장춘은 만주국의 수도 신경(新京)이었다. 청나라는 물론 중화민국 시기에도 인접 도시인 길림이 지역의 중심이었으나 남만철도가 장춘을 지나고 일제가 만주국 수립 후 이곳을 수도로 정함에 따라 급속히 발전했다.[52] 길림성의 성도가 길림이 아니라 장춘인 이유이다. 장춘은 중국 동북지역의 교통 요지다. 심양과 할빈의 중간 지점에 위치하며 연변 등지로 통하는 길목이기도 하다. 따라서 고속도로와 고속철로 등이 잘 갖추어져 있다. 인접한 길림과의 중간 위치에 국제공항이 있어 한국에서의 접근도 용이하다.

장춘은 만주국의 수도였던 만큼 만주국과 관련된 흔적들이 많이 있다. 대표적인 것은 위만주국황궁구지(舊址)와 이곳에 조성해 놓은 위만황궁박물관이다. 중국이 가짜 만주국으로 말하는 만주국의 실상을 잘 살필 수 있다. 바로 옆에는 중국 동북지역이 일제에 의해 14년간 침략당한 아픈 역사를 중국 자료를 활용해 진열해 놓은 동북윤함사(淪陷史)진열관이 있다. 이곳에서는 동북지역에서 일본에 저항한 역사와 함께 일본의 갖은 만행들을 살필 수 있

장춘 위만황궁 표식비

장춘 동북윤함사진열관

다. 조선인들의 독립운동의 역사도 제한적이지만 만날 수 있다. 시내 한복판에는 만주국을 실질적으로 통치했던 관동군사령부 건물들이 남아 있다.

길림시는 길림성에서 두 번째로 큰 도시이다. 백두산에서 발원한 송화강이 도심 한가운데를 지나가 물이 많은데, 겨울철 송화강의 물안개 등으로 피어나는 무송(霧凇/ 상고대)은 중국의 '4대 기이한 자연현상'으로 꼽힌다. 길림은 중화민국 시기와 중화인민공화국 수립 초기에는 길림성의 성도였다. 오랜 역사를 자랑하는 만큼 길림 주변에는 고구려 · 발해 유적과 관련된 것들이 남아 있다. 광개토대왕이 북벌을 추진할 때 세운 용담산성이 시내 동쪽에 자리잡고 있다.

장춘은 만주국 이후에 발전한 도시라서 한민족과 관련된 역사적 흔적이 별로 눈에 띄지 않는다. 항일 독립운동과 관련해서도 마찬가지다. 반면 길림은 상대적으로 한민족의 독립운동과 관련된 많은 흔적들이 유형 · 무형의 형태로 남아 있다. 특히 혁혁한 독립운동가들의 자취가 여기저기 남아 있다. 김원봉 등이 의열단을 결성한 터(파호문 밖), 정이형 등이 고려혁명당을 창건한 곳(북경로 179), 손정도 목사가 목회 활동을 하면서 독립운동을 한 곳(하남가)과 거주했던 곳(우마항), 정의부의 독립운동 기지였던 복흥태정미소가 있던 곳, 안창호가 조선인들을 대상으로 연설하였던 대동공장, 안창호 등이 동북지역 조선인의 생활 향상을 꾀하기 위해 결성한 농민호조사터(조양가 남2호) 등이 그곳이다. 그러나 오랫동안 방치된 데다 도시개발이 겹쳐 이제는 대부분 그 흔적을 찾기조차 어렵다. 무장 독립투쟁의 깃발을 올렸던 대한독립선언(무오독립선언)도 길림에서 이루어졌다는 주장도 있다.[53] 길림시를 관통하는 송화강변에는 김일성이 다녔다는 육문중학이 자리잡고 있다.

(1) 용담산성

길림시에서 동쪽으로 7km 정도 떨어져 있는 해발 388m의 용담산에 위치하고 있다. 산성은 산 능선을 따라 축조되었다. 산의 해발 표고는 그리 높지 않지만 주변 지역에 비해 다소 높은 편이어서 산성 안은 마치 분지와 같은 모양이다. 성벽은 돌과 흙을 혼합하여 축조하였는데 서쪽 성벽의 일부는 온전히 황토를 다져 쌓았다. 현재 남아 있는 성의 높이는 2-10m다.

성안의 서북쪽에는 산성의 이름이 유래한 용담이라고 부르는 인공 연못이 있다. 동서 길이 52.8m, 남북 길이 25.7m, 깊이 9m로 비교적 큰 편이다. 연못 북쪽에는 성벽까지 이어지는 배수로가 있어 물이 흐른다. 이것으로 볼 때 연못과 성벽이 동시에 축조되었음을 알 수 있다. 성안 서남쪽에는 군수 물자의 저장고로 추정되는 돌로 쌓은 구덩이가 있다.

성안에서는 고구려 후기의 기와편 · 철화살촉 · 철도끼 · 철못 등이 상당수 발견되었으며 연못에서는 요나라 · 금나라 때의 유물도 출토되었다. 고구려시대 이후 상당 기간 동안 사용되었던 것으로 추정된다. 용담산성 주변에는 동단산성 삼도령자산성 등 고구려 산성들이 있는데 이들은 용담산성의 위성(衛城)이었던 것으로 보인다.

(2) 의열단 결성터

김원봉을 비롯한 이종암 등 13명의 열혈 청년들은 1919년 11월 10일 길림시 파호문 밖, 한 중국인 농부의 집에서 모여 의열단을 결성했다. 파호문은 남과 북에 위치해 있었는데 의열단이 결성된 곳은 북쪽에 있었다. 그러나 안타깝게도 세월의 무게 때문에 농부의 집 위치는 정확히 파악되지 않는다. 박환 교수는 『만주지역한인유적답사기』에서 두 가지로 추정했다. 하나는 현재의 훈춘가와 광화로가 만나는 지점 안쪽이고, 다른 하나는 파호문이

있던 곳에서 훈춘가가 있던 곳 사이이다.[54]

의열단은 결성된 후 이듬해 전반기에 본부를 북경으로 옮기기까지 길림에 거점을 두고 활동 준비를 했다. 공약 10조를 통해 천하의 정의와 조선의 독립을 위해 조직했음을 분명히 하며, 주요 대상을 선정해 암살할 것을 목표로 삼았다. 조선총독 이하 고관·군부 수뇌·대만총독·매국노·친일파 거두·적탐(밀정)·반민족적 토호열신 등이 의열단이 설정한 7가살(可殺) 대상이다. 실제로 의열단은 본부를 북경으로 옮긴 후 주요 기관을 폭파하고 7가살 저격을 적극 추진했다.

(3) 육문중학

육문(毓文)중학은 길림시 중심부의 송화강변에 위치하고 있어 찾기 쉽다.

김일성이 다닌 길림 육문중학

주소는 순성가 108번지이다. 1920년대 중후반 김일성이 다니던 학교로 잘 알려져 있다. 학교에는 김일성이 다니던 당시의 건물이 남아 있고 학교는 이를 역사 유적으로 가꾸어 놓았다. 김일성이 공부했던 교실을 단장하여 기념관으로 사용하고 있는데 작은 흉상도 있다.

김일성은 1926년 경 길림에 와 2학년부터 이 학교를 다닌 것으로 보인다. 그는 육문중학을 다니기에 앞서 정의부가 화전(樺甸)에 세운 화성의숙에서 잠시 수학했었다. 김일성은 광복 후 화성의숙에서 자신을 보살폈던 숙장 최동오에 대해 각별한 애정을 피력한 바 있다.[55] 김일성은 육문중학에 다니면서 북경대학교 출신의 상월 선생을 만나 본격적으로 사회주의사상을 교육받았다는 주장도 있다.

(4) 위만주국황궁 박물관/ 동북윤함사전람관

일제는 1931년 9월 18일 만주사변을 일으켜 동북지역을 장악한 후 이듬해 3월 1일 청나라 마지막 황제 푸이(溥儀)를 왕으로 하는 만주국을 세웠다. 이곳은 일제가 패망해 만주국이 역사 속에서 사라진 1945년 8월까지 푸이가 머물던 궁전이다. 중국은 만주국의 괴뢰성과 반인민성을 들어 가짜라는 의미로 위(僞)자를 붙여 사용한다.

중국은 1962년 궁전의 일부를 복원해 일본 관동군의 만주 점령 정책의 역사를 전시하는 박물관으로 개조하여 관광객들을 맞이하고 있다. 전시관에는 만주국의 유물과 문서 등 당시의 상황을 알 수 있는 다양한 소장품이 전시되어 있으며, 전시관 일부에는 고구려 · 요 · 금 등 중국 동북지방에 세워졌던 여러 국가의 유물들도 함께 전시되어 있다.

궁전은 크게 푸이가 공무를 보던 외정(外廷)과 일상생활을 하던 내정(內廷)으로 나뉘며, 주된 건물로는 황색 유리기와로 지붕을 장식한 근민루(勤民

楼) · 집희루(輯熙楼) · 동덕전(同德殿) 등이 있다. 모두 규모는 크지 않으나 중국 고유의 건축양식과 서양의 건축양식이 결합된 독특한 스타일이다.

황궁 밖 가까이 동북윤함사진열관(東北淪陷史陳列館)이 있다. 일본 제국주의에 의한 동북지역 침략의 역사를 적나라하게 고발하는 곳이다. 박물관이 아니라 진열관이라는 이름에서 그러한 의도를 엿볼 수 있다.

3) 통화(通化)/ 유하(柳河)

일제가 만주사변 후 중국 동북지역의 행정구역을 개편하기 전까지 통화와 유하는 흥경(신빈)과 함께 봉천성에 속해 있었다. 지금은 성을 달리하고 있지만 당시는 같은 성 안에 있을 뿐 아니라 지리적으로 가까워 독립운동가들이 빈번하게 왕래하던 곳이다. 그런 만큼 이 지역은 서간도 지역의 행정 · 교통의 중심지로서 기능했다. 통화에는 조선인을 관리하기 위해 일본총영사관이 세워져 있었다.

통화와 유하는 지리적으로도 인접해 있지만 초기 이 지역에서 활동하던 독립운동가들이 지역을 넘나들며 단체를 결성하였기에 지역을 구분하여 말하는 것이 의미가 없을 듯하다. 예컨대 1910년 말 경술국치 후 서둘러 망명길에 오른 이회영 형제 일가와 이듬해 합류한 이상룡 · 김동삼 등 초기 망명자들은 유하현 삼원보 추가가에 자리잡고 경학사를 세우고 신흥강습소를 꾸렸으나 여러 가지 어려움으로 1912년 통화현 합니하로 옮겨 그곳에서 부민단과 신흥무관학교를 세웠다. 인근에선 방계 단체라고 할 수 있는 신흥학우단 · 백서농장 등이 운영되었다. 그리고 3 · 1운동 이후 독립운동 단체들의 통합 필요성이 대두되면서 서간도지역 독립운동 단체들을 통합한 대한독립단이 결성됐는데 본부를 유하현 삼원보 대화사에 두었다. 또 3 · 1운동 직후 부민단을 한족회로 확대 개편한 후 군정부를 세운 곳도 유하현 고산자이다. 군정부는 임시정부에 참여하면서 후에 서로군정서로 개칭됐다.

이렇듯 통화와 유하는 초기 망명가들과 독립운동 단체들이 지역 내 곳곳에서 활동하였지만 안타깝게도 표식비 하나 제대로 세워지지 않았다. 이제는 몇몇 지역을 제외하고는 찾아보기조차 어렵게 되었다. 관심을 갖는 사람이 적은 것이 가장 큰 이유일 것이다. 그러나 최근 이 지역의 도로 사정이 좋아져 접근이 수월해졌다. 통화에서 광화진 합니하까지는 산길을 따라 50km 정도 들어가야 하지만 최근 마을 위로 고속도로가 지나간다. 마음만 먹으면 찾는 것이 어렵지 않게 됐다는 것이다.

실제로 통화까지는 심양과 장춘에서 각각 고속도로가 연결되어 있다. 단동에서도 통화로 이어지는 고속도로가 개설되었다. 통화에는 국내선 공항도 건설되어 있어 이곳까지의 접근성은 크게 좋아졌다. 연변지역에서는 용정에서 출발하여 단동으로 가는 기차가 이도백하를 지나 통화를 경유한다.

통화와 유하는 과거 서간도지역의 중심지답게 여전히 많은 조선족동포들이 살고 있다. 통화현 관내에는 금두조선족만족자치향과 대천원조선족만족자치향이 있으며 유하현에는 삼원보조선족자치진이 있다.

(1) 경학사(耕學社)와 신흥강습소 자리

유하현 삼원보(三源堡)조선족자치진에 속하는 추가가(鄒家街)의 대고산 밑에는 경학사와 신흥강습소 터가 자리하고 있다. 삼원보진 소재지에서 대고산을 따라 10여 분 들어가면 나온다. 당시 경학사가 자리잡았던 곳은 이제 아무런 흔적도 없고 언젠가 학교로 사용했던 건물이 길게 늘어서 있다. 지금은 한족들이 공장으로 이용하고 있다.

조선이 일제의 식민지로 전락하자 1910년 말 우당 이회영의 6형제가 가

유하 삼원포 경학사터. 뒤로 보이는 산은 대고산

솔들과 함께 이곳으로 망명했다. 주변에는 어렵사리 거처를 마련해 힘들게
겨울을 보냈던 흔적이 남아 있다. 그리고 이듬해 초 이상룡 · 김동삼 등 뜻
을 같이하는 사람들이 모여들어 함께 경학사를 세웠다. 인근의 대고산은 신
흥강습소 학생들이 군사훈련을 하던 곳이다.

귀를 세우면 일제의 압제에서 벗어나기 위해 낮에는 농사짓고(耕) 밤에는
공부하며(學) 청춘을 불사르던 선열들의 외침이 들리는 듯하다. 대고산 기슭
에서 일제의 눈을 피해 경학사를 세우던 당시의 모습을 시인 고은은 〈만인
보〉에서 이렇게 노래했다.

　"숙연하게끔 / 비장하게끔 /
　경학사 창설 회합 / 경학사 취지문 읽어가던 중 /

모인 동포들 눈물바다 이루었네"

『남만주 어른』, 30권)

(2) 부민단(扶民團)과 신흥(新興)학교 자리

삼원보조선족자치진 추가가에 자리잡았던 경학사가 흉년과 주변 한족들의 성화 등으로 더 오지에 위치한 합니하(哈尼河) 부근으로 옮기면서 부민단으로 이름을 고쳤다. 신흥강습소도 신흥학교로 부르기 시작한다. 신흥학교를 무관학교로 부른 것은 1919년 3·1운동 이후부터이다. 부민단은 부여의 옛 영토에서 부여의 후손들이 부흥 결사를 세운다는 뜻이라고 전해진다. 신흥은 신민회의 신(新)자와 흥국의 흥(興) 자를 붙여서 지었다.

부민단과 신흥학교가 자리잡았던 곳은 현재 통화현 광화진(光華鎭) 광화촌에 속해 있다. 통화에서 유하 방향으로 가다가 이밀진(二密鎭)에서 우측으로 빠져 30km 정도 계곡을 따라 들어가면 합리하를 끼고 있는 광화진 소재지 광화촌이 나온다. 그곳에서 물길을 따라 조금 더 올라가면 블루베리와 포도 농장이 나오는데 그곳이 신흥학교가 있던 곳이다. 기숙사와 식당은 합니하 건너편 언덕 위에 있었다고 한다. 신흥강습소를 독립군 양성을 위한 신흥학교로 명칭을 바꾸면서 주변에 많은 분교를 세웠다. 통화의 쾌대무자(快大茂子)에도 분교를 세웠다. 백두산 서쪽에 위치해 있다고 하여 붙인 백서농장은 농장으로 위장한, 신흥학교의 교관과 졸업생들이 운영한 군영이었다. 부민단이 한족회로 개편되어 유하현 고산자로 옮기면서 신흥학교도 신흥무관학교로 이름을 바꿨다. 합니하에는 분교가 설치되었다.

(3) 한족회(韓族會)/ 군정부(軍政府) 및 서로군정서/ 신흥무관학교 자리

1919년 3·1운동이 발발한 후 서간도에서도 독립운동을 위한 새로운 분

통화 광화진 인민정부

통화 광화진 합니하 신흥학교 터

위기가 형성됐다. 독립을 준비하는 데서 한 걸음 더 나아가 힘을 합해 독립을 위한 무쟁투쟁을 전개하려는 움직임이 그것이다. 그에 따라 4월 부민단과 여타 독립운동 단체가 연대하여 서간도지역 한인들의 자치기관으로서 한족회를 결성하고 독립투쟁의 총본부로서 군사정부 형태의 군정부를 조직했다. 같은 시기 상해임시정부가 수립됨에 따라 11월 임시정부와 연계하여 군정부를 서로군정서로 개칭한다.

부민단은 한족회로 조직을 개편하면서 본부를 통화현 합니하에서 유하현 삼원포로 옮겼던 것으로 보인다. 그 자리는 확인되지 않는다. 그리고 한족회가 세운 군정부와 서로군정서는 유하현 고산자로 옮겼고 신흥학교는 신흥무관학교로 개칭해 인근에 자리를 잡았다. 현재 고산자진에서 동쪽으로 약 9km 들어간 곳에 있는 대두자촌 부근이다. 그러나 군정부와 서로군정서가 자리했던 지역을 정확히 확인하기는 어려워 단지 추정할 뿐이다. 이듬해 경신참변으로 한인 사회가 위축되면서 한족회는 대한통의부로 통합되었고 신흥무관학교도 문을 닫게 되었기 때문이다.

신흥무관학교 변천 과정

신흥무관학교의 명칭은 몇 단계 과정을 거치며 정리됐다. 1911년 통화현 삼원보 추가가에 경학사를 세우면서 신흥강습소가 처음 역사 속에 등장했다. 이듬해 합니하로 옮기면서 경학사를 부민단으로, 신흥강습소를 신흥학교로 바꿨다. 신흥학교는 신흥중학으로도 불렸다. 그리고 3·1운동 직후인 1919년 4월 부민단이 독립운동 단체 통합조직인 한족회로 바뀌면서 신흥학교도 신흥무관학교로 개칭됐다. 신흥무관학교는 곡절 끝에 1920년에 문을 닫았다. 공식적으로 신흥무관학교의 이름을 사용한 기간은 짧지만 신흥강습소 이후 그 목표를 독립군 양성에 두었다는 점에서 앞서 강습소로 불렸던 혹은 학교로 불렸던 기실 그 역할은 무관학교였다고 말할 수 있다. 독립 무장투쟁을 공식화하지 않은 상태에서 눈속임이 필요한 측면이 있었기에 이름을 순화시켜 불렀다고 보아야 하기 때문이다.

유하 고산자진 대두촌 신흥무관학교 터

서간도지역의 한인 자치 조직으로서 한족회는 당시 유하현과 통화현은 물론 흥경현(현재 신빈)·환인현·집안현·임강현·해룡현(현재 매하구) 등 넓은 지역을 관할하고 있었다. 효율적인 관리를 위해 매 1천 호마다 총관(總管)을, 매 100호마다 구장(區長)을, 매 10호마다 패장(牌長)을 두었고 부담금을 거둬 군정부를 재정적으로 지원했다. 기관지로 『한족신보(韓族新報)』를 발행하기도 했다. 군정부는 군대를 편성해 압록강을 건너 국내로 진공할 계획을 수립하기도 했다.

(4) 반일지사 7인 묘역

길림성 통화현 부강향(富江鄕) 향소재지 인근 산기슭에는 1920년 11월 경 신참변 당시 희생된 7인의 열사가 잠들어 있다. 통화시에서 서쪽 방향의 신빈현과 경계지역 가까이에 위치한 이곳에는 당시 조선인 민족교육의 산실

통화 부강향 반일지사7인 묘역

통화 부강향 인민정부

인 배달학교가 있었는데 희생된 열사들 모두 배달학교 교사였다. 이들은 청산리전투에서 패한 일제가 독립운동 세력을 대학살할 때 무참히 희생됐다. 7인의 열사는 배달학교 교장인 조용석을 비롯해 김기선 · 조동호 · 승대언 · 승병균 · 최찬화 · 김기준 등이다.

배달학교는 1918년 이회영 등 신흥무관학교 관계자와 졸업생들의 지원 하에 조용석이 설립한 민족학교로서 독립운동을 위한 인재 양성에 목적을 두었다. 조용석 역시 한족회의 회원이었으며 희생자 중 조용석과 승병균을 제외한 5인은 신흥무관학교 졸업생들이었다. 당시 신흥무관학교 졸업생들은 졸업 후 직접 독립운동에 참여하거나 신흥학우단에 소속돼 독립운동가 배양을 목적으로 하는 학교에서 1-2년 동안 교사로서 활동하도록 되어 있었다. 이들이 처참하게 희생된 후 배달학교는 폐교됐다.

7인 열사의 희생은 우연히 현장을 목격한 한 중국인이 조선인 사회에 알리면서 세상에 드러났다. 소식을 접한 조선인들은 희생자들의 시신을 수습해 일제의 눈을 피해 조용히 장례를 치렀다. 그러나 오랫동안 방치되었다가 유족들과 조선족 사회 그리고 통화현 정부의 노력으로 1996년에 복원됐다. 비록 사람들에게 점점 잊혀져 가고 찾는 이도 별로 없지만 묘역은 뜻있는 조선족 사회의 관심으로 비교적 잘 관리되고 있다. 한국 정부는 1991년에 일부 열사들에게 건국훈장 애국장을 추서했다.

4) 집안

압록강변의 집안은 자강도 만포시와 마주보는 압록강 중류지역에 자리잡고 있다. 일제 때 건설된 철로가 놓여 있어 북한과의 접촉이 용이하다. 2010년 8월 김정일이 만포-집안 철로를 이용해 중국을 방문한 바 있다. 집안

서쪽의 혼강은 북에서 남으로 흘러 압록강에 합류하는데 집안과 요녕성 관전현의 경계를 이룬다.

압록강 건너 평안도지역 출신 조선인들이 많이 이주하여 정착했으며 관내에 양수조선족향이 있다. 이 지역에서는 독립군들의 국내 진공 작전이 빈번히 이루어졌다. 압록강변 조선총독 저격지, 고마령전투지, 참의부본부 터 등의 독립운동 유적들이 있다.

그러나 집안은 한민족에게 독립운동의 역사와 관련된 것보다 국내성이 있던 고구려 수도로 더 잘 알려졌다. 실제 집안은 고구려 역사의 보고이다. 집안시 곳곳에 크고 작은 고구려 역사 유적들이 널려 있다. 고구려 2대 유리왕이 졸본성(홀승골성/ 환인 오녀산성)에서 이주해 와 광개토대왕이 평양으로 천도할 때까지 고구려 왕성이 있던 곳이니 당연한 일이다. 집안 시내 한 복판에 남아 있는 국내성과 시 외곽에 위치한 산성, 장군총, 광개토대왕비, 통구하 고구려 고분군, 오회분5호묘를 포함한 고구려 벽화고분 등등. 집안시내에는 고구려 역사를 전시해 놓은 박물관도 있다.

(1) 국내성/ 산성자산성

국내성은 집안 시내 한가운데 위치하고 있어 옛 성터와 현재의 주택이 혼재되어 있다. 중국은 장기 계획을 세워 국내성 안에 있는 주택 등을 철거하는 계획을 추진 중인 것으로 알려져 있다. 고구려가 국내성으로 천도한 것에 대해서는 이견이 있지만 2대 유리왕 22년(AD3년)에 졸본성(홀승골성)에서 이곳으로 옮겼다는 게 대체적인 시각이다. 국내성 성벽의 길이는 2천686m이며 동서가 남북에 비해 약간 길다. 학계는 광개토대왕릉비에 나오는 통구성(通溝城)이 국내성이라고 보고 있다. 국내성은 서기 3-427년까지 424년간 국내성을 도읍으로 삼았다가 장수왕 15년(427년)에 평양성으로 천도했다.

집안 국내성 서벽

고구려 성의 특징은 평지성과 산성이 함께 있는 것인데 이곳에도 평지성 인 국내성 가까이에 산성이 있다. 집안의 국내성 서북쪽 2.5km 지점에 산성 자산성(위나암성)이 있다. 평지에 있는 국내성이 공격받을 경우를 대비한 것 이다. 해발 676m의 환도산에 위치하고 있어 환도산성이라고도 부른다.

(2) 광개토대왕비

국내성 북쪽에 통구에 위치한 고구려 19대 광개토대왕의 능비이다. 비 는 대석과 비신으로 되어 있고, 비신이 대석 위에 세워져 있으나, 대석과 비 신 일부가 땅속에 묻혀 있다. 비의 높이는 6.39m, 너비는 1.38-2.00m, 측면 은 1.35m-1.46m로 불규칙하다. 비의 머리 부분은 경사져 있다. 대석은 3.35 ×2.7m이다. 네 면에 걸쳐 모두 1천775자가 새겨져 있는 것으로 알려져 있으나 판독 여부가 불분명한 부분이 있고 비석이 불규칙하여 글자 수 통계에 이론이 있다. 본래 비석만 있었으나, 2층 형의 소형 보호비각을 세운 데 이어 중국이 단층형의 대형 비각을 세워 비를 보호하고 있다.

비의 존재는 용비어천가에도 나오는 등 오래전부터 알려졌지만 고구려 이후 한민족이 한반도 이북지역으로 진출하지 못함에 따라 이 비를 직접 접하지는 못했다. 비가 세상에 알려진 것은 청나라가 봉금령을 해제한 19세기 말경이었다. 그러나 금석가들이 비의 탁본을 뜨는 과정에서 훼손됐고 이후 일본이 이를 자의적으로 해석해 '임나일본부설'을 주장하는 등 비를 둘러싼 논쟁이 끊이지 않았다. 일본의 주장에 대해 많은 사람들이 반박했는데 정인보와 재일사학자 이진희 등이 대표적이다. 특히 이진희는 '석회도부작전설'을 주장, 일본이 중국 동북지역을 침략하려는 목적으로 비를 조작해 현대사는 물론 고대사를 날조했다고 주장했다. 중국 역시 지리적 이점을 살려 많은 연구를 하였지만 아직 이해 당사국 간의 입장 차이를 좁히지 못하고 있다. 분명한 것은 이 비의 주체가 고구려의 광개토대왕이라는 점이다.

(3) 장군총

집안시 북쪽 용산 자락에 위치한 고구려 왕릉. 광개토대왕비에서 2km, 산성자산성에서 7.5km 떨어져 있다. 전체가 계단·무덤방·기단 세 부분으로 조성되어 있는데 계단은 모두 7층이고 정교하게 다듬어진 화강암으로 쌓아올렸다. 현재 남아 있는 계단 석재는 1천146개로 31개가 손실됐다. 무덤 주변에는 면마다 비스듬하게 세 덩어리의 호분석을 세워 놓았다. 무덤방은 대체로 정방형으로 되어 있으며 바닥변 길이는 5.43~5.5m, 높이는 5.1m이다. 장군총에서는 금동제의 머리꽂이·금당 등의 유물이 발굴됐다. 장군총의 무덤 주인에 대해서는 여러 가지 주장이 있다. 가장 널리 알려진 것은

집안 장군총

일본에 의해 제기된 장수왕무덤설이다. 중국의 집안 현지에는 동명왕의 무덤이라고 언급되어 있다.

(4) 오회분 5호묘

집안시 통구 중앙에 있는 5기의 대형 봉토적석총 가운데 하나이다. 오회분이란 5개의 무덤이 마치 투구를 엎어 놓은 것과 같다고 하여 붙여진 이름이다. 집안의 무덤군 중에서 유일하게 내부를 공개하는 무덤이다. 내부의 널방에는 사면에 사신도가 그려져 있다.

3. 요녕성지역

1) 요녕성지역 개관

요녕성은 동북3성 서남쪽에 위치하고 있는데 동북3성 중 면적(14만6천km²)은 가장 작지만 인구(4천3백90만)는 가장 많다. 동쪽으로는 길림성, 북쪽으로는 흑룡강성과 내몽고자치구, 서쪽으로는 하북성과 접하고 있다. 남쪽은 압록강 하류지역과 황해(발해만 포함)와 접하고 있다. 동북지역 중 바다로 나갈 수 있는 유일한 지역이다. 요녕성 관내의 호구상 조선족 인구는 26만여 명이다.

요녕성은 지리적으로 바다로 나갈 수 있는 항구를 포함하고 있고 기후적으로도 온난하다는 점 등 여러 가지 유리한 자연조건을 가지고 있어 동북3성 내 다른 지역에 비해 경제적으로 앞서 있다. 성도인 심양과 함께 대련도 부성급 도시이다. 요녕성은 이들 대도시와 함께 12개의 지급 시로 구성되어 있다. 안산·무순·본계·단동·금주·영구·비신·요양·반금·철령·조양·호노도 등이다. 성 동남부지역인 무순·본계·단동 등지는 산악지역이지만 중서부 지역은 넓은 벌판이다. 성 가운데를 요하(遼河)가 북에서 남으로 흐른다. 성에서 제일 남쪽인 요동반도의 끝인 대련에서 심양을 거쳐 할빈까지, 그리고 심양에서 연길을 거쳐 훈춘까지 고속철로가 놓여 있다. 심양에서 연길까지는 4시간 정도 걸린다. 심양과 대련에는 국제공항이 있어 한국에서의 접근성도 용이하다. 물론 인천항에서 대련·영구·단동 등지로 다니는 정기 여객선도 운항하고 있다.

요녕성지역은 비록 좋은 인연은 아닐지라도 한민족과 역사적으로 오랜 인연이 있다. 명 말 청 초 때인 1600년대 초 후금과 청나라가 조선을 침략한 정묘 및 병자 전쟁 당시 볼모나 포로로 잡혀 오거나 강제로 끌려온 조선인들이 본계 등 요녕성 주변에 흩어져 살아왔다. 1800년대 말 이후에도 길림성 통화와 인접한 신빈·관전·환인 등에 초기 이주한 한민족이 많이 정착해 살았다. 따라서 이 지역에는 독립운동과 관련한 많은 유적들이 남아 있다. 반면 중화인민공화국 수립 이후에는 조선족이 심양·무순 등 대도시 주변에 많이 모여 살았다. 2000년 이전까지는 심양·무순 주변을 포함해 요녕성에 13곳의 조선족자치향(진)이 있었다. 그러나 최근 도시화에 따라 도시 주변의 자치향(진)은 대부분 도시에 편입됐다.

요녕성 남부지역은 고구려 유적이 많이 남아 있다. 대표적인 것이 고주몽이 고구려를 세워 첫 도읍을 정한 환인의 졸본성(현재의 오녀산성)과 백암산성 등이다. 또한 요녕성은 후금과 청나라 초기의 수도인 성경(盛京)이 있던 곳이어서 정묘 및 병자 전쟁 시기 조선인으로서 전쟁에 참여했다 포로가 되었거나 잡혀온 사람들의 흔적이 많이 남아 있다. 본계현 산성자진의 박가보촌이나 요양의 박장자촌 등이 그것이다. 본계지역의 경우 인근에 7천여 명의 박씨 성을 가진 사람들이 모여 살면서 족보를 만들어 자신들이 한민족의 일원임을 드러내기도 했다. 이들은 1980년대 초 조선족으로 족성을 바꾸었는데 몇 년 전 이곳으로 이주한 조상 때부터 현재에 이르기까지의 족보를 만들기도 했다.

일제하에서의 독립운동과 관련된 유적은 신빈·환인·관전·단동 등 요녕성 동남지역에 많다. 이 지역은 길림성의 통화·유하·집안 지역과 함께 서간도지역의 중심지로서 초기에 압록강을 건너 이주한 사람들은 물론 경술국치 후 일제에 저항하기 위해 망명한 사람들이 많이 정착했다. 특히 이 지역은 1910대부터 1930년대 초까지 민족주의 계열 독립운동의 근거지였다. 이미 언급한 바처럼 중화민국 시기에는 길림성의 통화와 유하도 요녕성 서남부지역과 함께 봉천성에 속해 있었다.

2) 심양

요녕성 성도인 심양은 요녕성은 물론 동북지역의 최대 도시로서 정치·경제·사회·문화 그리고 교통의 중심지이다. 인구 800만 명을 넘는 거대도시인 심양은 후금과 청나라 초기의 도읍으로서 성경(盛京)으로 불렀다. 청나라가 중원을 제패한 후 북경으로 천도할 때까지 유지됐으며 이후 이 지역에 봉천부를 두었는데 일제시대에도 봉천으로 불렀다. 심양 한가운데로 혼하가 흐른다.

심양은 시베리아에서 할빈을 거쳐 대련까지 잇는 이른바 남만주철도(남만철도)의 통과지역이었다. 남만철도는 러시아가 건설했으나 러일전쟁에서 패한 후 장춘 이남 철도는 처음부터 일본이 관리했다. 현재의 심양역이 남만철도가 통과하던 봉천역이었다. 중화인민공화국 수립 이후 심양남역으로도 불렸었다. 봉천역 외에 봉천북역도 있었다. 일제가 남만철도를 중심으로 세력을 확대하자 동북군벌의 장작림이 미국의 후원을 받아 심양·매하구·길림 노선의 철도를 부설했는데 이 노선의 출발역이 봉천북역이었다. 미국은 일본이 만주지역에서 세력을 확장하는 것을 막기 위해 장작림 세력을 후원했다.[56]

교통 요지인 심양에는 일반철로와 고속철로가 사방팔방으로 뻗어 있는데 최근엔 심양역과 심양북역을 주로 이용한다. 심양은 대도시인 만큼 시내교통은 매우 혼잡하고 불편하다. 하지만 지하철 2개 노선이 건설되어 있어 이용하면 편리하다. 열십자 형태로 되어 있는 지하철 2개 노선을 잘 이용하면 비교적 쉽게 목적지에 다다를 수 있다. 특히 주요 관광지는 가까이에 지하철역이 있다.

심양은 후금과 청나라를 세운 만주족과의 깊은 인연으로 만주족 관련 유적이 많이 남아 있다. 청나라의 고궁 · 북릉 · 동릉 등이 대표적인 유적이다. 또한 심양은 중화민국 시기 장작림 · 장학량 부자가 장악한 동북군벌의 근거지이기도 하다. 심양 시내에 장작림과 장학량이 기거하던 고가를 '장씨수부(張氏帥府)'로 명하며 박물관으로 개조해 관련 자료를 전시하고 있다. 장씨수부 앞에는 역치를 단행한 후 서안사건을 일으켜 제2차 국공합작을 성사시킨 장학량의 동상이 세워져 있다.

또한 심양은 만주사변이 발발한 곳이기도 하다. 관동군은 1931년 9월 18일 심양 외곽 유조호(柳條湖/ 柳條溝)의 남만철도 일부를 폭파시켰다. 그리고 이를 동북군벌의 짓이라며 동북군벌 군영인 북대영(北大營)을 공격했다. 피해는 미미해 불과 몇 시간 뒤 열차가 통행했다. 그러나 관동군은 동북지역 전역에서 공세를 취하며 만주사변을 일으켰다. 병력이 수십 만에 달했던 동북군벌은 불과 수만 명의 관동군에 손도 써 보지 못하고 속수무책으로 당했다. 장개석이 휘하로 들어온 장학량에게 대응하지 말라고 지시했기 때문이다. 그렇게 중국 동북지역은 일제의 손아귀로 들어갔다. 중국은 이 아픈 역사를 되새기기 위해 '9 · 18역사박물관'을 세워 놓았다. 중국은 2017년부터 초중고교 교과서에 그동안 사용해온 8년 항전의 내용을 만주사변 이후부터의 '14년 항전'으로 바꾸어 일제의 침략 역사를 적극 반영하고 있다.[57]

일제하에서도 심양은 일찍이 조선인들의 생활 무대였다. 서탑거리는 당시부터 조선인들이 살던 곳이다. 서탑에는 지금도 조선족들이 많이 살고 있는데 조선족학교 조선족교회 등이 이곳에 밀집해 있다. 이곳의 서탑교회는 일제시대부터 있던 교회이다. 심양 인근에는 조선족자치향(鎭)이 여럿 있었으나 오늘날에는 대부분 심양시에 편입되어 사실상 거의 남아 있지 않다.

심양시 북쪽에 위치한 신북신구의 경우 조선족학교가 10여 개가 넘었으나 지금은 불과 1곳의 조선족학교가 남아 명맥을 유지해 가고 있다.

(1) 고궁

청나라 태조 누르하치와 2대 태종 홍타이지(皇太極)가 세운 황궁이다. 후금을 세운(1616) 뒤 1625년부터 건축을 시작해 11년 만인 1636년에 완공됐다. 90여 채의 전각이 솟아 있고 300여 칸의 방이 딸려 있다. 심양시 중심에 위치해 있는데 북경의 자금성과 비교할 때 전체 부지면적의 규모는 12분의 1 정도이다. 그러나 3대 성왕 때 북경으로 천도하면서 이곳은 황제가 동북지역을 순회할 때 머무는 곳으로 이용됐다.

남쪽 대문은 대청문, 그 좌우에 비룡각과 상봉각이 있다. 숭정전은 금벽으로 되어 있고 그 한가운데에 용을 새긴 황제의 보좌가 있다. 고궁 한쪽에

심양 고궁

청녕궁이 있는데 이곳은 병자전쟁 당시 잡혀 온 소현세자가 유폐되었던 곳이다. 심양고궁은 1961년 전국중점문물보호단위로 지정되었으며, 2004년 베이징 고궁박물원에 포함되어 유네스코의 세계문화유산으로 등재되었다. 심양 지하철 1호선 중지에(中街)역에서 내려 C번 출구로 나가 앞으로 쭉 가면 고궁 모습이 눈앞에 나온다.

(2) 장씨수부(장학량구가)

심양시 심하구 조양가에 위치한 동북군벌의 장작림과 장학량 부자가 관저와 사택으로 쓰던 고가이다. 장학량옛집(張學良舊居)이라고도 부른다. 심양 고궁 남쪽 가까이에 있으며 현재는 장작림과 장학량 부자와 관련된 박물관으로 사용된다. 만주사변 등 근대 중국의 격변을 겪은 곳으로서 1988년 요녕성의 성급(省級) 문물보호단위로 지정된 데 이어 1996년 전국중점문물보호단위로 지정되었다.

심양 장씨수부 표식비 및 장학량 동상

이곳에는 군벌 시대를 살아온 장작림과 장학량의 파란만장한, 그러나 권력 지향적인 삶이 역사적 자료를 통해 잘 전시되어 있다. 장작림이 일제가 위장한 열차폭발로 인해 사망한 황고둔사건의 전말, 장학량이 역치를 단행해 군벌 시대를 종식한 일, 장학량이 서안사건을 일으켜 제2차 국공합작을 가능하게 한 일, 그리고 이후 장학량의 연금 생활 등 한 인간의 파란만장한 삶이 응축되어 있다. 이곳에서는 장학량이 조일적과 불륜으로 만나 평생을 의지하며 백년해로한 내용도 살필 수 있다.

⑶ 9·18박물관

일본 관동군이 1931년 9월 18일 심양 부근 유조호(柳條湖)에서 남만철도 폭파사건을 위장해 일으킨 만주사변에서부터 1949년 중화인민공화국이 수립될 때까지의 역사를 전시해 놓은 곳이다. 심양시 망화남가 46번지에 위치하고 있다. 박물관 앞에는 만주사변 발발 60주년에 즈음해 심양시가 세운 9·18기념비가 세워져 있다. 이곳에는 김일성 등 공산주의 계열 항일운동을 한 한민족과 관련된 부분도 일부 전시되어 있다.

⑷ 오가황소학교 조선의용군기념관

심양시 우홍구에는 오랜 역사를 가진 오가황조선족중심소학교가 있다. 이제는 학생이 줄어 작은 학교가 되었지만 한때는 제법 큰 규모의 학교였다. 이곳이 세인들의 관심을 끄는 것은 학교 내에 조선의용군과 관련된 기념비와 기념관이 조성되어 있기 때문이다.

조선의용군은 광복과 함께 한반도로 들어갈 계획으로 대일항전을 하던 연안에서 심양으로 들어왔다. 그러나 소련군이 조선의용군의 북한 진입을 막으면서 상황이 바뀌었다. 조선의용군은 이곳 오가황소학교에서 전군대

심양 오가황중심소학교 조선의용군 오가황회의 '회지' 기념비

회를 열고 동북지역에 남아 중국공산당을 도와 해방전쟁에 참가하기로 결정했다. 이것을 오가황회의라 칭한다.

오가황회의는 일제의 항복 이후 급변하던 동북아시아 정세 속에서 한민족이 다양하게 나뉘어 갈등하고 대립하던 당시의 시대적 단면을 보여주는 사례이다. 오가황회의 이후 조선의용군은 남만(제1지대), 북만(제3지대), 동만(제5지대) 등 3개 지대로 나뉘어 현지에 남은 조선인들과 함께 중국공산당을 도와 국공내전(해방전쟁)에 참여했다.

오가황조선족중심소학교 교정에는 조선의용군 오가황회의 '회지' 기념비가 세워져 있고 건물 안에 조선의용군기념관이 꾸려져 있다. 2013년 4월에 개관한 기념관에는 조선의용군의 역사와 회의 이후 설립된 조선의용군 제

7지대 설립 상황, 조선의용군 회지 기념비 설립 과정에서 조선족 사회가 보인 정성 등이 사진 자료 형태로 전시되어 있다.

3) 대련/ 여순

대련과 여순은 요동반도의 끝자락에 위치한 천혜의 요새이다. 특히 해양으로 나가려는 대륙 세력이나 대륙으로 진출하려는 해양 세력에게는 더없이 중요한 전략적 요충지이다. 그 같은 지정학적 가치는 동북아시아의 근대화 과정에서 이 지역이 전쟁터가 되도록 떠밀었다. 그 중심에 러시아와 일본이 있었다.

일본은 근대화 과정에서 청나라 및 러시아와 이 지역을 놓고 각축을 벌였다. 청일전쟁과 러일전쟁이 그것이다. 청일전쟁(1894-95)에서 승리한 일본은 청나라에서 대련과 여순을 할양받기로 합의했다. 그러나 이 지역을 호시탐탐 노리고 있던 러시아가 독일 프랑스와 함께 간섭해 그 합의를 뒤집는다. 이른바 3국간섭이다. 아직 러시아를 벅찬 상대로 생각한 일본은 울며 겨자 먹기로 다 먹은 이곳을 게워 내야 했다. 러시아는 불과 3년 후 청나라를 꼬드겨 대련과 여순을 자신들의 조차지로 삼는다. 그리고 곧바로 시베리아철도를 할빈과 심양을 거쳐 이곳까지 연결한다. 이른바 남만철도인데 1903년에 개통됐다. 할빈에서 목단강과 수분하를 거쳐 블라디보스톡까지 연결하는 동청철도는 이보다 앞서 1897년에 개통됐다.

그러나 3국간섭의 아픈 기억을 되새기며 청나라에서 받은 엄청난 금액의 청일전쟁 배상금을 군사력 강화에 집중 투자한 일본은 1904년 2월 드디어 러시아를 상대로 방아쇠를 당긴다. 러일전쟁이 시작된 것이다. 당시 세계 최강의 발틱함대를 보유하던 러시아는 내우외환의 상황에서 고전을 면치 못하다가 미국의 중재로 전쟁은 종결된다. 전쟁 배상금 없이 러시아가 사할린 남부지역과 할양받았던 대련과 여순을 일본에 넘기는 것으로 정리됐다. 남만철도의 장춘 이남 지역에 대한 권리도 일본이 가져갔다.

대련과 여순 지역은 불과 10여 년 사이에 일본과 러시아 사이에서 세 차례나 주인이 바뀌었다. 1905년 이후 일본의 지배하에 놓인 대련과 여순은 일본의 대륙 침략을 위한 교두보 역할을 한다. 일본은 이곳을 관동부로 명하고 이들 기관과 남만철도를 경비한다는 명목으로 군대를 주둔시킨다. 이 군대가 후에 관동군으로 개편된다.

대련과 여순은 이런 역사 때문에 거리 곳곳에 러시아와 일본의 흔적이 남아 있다. 대련 시내에는 러시아거리가 있고 여순에는 1900년대 초에 러시아와 일본이 사용했던 건물들이 있다. 여순항에는 1백 십수 년 전 러일전쟁 당시 러시아군이 정박했던 항구를 일본 잠수함이 막아섰던 모습이 아른거린다. 여순감옥은 특히 안중근 신채호 등 널리 알려진 독립운동가들이 숨진 곳이기도 하다. 여순감옥에는 안중근전시관이 설치되어 있다. 대련에는 이회영이 고문을 받다 순국한 대련항무국 건물이 남아 있다.

(1) 여순일아감옥구지(旅順日俄監獄舊址) 박물관

흔히 여순감옥으로 부르는, 러시아와 일본이 감옥으로 사용하던 곳으로, 중국이 당시의 상황을 알리기 위해 박물관으로 활용하고 있다. 러시아가 요동반도를 조차한 뒤 이에 항의하는 동북지역 중국인들을 제압하기 위해 1902년에 건축하였다. 그러나 러시아가 러일전쟁에서 일본에 패하여 일본이 관리하면서 1907년까지 증축했다. 중국은 이곳을 전국중점문물보호단위로 지정해 관리하고 있으며 최근에는 외국인에게 적극 개방한다.

1906년부터 1936년까지 30여 년 동안 이 감옥에는 11개국의 항일운동가

여순감옥과 여순감옥 내에 설치된 안중근 의사 흉상

약 2만여 명이 수감됐다. 한국인, 중국인, 러시아인 등이 많았으며 한국인으로는 안중근, 신채호, 이회영, 박희광 등이 있다.

중국은 2009년 이후 일본에 대응해 한국 정부와 공조하기 위해 전시실 우측에 600㎡ 규모의 '국제항일열사전시관'을 조성했다. 이곳에는 안중근 의사의 흉상을 세우고 그와 관련된 자료들을 모아 놓았다. 이외 우당 이회영, 단재 신채호 등 한인 독립운동가들의 자료를 전시한 4개의 소규모 전시실을 갖추고 있다.

(2) 백옥산전망대와 여순항

백옥산전망대에는 백옥산탑이 있다. 이 탑은 일본이 러일전쟁에서 이긴 후 당시 희생된 사람들을 추모하기 위해 세운 것이다. 그러나 지금은 중국이 일제의 침략 역사를 되새기기 위한 곳으로 바뀌었다. 백옥산전망대에 오르면 일본과 러시아가 왜 이곳에서 치열한 싸움을 했는지 금세 알아챌 수있다. 이곳은 여순항이 한눈에 내려다보이는 천혜의 요새이다. 이곳은 황해와 발해의 경계를 이루는 지점을 확인할 수 있는 곳이지만 일본의 중국 동북지역의 침략 역사가 시작된 곳이기도 하다.

러일전쟁을 도발한 일제는 러시아의 조차지로서 이미 러시아해군의 기지로 기능하던 이곳을 무력화하는 것이 전쟁의 관건이라는 것을 간파하고 선제공격을 감행한다. 전투는 해상에서는 물론 이곳 백옥산에서도 벌어졌다. 러시아 역시 이곳을 방어하는 데 전력을 기울였다. 그렇게 공방을 거듭한 양측은 10개월이 지난 그해 말에 가서 일본이 백옥산과 여순항을 차지하며 일단락됐다. 그리고 전쟁은 일본의 승리로 끝났다. 그러나 일본은 전쟁에서 승리했지만 러시아보다 더 많은 희생을 치러야 했다.

4) 단동/ 관전

단동은 오늘날 북한으로 들어가는 관문이다. 북중 간 인적 교류와 무역의 70% 이상이 이곳을 통해 이루어진다고 하니 의존도가 얼마나 큰 지를 상상할 수 있다. 압록강을 사이에 두고 북한의 신의주와 마주보고 있는 단동은 1965년까지 안동(安東)으로 불렸다. 이곳은 일제시대는 물론 조선 시대에도 한반도와 중국 대륙을 드나드는 주된 통로였다. 조선 시대 중국으로 떠나는 사신들은 모두 이곳을 통과했다. 물론 당시는 지금의 단동 동쪽에 위치한 북한의 의주 대안이었다.

압록강 하구에 위치한 단동에는 현재 북한의 신의주와 연결할 수 있는 4개의 통로가 개설되어 있다. 1개의 철교, 2개의 도로교, 그리고 해상로 등이다. 이 중 2014년에 완공된 신압록강대교는 더 하류 쪽에 위치하며 단동 신도시와 북한의 남신의주를 연결한다. 그러나 북한 측 접속도로가 연결되지 않아 완공된 지 몇 년이 지났어도 2017년 초 현재까지 개통될 날을 기다리고 있다.

신의주와 단동을 잇는 철교는 1911년 11월에 준공됐다. 일제가 한반도를 식민지화한 후 대륙으로 진출하기 위해 서둘러 건설한 것이다. 서울에서 신의주까지는 서울-부산과 비슷한 420km 정도이다. 압록강 철교를 건너 경의선 열차를 타면 몇 시간 내에 서울에 도착할 수 있는 가까운 거리다. 평양까지는 220km이다. 단동에서 심양까지는 고속도로와 고속철로가 건설되어 있다. 고속철도로는 1시간 반 남짓 걸린다.

단동이 한반도와 중국 대륙을 잇는 통로로서 기능하면서 일제하에서 망국의 설움을 안고 중국 동북지역으로 이주한 많은 조선인들은 이곳을 통과했다. 그들은 겨울에 꽁꽁 언 압록강 위를 걸어서, 혹은 나룻배를 타고, 아니면 일제가 건설한 대륙행 기차에 몸을 싣고 동북지역으로 망명의 길을 떠났다. 그런 만큼 단동은 조선인들이 중국에 정착하기 전에 일차적으로 머무는 곳이었다. 이곳에 도착한 사람들은 또 다른 교통편을 이용해 동북지역 안쪽으로 들어가거나 배를 타고 상해 등 관내지역으로 발길을 옮겼다.

1910년 말 압록강을 건넌 이회영 일가는 엄동설한에 이곳에서부터 마차를 타고 유하현 삼원포까지 고행길을 떠났다. 이듬해 초 만삭의 손주며느리를 재촉하여 압록강을 건넌 이상룡 일가도 그렇게 삼원포로 향했다. 오늘날 네온사인이 찬란하게 빛나는 평화로운 변경 도시 단동의 역사 속에는 한민족이 동북지역으로 이주하던 고난의 시간들이 응축되어 있다. 그리고 얼마 남지 않은 흔적들은 희미하게나마 그때를 생각하게 한다. 상해임시정부 교통국이 설치되어 있던 이륭양행 건물과 압록강 단교가 대표적인 곳이다. 1911년에 준공된 압록강 철교는 한국전쟁 당시 미군의 폭격으로 파괴됐다. 지금은 단교의 형태로 후에 새로 건설된 압록강철교 옆에 덩그러니 남아 옛날을 말해 준다.

관전은 단동시 동쪽에 자리잡고 있으며 남쪽으로 압록강을 사이에 두고 평안북도와 접해 있다. 동쪽으로는 길림성의 통화 및 집안과 북쪽으로는 환인 및 신빈과 경계를 이루고 있다. 한반도와 경계를 이루고 있는 지역적 특성으로 인해 이곳은 독립운동의 주무대였다. 일부 독립운동 단체들은 이 지역에 거점을 두고 압록강 건너 평안도지역으로 국내 진공작전을 전개하기도 했다. 관전현은 산악지역으로 되어 있어 독립군들이 활동하기에 비교적 좋은 조건을 갖추고 있다. 따라서 많은 독립운동단체들이 거점으로 활용했었다. 그러나 관련된 기록은 널려 있으나 그 흔적을 찾기는 쉽지 않다. 일부의 경우를 제외하고는 독립운동과 관련된 유적들이 제대로 관리되지 않기 때문이다. 관전현의 유일한 조선족향인 하로하향은 길림성과 요녕성의 경계를 이루며 북에서 남으로 흘러 압록강에 합류하는 혼강 하류에 위치하고 있다. 하로하는 김동삼이 이끌었던 대한통의부 본부와 정의부 제3중대가 있던 곳이다.

(1) 이륭양행 건물터

단동에서 독립운동과 관련해 이야기할 때 가장 많이 오르내리는 것이 조지 루이스 쇼와 이륭양행(怡隆洋行)이다. 아일랜드계 영국인 조지 쇼(George Lewis Shaw)가 세운 무역회사인 이륭양행은 상해임시정부의 교통국 지부가 자리하고 있었다. 조선의 독립운동을 적극 지원한 조지 쇼는 영국인 신분을 이용해 자신의 회사 건물에 교통국 지부를 설치하도록 도와주었다. 교통국 지부는 국내와 중국 동북지역 독립운동 단체들 간의 교신, 임시정부 자금 조달, 정보 수집, 무기와 지령의 국내 반입, 독립운동가 물색 등의 비밀 임무를 수행하는 거점이었다. 이곳은 단지 교통국 지부로서의 역할만 한 것이 아니었다. 독립군의 접선 장소였고 은신처였다. 선박을 소유하고 있던 이륭양행은 위험을 무릅쓰고 독립운동가들을 상해 등지로 실어 날랐다.

대한민국은 그런 조지 쇼에게 1963년 건국훈장 독립장을 추서했다. 2012년엔 호주에 사는 그의 손녀와 증손녀를 초청해 그동안 주인을 찾지 못해 보관하고 있던 훈장을 50년여 만에 전수했다.[58] 그러나 단동시 원보구 홍륭가에 위치하던 이륭양행 건물의 위치는 아직 정확히 확인되지 않았다. 빛바랜 당시의 사진이 남아 있지만 주변이 개발되면서 주변 모습이 크게 바뀌었기 때문이다. 사람마다 접하는 자료는 물론 관찰하고 접근하는 방식이 다른 것도 이유라고 할 수 있다.

이륭양행 건물과 관련해서는 서로 다른 2개의 사진 자료가 있다. 하나는

단동 이륭양행이 있던 홍륭가 25번지 건물(좌)
유병호 교수가 주장하는 이륭양행 건물(우)

독립기념관 항일유적 목록에 등록되어 있는 잘 알려진 것이며 다른 하나는
중국 대련대학 유병호 교수가 2009년 9월 한 학술회의에서 공개한 사진이
다. 두 사진은 다른 모습을 하고 있지만 사진 속 건물들은 모두 홍륭가에 위
치했다. 그러나 두 건물의 존재 여부와 정확한 위치는 아직 주장이 분분하
다. 독립기념관 항일유적 목록에 남아 있는 사진 속 건물은 홍륭가 25번지
에 있었는데 이 건물과 관련해 두 가지 주장이 있다. 하나는 건물이 이미 철
거됐으며 홍륭가 입구에 있는 현재의 해달상점 자리에 있었다는 주장이다.
다른 하나는 유적답사가 최범산이 찾았다는 홍륭가 25번지에 위치한 '단동
시 건강관리소'가 있는 건물이다. 그는 이 건물이 항일유적 목록에 있는 사
진과 일치한다며 이륭양행이 있던 곳으로 확신했다.[59] 유병호 교수가 제시
한 자료에 따르면[60] 이륭양행 건물은 압록강에서 100m 정도 떨어진 곳에 위
치한 3층의 서양식 회색건물이었다. 이 건물은 1990년대 말경 철거된 후 고
층아파트 단지 인근의 홍리취성시중심공원(鴻利聚城市中心公園)의 일부로 편입
되었다고 한다. 이륭양행 건물과 그 위치에 대한 논의는 여기서 멈추어 있
다.

(2) 압록강대교/ 신압록강대교/ 압록강단교

압록강 하류에 위치한 단동에는 북한과 이어지는 3개의 다리가 있다. 철교와 도로교가 복합되어 있는 압록강대교(중조우의교), 압록강 하구쪽 가까이에 위치한 단동시 신시가지와 남신의주를 잇는 신압록강대교, 그리고 1950년에 폭파된 압록강단교 등이다. 이 중에 2017년 초 현재 이용할 수 있는 다리는 철교와 도로교 복합다리인 압록강대교뿐이다.

압록강대교는 1943년 5월 일제가 건설한 후 지금까지 사용되는 다리이다. 물동량이 늘어나면서 경의선을 복선화한데 이어 압록강철교(현재의 압록강단교) 70m 위에 제2철교를 건설한 것이다. 1950년 한국전쟁 때 기존의 압록강철교가 폭파됨에 따라 오늘날 이 다리가 철로와 도로의 복합교로 사용된다. 이 다리는 건설된 지 오래돼 여러 차례 보수공사를 해 왔다. 2015년에도 단동에서 신의주로 가던 대형 컨테이너 운반 트럭이 넘어져 철로를 파손한 사고가 발생해 통행이 중단되기도 했다. 이 다리의 총 연장은 943.3m에 이른다.

신압록강대교는 2010년 착공해 2014년 10월 공사가 완공됐다. 그러나 북한 쪽 접속도로 등이 건설되지 않아 개통이 미뤄지고 있다. 압록강 하구 가까이에 건설된 단동 신도시와 남신의주를 연결하는 이 다리는 8차선으로 되어 있으며 총 길이 3천30m에 달한다.

압록강단교는 1909년에 착공해 1911년 11월에 개통된 압록강철교였다. 철교의 길이는 944.2m로 중앙에 단선철도, 양측에 2.6m 폭의 인도교를 가설했다. 교량 중앙 부분은 회전식으로 되어 오전과 오후 1회씩 철교를 개방하였지만 교량의 안전과 보존상의 문제로 1934년 11월에 개폐를 중단했다. 그리고 한국전쟁이 발발한 후 미국이 폭파해 다리가 끊겨 현재에 이르고 있다.

단동 신압록강대교

단동 황금평 개발구

(3) 위화도/ 황금평

압록강 하류에는 물길이 변하면서 중국땅에 가까이 있는 섬들이 여럿 있는데 이들은 대부분 북한 영토이다. 대표적인 것이 위화도와 황금평이다. 위화도는 단동시내 동쪽에, 황금평은 단동 신도시 근처에 위치한다. 호산산성 가까이에 있는 위화도는 고려 말 이성계가 요동 정벌을 명받고 출병했다가 병사를 돌려 조선 건국의 계기를 마련한 것으로 잘 알려져 있다. 황금평은 북한과 중국이 2011년 6월 경제특구로 지정해 개발을 위한 착공식을 갖고 기반시설을 건설하면서 세인의 관심을 끌었던 곳이다. 북한은 황금평 개발을 시작한 직후인 2011년 12월 총 74개 조로 된 황금평과 위화도 개발을 위한 경제지대법을 제정해 개발에 박차를 가하기도 했다. 그러나 김정은정권 출범 후 북중관계가 악화되면서 이미 착공된 황금평특구로 들어가는 진입로마저 굳게 닫혀 있다.

(4) 이진룡 장군 부부 기념원

단동에서 동북쪽으로 180km 정도 떨어진, 환인현(桓仁縣)과의 경계지역 가까이에 위치한 관전현(寬甸縣) 청산구향(淸山溝鄉) 구대구촌(口袋溝村)의 산기슭에는 1910년대 이 지역에서 활동한 독립운동가 이진룡장군과 그의 부인을 기리는 기념비가 세워져 있다. 청산구향에서 청산구로 가는 길가에 자리잡은 기념원은 비록 많은 사람들의 관심을 끌지 못하지만 중국 동북지역에서 활동한 독립운동가를 위해 세운 기념비 중 오래된 역사를 가진 것 중의 하나이다.

이진룡 장군은 황해도 평산 출신으로 을사늑약 후 의병 활동을 하다 일제의 탄압을 피해 이곳 관전지역으로 망명해 항일 활동을 전개했다. 6척 장신으로 기골이 장대하고 힘이 세기로 소문난 이 장군은 유인석 의병진에 속해 활동하며 독립군 군자금 모금에 직접 나서는가 하면 국내진공작전을 감행해 일제의 간담을 서늘하게 했다. 이에 일제는 밀정들을 내세워 장군을 체포하는 데 혈안이 되었다. 장군은 결국 조선인 밀정의 신고로 1917년 5월 관전현에서 일본 경찰대에 체포돼 이듬해 5월 평양감옥에서 순국했다.

유인석 의병진의 참모장인 우병렬의 딸인 부인 우씨는 장군의 순국 소식을 접하고는 스스로 목숨을 끊어 장군의 뒤를 따랐다, 관전현 청산구에 살던 중국인들은 장군의 우국충정과 부인 우씨의

관전 청산구 이진룡기념원 기념비

숭고한 사랑을 기리기 위해 1919년 3월 청산구 인근에 의열비와 우씨 부인 묘비를 세웠다. 중국인 이웃들이 세운 의열비는 1977년 환인저수지가 조성되면서 산기슭으로 옮겼다가 1991년 의열비와 우씨 부인 묘비를 현재의 자리에 이전 설치하였다.

중국 관전현 청산구향 인민정부는 관전현에 올린 문건에서 이진룡 장군과 우씨 부인에 대해 다음과 같이 적었다.[61] "한국의 독립운동가이며 저명한 의병장령인 이진룡은 생전 오랜 기간 청산구에서 항일운동을 전개했으며 민중 속에서 극히 높은 성망을 가졌으며 세인의 숭고한 존경을 받았다. 이 선생이 영용히 순국한 후 그의 부인 우씨도 청산구 은광자에서 순절하였다.

관전 청산구 거리

당지 민중은 자발적으로 일어나 우씨의 유체를 안장하였다. 이 선생의 항일 의거와 우씨의 건강한 절개를 기념하기 위하여 당지 민중은 이씨 부부 의열 비를 건립하였다." 대한민국 정부는 1962년 이진룡 장군에게 건국훈장 독립 장을 추서했다.

5) 신빈(흥경)/ 환인

압록강 건너 요녕성의 동남지역은 서간도지역이며 1800년대 후반부터 조선인이 이주해 정착한 곳이다. 조선인들이 집거해 살게 되면서 일제시대 에는 자연스레 독립운동의 주요 거점이 됐다. 그러나 이 지역은 만주족의 근거지이기도 하다. 실제 요녕성 동남지역에는 지금도 만주족이 밀집해 살아가고 있다. 이는 신빈현·환인현과 인근의 본계현·관전현·청원현 등이 모두 만족자치현이라는 것에서도 알 수 있다.

특히 신빈현은 청나라를 세운 누르하치의 고향으로서 만주족에게는 매우 중요한 곳이다. 실제 이곳에는 청나라와 관련된 유적들이 곳곳에 자리하고 있다. 누르하치 조상들의 묘가 있는 청영릉과 누르하치가 태어난 고거(故居) 등이 대표적인 것이다. 이곳은 또 만주국 시기 쌓은 흥경성이 있던 곳이다.

무순시에 속해 있는 신빈현(新賓縣)은 만족자치현으로서 과거엔 봉천성 흥경현(興京縣)이었다. 따라서 독립운동 역사와 관련해 이 지역이 거명될 때는 당시의 지명인 흥경현으로 불린다. 1920년대 흥경현은 현내의 왕청문(旺淸門)과 영릉가(진) 등지에 조선인들이 집거해 살아 통화현의 쾌대무자, 유하현의 삼원포 등지와 함께 서간도지역에서는 조선인이 많이 사는 곳 중의 하나였다. 1930년대 신빈현에는 3만여 명의 조선인이 살았으며 압록강을 건너온 평안도 사람이 90%에 이르렀다고 한다.

신빈현에서도 특히 왕청문은 얼마 전까지 조선족향으로서 조선족이 집거했던 곳이다. 당연히 조선족 소학교와 중학교도 있었다. 그러나 산업화와 도시화에 따라 조선족이 대거 이주하면서 소학교마저 신빈조선족학교에 흡수됐다. 신빈현 소재지 근처의 영릉가에도 6개의 조선족촌에 조선족 소학교 6개와 중학교 1개가 있었다. 그러나 지금은 이들 학교 역시 모두 신빈조선족학교에 흡수되었다.

신빈지역에 조선인이 많이 살고 있어서 이곳에는 1920년대 통의부와 국민부 그리고 조선혁명당 등이 자리잡고 있었다. 따라서 만주사변 이후 일제는 이 지역의 독립운동 세력을 토벌하기 위해 혈안이 되었다. 그 때문에 독

립군은 일제의 관동군을 상대로 많은 격전을 벌여야 했는데 영릉가전투·
흥경성전투 등이 그것이다. 특히 1930년대 이후의 서간도 지역 무장 독립
투쟁은 주로 신빈지역에서 이루어졌다. 당연히 이 지역을 무대로 활동한 독
립투사들도 많다. 양세봉, 이홍광, 최윤구 등이 대표적인 인물들이다. 신빈
현은 뒷산에 항일영렬기념비를 세워 이 지역에서 활동한 항일 투사들을 기
리고 있다.

환인현 역시 만족자치현이지만 조선족이 많이 살았던 곳이다. 현소재지
인근에 위치한 아하향과 보락보진은 조선족 향과 진이었다. 보락보진에는
윤희순 선생이 세운 노학당 기념비가 그때의 사정을 알려 준다. 조선이 일
제의 완전한 식민지로 전락하기에 앞서 백하 김대락이 노구를 이끌고 가솔
과 함께 압록강을 건너 처음 거처를 정한 곳이 환인현 횡도촌이었다. 그 뒤
를 이어 가족과 함께 간도로 망명한 이상룡도 유하현 삼원포로 가기에 앞서
잠시 이곳에 머물렀었다. 환인에는 윤세용, 윤세복 형제가 세운 동창학교가
있었다. 이 학교에는 박은식, 신채호 선생이 머물며 학생을 가르치기도 했
다. 조선상고사는 신채호 선생이 이곳에 머무를 때 쓴 것으로 알려졌다. 한
편 환인현 소재지 동쪽에 우뚝 솟아 있는 오녀산성은 고구려 시조 주몽이
세운 졸본성으로 알려져 있다. 이 지역이 한민족과 특별한 인연이 있음을
웅변하는 것이다.

(1) 항일영렬기념비/ 이홍광 흉상

신빈현 소재지 뒷산인 북산(北山)에는 만주국 시기 일제에 의해 1만여 명
이상의 주민들이 살해당해 매장됐다고 하여 명명된 만인갱이 있다. 이곳은
시내 가까이에 위치해 있지만 숲이 우거져 있어 당시의 사정을 짐작할 만
다. 만인갱에서 200미터 정도 더 올라가면 그곳에 항일영렬기념비(抗日英烈紀

殉碑)가 세워져 있다. 이 비는 신빈현 정부가 1991년 만주사변 발발 60주년에 즈음하여 이 지역에서의 항일 투쟁을 기념하기 위해 건립했다.

신빈현 시가지가 내려다보이는 산 정상에 넓게 자리하고 있는 기념원에는 우뚝 솟아 있는 기념비와 좌우 양옆에 두 개의 흉상이 세워져 있다. 기념비 뒷면에는 이홍광, 이춘윤 등 19명의 이름을 열거하고 비를 세우게 된 목적이 이들을 추모하기 위해서임을 밝혔다. 이들 중 이

신빈 이홍광 흉상

홍광을 비롯한 5명은 조선인이다. 기념비 뒤쪽 양옆에는 조선인 이홍광과 만족 이춘윤의 흉상이 세워져 있다.

이홍광은 경기도 용인 출신으로 3·1운동 이후 부모님을 따라 길림성 반석시로 이주한 후 중국공산당에 가입해 반석과 이통 등지에서 항일 투쟁을 전개했다. 만주사변이 발발하자 중국공산당에 의해 결성된 동북인민혁명군 제1군 독립사 참모장으로 활약했다. 그는 현지에서 일본군을 상대로 무장투쟁을 꾀하면서 압록강을 건너 국내진공작전을 펼치기도 했다. 그러나 1935년 5월 환인과 홍경의 접경지역인 노령에서 일본군-만주국군 연합군과의 전투에서 26세를 일기로 순국했다.

이홍광은 양정우와 함께 1930년대 남만지역의 대표적인 사회주의 계열

신빈 항일영혈기념비

항일 투사였다. 따라서 이홍광의 항일 활동은 많은 사람들에게 깊은 인상
을 남겼는데 모택동도 그를 가리켜 "동북의 유명한 의용군 영수의 하나"라
고 칭했다. 이에 따라 신빈현 외에 그가 중국 동북지역으로 이주해 정착한
후 많은 활동을 했던 길림성 반석시도 1988년 11월 조선족중학교를 홍광중
학교로 교명을 변경하고 석상을 건립했으며 주요 활동 무대였던 이통현에
도 추모기념비가 건립되어 있다. 한족으로서 서간도지역 조선인 항일운동
사연구자인 조문기(曹文奇)는 "중국에서는 이홍광(李紅光) 장군을 소개한 전기
나 논문이 1천여 편에 이른다."며 중국학계가 이홍광을 높이 평가하고 있음
을 소개했다.

신빈 왕청문 화흥학교 터

(2) 왕청문 화흥학교 터

　신빈현 소재지에서 동쪽으로 30km 정도 벗어나면 왕청문에 이른다. 독
립운동 시기 서간도의 중심지로서 많은 조선인들이 어우러져 살았던 이곳
은 얼마 전까지도 조선족향이었다. 조선인이 많아 한때 이곳은 작은 연변으
로 불리기도 했다. 당연히 인근에는 독립운동의 흔적들이 널려 있고 조선인
들을 위한 학교가 일찍이 설립됐었다. 대표적인 학교가 화흥학교이다. 통화
의 화(化) 자와 흥경의 흥(興) 자를 따서 지은 것으로 알려진 화흥학교는 당시
조선인들을 위한 민족교육의 요람이었다.

　왕청문 중심지에는 조선족소학교와 중학교가 한곳에 각각 자리하고 있었다. 그러나 2003년에 중학교가, 2008년에 소학교가 문을 닫아 학교 자리는 공장으로 변했다. 그러나 아직도 학교의 흔적은 남아 있어 이곳에서 뛰어놀던 조선족 학생들의 웃음소리가 들리는 듯하다. 이곳이 1920년대 중반 정의부가 세웠던 화흥학교가 있던 곳이기도 하다.

이 학교터와 건물이 중요한 것은 조선족학교였다는 이유 때문만이 아니다. 이 학교 마당에는 얼마 전까지만 해도 양세봉 장군의 흉상이 세워져 있었다. 조선족동포들이 하나둘 이곳을 떠나면서 학생이 크게 줄었고 소학교마저 신빈현 조선족학교에 통합되고 학교는 사업가에게 매각됐다. 학교 교정에 세워졌던 흉상은 인근의 양세봉 장군이 활동하던 산기슭에 공원을 조성해 옮겼다.

(3) 양세봉 장군 흉상

왕청문조선족학교 교정에 세워졌던 양세봉 장군 흉상은 학교가 문을 닫고 한족 사업가에게 매각된 후 신빈현 왕청문진 강남촌 대협피골 산기슭에 조성된 공원으로 이전됐다. 이곳은 왕청문진 소재지에서 20km 정도 떨어진 곳으로서 장군이 생전에 활동하던 곳이다. 장군의 순국지인 소황구령이 가까이에 있다.

양세봉 장군의 흉상은 기단에 "항일명장 양세봉"이라는 비명

신빈 양세봉 장군 흉상

과 함께 신빈현 왕청문진 인민정부에 의해 1995년에 세워졌다고 새겨져 있다. 1995년에 왕청문조선족학교 교정에 건립될 때의 내용이다. 그러나 당시의 흉상 건립은 조선족 사회의 각별한 관심과 노력의 결과였다. 각계각층의 조선족동포들이 뜻을 모으고 십시일반으로 기금을 모금함으로써 흉상 건립이 가능했다는 것이다.

그러나 왕청문조선족학교가 문을 닫으면서 애써 건립한 장군의 흉상은 애물단지로 전락할 위기에 처해졌다. 다행스럽게도 한 조선족 사업가가 자신 소유의 부지를 희사하고 이전에 필요한 경비를 제공함으로써 이곳에 다시 세워질 수 있었다. 하지만 외진 산기슭에 위치해 찾는 이가 별로 없는 데다 관리가 제대로 되지 않아 장군의 동상은 안타깝게도 세월의 퇴적과 함께 점점 그 위용을 잃어 가고 있다.

(4) 청영릉(淸永陵)/ 누르하치 고가

신빈현 소재지에서 서쪽으로 10km 정도 떨어져 있는 영릉진에 위치한 청영릉은 청나라를 건국한 누르하치 조상을 모신 묘원이다. 이곳에는 누르하치의 6대조를 비롯해 중조부·조부·부·백부·숙부 등의 묘와 사당이 있다. 청나라 건국 후 중조부·조부·부 등 4명을 황제로 추존하였는데 1500년대 후반 능원을 조성할 때는 지역 이름을 따 홍경릉으로 불렀으나 후에 영릉으로 고쳤다. 전체 면적이 1만1천m²에 달하는 청영릉은 2004년 유네스코 세계문화유산으로 지정됐다.

청영릉 가까이에는 누르하치가 태어나 살았던 허투아라성(赫圖阿赫城)이 있다. 일명 홍경노성(老城)이라고도 부른다. 이곳은 누르하치가 태어났을 뿐 아니라 그가 여진부족을 통일해 칸으로 등극한 곳이어서 청나라의 대표적인 성지로 꼽힌다. 청나라가 두만강과 압록강 이북의 북간도와 서간도지역

신빈 청영릉

신빈 누르하치동상

을 봉금지대로 설정한 이유이기도 하다.

(5) 환인 오녀산성

환인현 소재지에서 약 8km 동북쪽에 우뚝 솟아 있는 오녀산 정상에 위치한 산성이다. 일부에서는 고구려 시조 주몽이 따르는 자들을 이끌고 북부여에서 나와 세운 졸본성(홀승골성)이라고도 하고 평지성인 졸본성의 산성이라고도 한다. 이곳을 산성으로 볼 경우 환인댐으로 수몰된 저수지에 평지성인 졸본성이 있었을 것으로 추정하기도 한다.

오녀산은 해발 820m 정도이고 정상부에는 남북 600m, 동서 100-300m인 평탄지가 조성되어 있고 항상 물이 솟아 나오는 샘이 있어 평상시에 거주하기에도 크게 불편하지 않다. 샘의 이름은 백두산 정상에 있는 천지(天池)와 같다. 평탄한 정상부와 달리 주변은 100-200m에 이르는 절벽으로 되어 있어 천혜의 요새이다. 따라서 유일한 통로인 서문 주변에만 일부 성벽이 구축되어 있다. 성의 전체 둘레는 4천754m인데 그중 천연성벽이 4천189m에 이른다. 오녀산은 혼강과 환인댐이 둘러싸고 있다.

중국은 1996년부터 2003년까지 4차례에 걸쳐 발굴 조사를 실시, 2천여 점의 유물을 발굴하였다. 산성 안에는 유물 발굴 과정에서 확인한 유적지 등을 조성해 놓았다. 또한 오녀산성 입구에는 발굴 조사 내용 등을 담은 고구려 박물관을 세워 이곳의 역사를 전하고 있다.

오녀산성에서 본 환인 전경

오녀산성 천지

4. 흑룡강성지역

1) 흑룡강성지역 개관

흑룡강성(黑龍江省)은 중국 동북지역의 북부와 동북부 지역에 넓은 범위를 차지하고 있으며 러시아와 길게 국경을 접하고 있다. 북부지역으로는 흑룡강이, 동부지역으로는 우수리강이 러시아와 국경을 이룬다. 흑룡강성 동남쪽의 일부 지역은 연변조선족자치주와 접하고 있다. 러시아와 국경을 이루는 흑룡강의 길이는 총 약 3천km에 이른다. 중국의 최북단(모허(漠河)/북위 53° 33')과 최동단(헤이샤즈(흑룡강과 우수리강 합류점)/동경 135°2')이 모두 흑룡강성 안에 있다.

흑룡강성의 서쪽지역은 내몽골자치구, 남쪽지역은 요녕성과 길림성(연변조선족자치주 포함)과 경계를 맞대고 있다. 흑룡강과 우수리강이 흑룡강성의 북쪽과 동쪽에서 러시아와 국경을 이루며 흐르고 백두산에서 발원한 송화강이 흑룡강성 한가운데를 동서로 관통해 흐른다. 길림성을 지나 할빈시까지 북쪽으로 흐른 송화강은 할빈시에서 동쪽으로 방향을 바꿔 가목사시를 지나 동강시에서 흑룡강에 합류한다. 흑룡강성 서쪽지역에는 대흥안령산맥이 남북으로 길게 늘어서 있다.

흑룡강성의 전체 면적은 45만4천km²이며 인구는 3천830만여 명이다. 세계 3대 흑토지역으로 불리는 흑룡강성은 넓고 비옥한 토질로 인해 중국 최대의 식량생산기지이기도 하다. 그러나 이곳은 인구밀도가 낮아 중화인민공화국 수립 이후 본격적인 개발이 이루어질 때까지 많은 지역이 사람의 손길이 닿지 않은 황무지 상태로 남아 있었다. 지금도 흑룡강성 일부 지역은 당시의 사정을 담아 북대황(北大荒)으로 불린다.

성도인 할빈시(副省級)와 11개 시(地級), 1개 자연구(대흥안령지구)로 되어 있는 흑룡강성은 중국 동북지역에 위치한 변방지역으로서 교통의 오지였다. 그러나 최근 중국이 도로망을 확충하며 고속도로와 고속철로를 건설하면서 교통 여건이 크게 개선됐다. 할빈은 물론 흑룡강성에서 두 번째로 큰 치치하얼까지는 고속철로가 건설됐으며 목단강시 등과 연결되는 고속철로도 건설 중에 있다. 흑룡강 하류지역에 위치한 동강(同江)시에서 중국 최남단 해남도의 삼아(三亞)시까지 이어지는 5천500km의 중국 대륙 남북 종단 고속도로인 동삼(同江-三亞)고속도로가 부금(富錦)-가목사(佳木斯)-할빈을 관통해 지나간다. 흑룡강성·길림성·요녕성의 중러 및 북중 접경지역을 관통하여 대련시까지 이어지는 장장 1천258km의 '동북동부철도통도'(동변도철도의 새로운 명칭)는 흑룡강성 동쪽의 러시아와의 국경도시인 수분하(綏芬河)에서 시작한다. 수분하는 러시아 블라디보스토크에서 시작되는 동청철도의 중국측 출발지로서 국경도시이다. 블라디보스토크에서 시작한 동청철도는 수분하-목단강-할빈을 거쳐 중국과 러시아의 국경도시인 만주리(滿洲里)를 통해 모스크바로 향한다.

흑룡강성은 넓고 비옥한 토지를 가지고 있지만 북방민족이 산재해 살았던 변방지역이었다. 따라서 중국의 화려한 역사적 유산은 그다지 눈에 띄지 않는다. 할빈시 외곽의 아성시에는 여진족이 요나라를 무너뜨리고 세운 금나라 초기의 수도였던 상경회령부가 있던 곳이다. 중국은 이곳을 금원문화여유구(金源文化旅遊區)로 정해 관리한다. 이곳에는 당시의 성벽과 왕릉 등이 남아 있으며 전시관이 건립되어 있다.

흑룡강성에는 모두 19곳의 조선족향(진)이 있으며 많을 때는 500여 곳 이상의 마을(촌)이 있었다. 그러나 지금은 조선족 마을은 물론 향(진)도 쇠락하여 점점 줄어들고 있다. 흑룡강성은 동북3성 지역의 북쪽에 위치하고 있어 조선인의 이주가 가장 늦게 이루어졌다. 빠른 곳은 1920년대 이전에 이주가 이루어졌지만 대체로 1930년대 일제가 만주국을 세운 후 식량 생산을 위한 농지 개간을 목적으로 이루어졌다. 당시 농지 개간형 이주의 주 대상은 남한지역 주민들이었는데 그에 따라 흑룡강성 지역의 조선족은 전라도와 경상도 등 남한지역 출신이 다수를 점하고 있다. 조선족이 많이 살고 있는 곳은 흑룡강성 중부지역이라고 할 수 있는 할빈시 동쪽의 오상·상지·연수 지역과 목단강시 관내인 영안·해림·동녕 지역, 계서시 관내의 밀산·계동 지역 등지이다. 흑룡강성 동북쪽 변경지역인 가목사시 관내의 화천 등지는 물론 학강시 관내에도 조선족향이 있다.

2) 할빈

할빈시는 흑룡강성의 성도일뿐 아니라 교통의 중심지이다. 45만4천km²의 넓은 흑룡강성 지역 곳곳으로 뻗어난 도로와 철로는 할빈시를 중심으로 형성되어 있다. 최근 고속도로는 물론 고속철로가 건설되면서 할빈시를 중심으로 한 교통망은 거미줄과 같이 얽혀 있다. 할빈 시내에는 할빈역과 함께 할빈동역, 할빈서역 등이 각 지역으로 철로를 연결하고 있다. 물론 국제선 항로가 연결된 비행장도 갖춰져 있다.

백두산 천지에서 발원한 송화강이 길림성을 거쳐 북쪽으로 흐르다 할빈시를 관통하며 방향을 바꿔 동쪽으로 흐른다. 주변의 강물을 흡수해 큰 강을 이룬 송화강은 할빈시 관내의 강 한가운데 태양도라는 큰 섬을 만들었다. 이곳은 최근 할빈시의 위락지역으로 성가를 높이고 있는데 호랑이 사육기지로서 중국 동북지역에서 규모가 가장 크고 호랑이 개체수도 가장 많은 호랑이 동물원인 '동북호림원'이 있어 사람들을 유혹한다. 겨울철에는 세계의 주요 겨울철 축제장으로 유명한 빙등제가 이곳 태양도에서 열린다.

할빈시의 역사는 그리 오래지 않다. 1800년대 말 러시아가 남진정책을 통해 중국 동북지역에 진출하면서 도시로 건설됐다. 러일전쟁에서 일본에 패하고 만주국이 설립된 후에도 러시아가 장춘 이북의 동청철도(중동철도) 구간을 장악하고 있었는데 할빈 역시 러시아의 영향하에 있었다. 그러나 1935년경 러시아가 동청철도를 일본에 넘긴 후부터 러시아의 영향에서 벗어났다. 하지만 1945년 일제가 항복하기 직전 러시아가 대일 선전포고를 하고 동북지역에 진주하면서 다시 러시아의 영향하에 놓였다. 이 같은 역사로 인해 할빈시에는 러시아풍의 건물 등 러시아의 잔재가 많이 남아 있다. 1896년에 형성된, 1천400여 미터에 이르는 중앙거리와 성소피아성당, 미니 베르사이유궁전으로 불리는 마테르호텔 등이 관심을 끈다. 동북아시아 역내 최대 규모의 러시아정교 사원인 성소피아성당은 할빈시에 있는 대표적인 러시아 양식의 건물로 유명하다.

비록 도시가 형성된 역사는 짧아도 할빈시에는 한민족의 항일 역사와 관련된 중요한 유적들이 여럿 있다. 그중에서도 안중근 의사가 1909년 10월 이토 히로부미를 저격한 할빈역과 우덕순 등이 저격을 준비했던 채가구역 등은 특히 관심을 끈다. 2014년 할빈역사에 세워졌던 안중근의사기념관은 할빈역 개축에 따라 2017년 3월부터 임시 휴관에 들어갔다. 인근 조린공원에는 안중근 의사의 친필 유묵비가 세워져 있다. 안중근 의사가 이토 히로부미 저격을 모의한 곳으로 유명한 조린공원은 할빈공원으로 불리던 곳이다. 안 의사가 순국하기에 앞서 자신이 죽은 후 뼈를 할빈공원 곁에 묻었다가 국권이 회복되거든 고국으로 반장해 달라고 유언했던 곳이기도 하다. 이토 히로부미가 할빈역에 앞서 내릴 것에 대비해 우덕순과 조도선이 숨죽이고 지켜섰던 채가구역은 할빈역 바로 전역이다. 할빈시에는 중국 인민해방

할빈의 명물 러시아정교 사원 성소피아성당

군가를 작곡한 광주 출신의 위대한 음악가 정율성기념관도 있다.

할빈시 관내에는 만주국 시절 일제가 생체실험을 했던 731부대가 아픈 역사를 기억하기 위해 잘 복원되어 있다. 마루타로 불린 데서 알 수 있듯이 살아 있는 사람을 실험 대상으로 사용한 반인륜적 일제의 만행을 한 눈에 볼 수 있는 731부대는 할빈시 동쪽에 위치하고 있는데 생체실험 대상 중에는 조선인들도 적지 않게 포함되었다. 그리고 좀 더 동쪽 외곽으로 나가면 할빈시 관내의 아성시가 나오는데 이곳에는 여진족이 요나라를 무너뜨리고 세웠던 금나라 초기 수도가 있던 상경회령부터가 있다. 이곳에 세워진 박물관에서는 금나라를 세운 아골타와 한민족과의 인연을 담은 금사(金史)의 이야기를 살필 수 있다.

할빈시에는 이 지역의 역사를 살펴볼 수 있는 박물관·기념관·공원 등이 여럿 있다. 대표적인 것으로는 흑룡강성박물관·동북열사기념관·조린공원 등이 있다. 1906년에 설립된 흑룡강성박물관은 할빈시 남강구 홍군가에 위치하며 할빈역에서 가깝다. 이곳에는 발해 유물이 다수 전시되어 있다. 동북열사기념관에는 순국 항일열사 100여 명을 봉안하고 있는데 그중 32명이 조선인이다. 할빈시에서 서남쪽으로 40km 정도 떨어진 쌍성(雙城)은 1932년 지청천 장군의 한국독립군과 중국 길림자위군이 연합하여 일제와 싸워 승리한 쌍성보전투의 현장이다.

(1) 안중근 의사 기념관

안중근 의사가 1909년 10월 26일 이토 히로부미를 저격한 것을 기념해 안 의사가 거사를 단행한 자리가 보이는 할빈시 할빈역 구내에 세워졌었으나 할빈역 개축에 따라 2017년 3월부터 잠시 휴관중이다. 중국 정부가 안 의사의 기개와 이토 히로부미 저격의 역사적 의미를 높이 평가하고, 한국 정부의 뜻을 받아들여 2014년 1월 19일 개관했었다. 한국의 박근혜 대통령은 2013년 6월 중국 방문 기간 중 시진핑 주석과의 정상회담에서 안중근 의사에 대한 양국 국민의 존경심을 담아 할빈역 의거 현장에 기념 표지석을 세워줄 것을 요청했는데 중국 정부는 이에 대해 기념관 건립으로 화답한 것이다. 안중근 의사 기념관은 중국 정부의 뜻을 담아 할빈시정부와 철도부처가 공동 투자해 건립됐으며 할빈시 해당 부서와 할빈철도국이 관리해 왔다. 할빈역 1층 귀빈대합실을 개조해 만든 기념관은 110여 년의 역사를 가진 할빈역이 전면 개축되고 있어 개축이 완료될 2020년 경 새로운 모습으로 단장돼 개관될 예정이다.[62]

휴관하기 전 할빈 안중근 의사 기념관

이 기념관은 2017년 5월부터 할빈시 도리구 안승가 85번지에 위치한 조선민족예술관으로 옮겨져 임시 개관중이다. 할빈역사 안에 안중근 의사 기념관이 세워지기 전 할빈시 조선민족예술관 안에 안중근 의사 기념실이 설치되어 있었다. 할빈시에 거주하는 조선족동포들이 안중근 의사의 거사와 그의 삶의 족적과 관련된 자료를 모아 전시하던 것을 중국 정부가 더 많은 사람들이 살펴볼 수 있도록 할빈역사 안으로 옮겨 기념관을 설치했던 셈이다. 서울 한복판 남산 기슭에도 안중근 의사 기념관이 세워져 있다.

(2) 정율성기념관

한민족으로서 중국의 3대 음악가 중의 한 사람으로 꼽히는 정율성을 기

할빈 정율성기념관

리는 기념관이 할빈시 한 복판에 있다. '인민음악가 정율성기념관'으로 명명
된 이곳에는 파란만장한 삶을 살아온 음악가 정율성의 족적이 그의 음악과
함께 전시되어 있다. 비교적 큰 규모로 조성된 기념관의 모습만으로도 정율
성에 대한 중국의 평가를 가늠케 한다. 안중근 의사가 순수 한민족으로서의
삶을 살았다면 정율성은 광복의 기쁨을 안고 북한으로 갔다가 다시 중국으
로 건너가 중국인으로서의 삶을 살았다는 점에서 차이가 있다.

　전남 광주에서 태어난 정율성은 독립운동을 하던 형들을 따라 중국으로
건너가 작곡과 성악을 배웠다. 연안의 노신(魯迅)예술학교에서 작곡을 전공
한 후 중국공산당에 입당해 '팔로군 군가' 등을 작곡했다. 팔로군 군가는 중
화인민공화국 수립 후 '중국인민해방군 행진곡'으로 지정된 데 이어 1988년

에는 '중국인민해방군 군가'로 공식 지정되기도 했다. 해방 직후 북한에 들어가서는 '조선인민군행진곡' 등을 작곡하기도 했다. 한국전쟁 중 중국으로 돌아가 중국 국적을 취득한 후 1951년 4월부터는 중국에서 중국공민으로 살았다.

할빈시 중앙대로 끝부분 송화강변 가까이에 위치한 기념관에 들어서면 중국인민해방군 군가가 장엄한 멜로디로 기념관을 꽉 채운다. 정율성 음악의 진면목을 느낄 수 있다. 이곳에서는 정율성이 한국말로 부른 '메기의 추억'도 감상할 수 있다. 작곡가이자 성악가인 정율성이 육성으로 부른 노래가 이것 뿐이어서 이곳에서 이 노래를 들려준다고 한다. 중국 정부가 설립한 인민음악가 기념관에서 한국말로 된 노래를 듣는 것은 특별한 일임이 틀림 없다. 이곳에는 또한 정율성이 광복 직후부터 1951년까지 북한에 머물렀던 기록들이 남아 있다. 그중에 주목되는 것은 정율성이 인민경제계획을 완수하는 데 공을 세웠다며 김일성이 '보상장(襃賞壯)'을 수여한 것이다. 이 상장은 1948년 2월에 수여됐는데 상장 상단에 태극기와 무궁화 문양을 그려 놓아 북한에서도 이때까지 태극기가 사용됐음을 엿볼 수 있다.

한편 정율성 선생의 고향, 광주지역에서는 그동안 선생의 족적과 관련해 지자체 간 연고를 주장하며 갈등을 보여 왔으나 2015년 10월 논란을 끝내고 함께 손잡고 공동으로 기념사업을 추진하기로 했다. 따라서 앞으로는 광주지역에 생가표지석, 정율성거리, 정율성교실 등이 설치돼 선생의 삶의 흔적들을 보존하게 된다. 또한 선생의 음악세계를 기리기 위한 '국내외 문화교류행사'도 개최할 계획이다.

(3) 731부대

만주국 시기 일제가 생체 실험을 했던 곳으로 유명한 731부대가 위치한 곳은 오늘날 '침화일군제731부대죄증진열관(侵華日軍第731部隊罪證陣烈官/ The Exhibition Hall of Evidences of Crime Committed by Unit 731 of the Japanese Imperial Army)'으로 바뀌었다. 중국 정부가 각종 자료를 발굴하고 현장을 재현하여 당시 일제가 저지른 만행을 낱낱이 알리기 위한 장으로 활용하기 위해서다. 할빈시 중심부에서 동남쪽으로 25km 정도 떨어진 평방구(平房區) 신강대가(新疆大街)에 위치한 진열관은 규모면에서도 압도적이지만 진열된, 끔찍한 내용을 통해 더 압도된다.

이 죄증진열관은 2014년 11월 임시 폐관에 들어가 9개월간의 보수공사를 벌여 기존의 것을 새롭게 단장한 후 2015년 8월 15일 재개관됐다. 일제가 2차 세계대전에서 패망을 선언한 지 70주년이 되는 날이었다. 중국 정부는 일본의 전쟁범죄를 세계에 알리기 위해 2001년부터 본격적인 복원 공사를 진행해 일반인을 상대로 전시해 왔는데 일본 패전 70주년에 즈음해 시설과 내용을 보완해 새로 개관한 것이다. 새로 개관한 진열관은 기존의 벽돌건물 대신 검은색의 장방형 신관이 들어섰고 최근 2년여 기간 동안 새로 발굴된 세균전 실험 증거 2천500여 점도 전시물로 추가했다.

731부대는 1936년 관동군 산하의 방역급수부대로 위장한, 세균전을 위한 비밀연구소로 출발했다가 1941년 731부대로 명칭을 바꾸었다. 부대 예하에는 바이러스·곤충·동상·페스트·콜레라 등 생물학 무기를 연구하는 17개 연구반이 마루타라 불리는 인간을 생체 실험용으로 사용했다. 진열관측이 2016년 8월에 밝힌 바에 따르면 생체 실험으로 희생된 사람의 수는 1천549명으로 늘어났다. 이에 앞선 2005년 중국인·몽골인·러시아인·조선인 등 1천467명의 희생자 명단이 확인된 바 있다. 당시 확인된 조선인 희생자는 심득룡 등 6명이지만 많게는 250여 명에 이를 것으로 추정된다. 그러나 일각에서는 매년 600여 명에 이르는 사람이 생체 실험에 동원됐다면서

할빈 731부대 일본군 죄증진열관

희생자 수가 최소한 3천여 명에 이를 것이라고 말한다. 일제는 전쟁이 끝나자 자신들의 만행을 감추기 위해 살아 있던 150여 명의 마루타들까지 모두 처형한 것으로 알려졌다.

진열관을 찾은 사람은 한국어 · 중국어 · 영어 등 6개 언어로 된 최신 오디오 가이드 서비스를 받을 수 있다. 한국인이 각 전시실에 들어가면 자동으로 해당 전시실에 대한 설명이 한국어로 이어져 이해를 돕는다. 전시실에는 동영상과 인체모형 그리고 각종 실험에 실제로 이용된 물품들이 잘 전시되어 있다.

(4) 아성 금원문화여유구

할빈시 동남쪽에 위치한 아성구는 얼마 전까지 아성시로 불렸다. 할빈역에서 버스로 1시간 남짓 거리에 떨어져 있는 아성구 외곽에는 금나라 건국 초기(1115-1153) 수도로서 당시 정치와 문화의 중심지였던 상경회령부터가 있다. 이곳엔 금나라 초기의 왕궁터와 성터 그리고 왕릉 등이 남아 있어 900여 년 전의 역사를 말해 주고 있다. 중국 국무원은 1982년 이곳을 금나라 문화 중점보전지역으로서 4A급 풍경구로 지정하고 금원문화여유구(金源文化旅遊區)로 부른다.

중점보전지역에는 금나라 수도 유적과 8개의 전시관으로 구성된 금상경 역사박물관이 있다. 수도 유적으로는 오문(午门)을 비롯한 궁전 건축물이 대부분 온전하게 보존되어 있으며, 외성의 성벽·옹성(瓮城)·누각·해자 등의 유적도 많이 남아 있다. 8개의 전시관은 크게 금나라 수도였던 이곳의 경제, 문화, 역사적인 발전 과정을 보여주는 공간과 공예품을 비롯하여 현지에서 출토된 각종 유물들을 전시하는 공간으로 나뉘어 있다.

아성 금상경역사박물관

3) 목단강/ 영안/ 해림/ 동녕

흑룡강성 동남쪽에 위치한 목단강시는 흑룡강성에서 세 번째로 큰 도시로서 이 지역의 정치 경제 문화의 중심지이다. 백두산 기슭에서 발원한 목단강이 도시 한가운데를 지나가는데 도시 이름도 여기서 연유했다. 남쪽으로는 연변조선족자치주와 경계를 이루며 동남쪽으로는 계서(鷄西) 및 러시아와, 동북쪽으로는 가목사(佳木斯)와 접해 있다. 서쪽으로는 할빈시 관내의 오상 상지와 접해 있다. 목단강시 동쪽에 위치한 수분하(綏芬河)와 동녕(東寧)은 러시아와 경계를 이루며 각각 해관이 설치되어 있다.

흑룡강성 동남지역의 중심지로서 목단강시는 도로·철로·항로 등이 잘 갖추어져 있어 교통이 편리하다. 청나라 시기 러시아가 건설한 동청철도가 할빈에서 목단강을 경유해 수분하를 거쳐 연해주의 블라디보스토크까지 이어진다. 남으로는 연변조선족자치주의 도문-연길로, 북으로는 가목사로 철로가 연결되어 있다. 대련에서 시작해 1천258km에 이르는 동북동부철도통도가 목단강을 거쳐 수분하까지 이어진다. 목단강 인근에 국제선이 갖추어진 해랑(하이랑/ 海浪)공항이 있어 한국에서도 접근이 용이하다.

목단강시는 관내에 영안(寧安) 해림(海林) 동녕(東寧) 등을 품고 있는데 이곳에는 조선족향(진)이 널리 분포되어 있다. 당연히 조선족동포들이 많이 모여 산다. 일제하에서도 이 지역은 주된 독립운동의 현장이었다. 이 지역은 청나라 시기까지 영고탑으로 불렸으며 지금의 영안시가 중심지였다. 러시아가 동청철도를 부설하여 철로가 목단강시를 지나면서 이곳이 중심지로 부상했다. 영안에는 1930년대 대종교 총본부가 자리잡고 있었고 해림지역은 김좌진 장군을 중심으로 한 신민부가 거점으로 삼았다. 영안의 발해진에는 발해의 수도인 상경용천부의 유적이 남아 있다. 동녕에는 일제의 관동군 사령부가 있었으며 주변에는 일제에 저항한 독립운동의 흔적이 널려 있다. 목단강 시내의 목단강가에는 일본군에 패한 여성 항일부대원들이 강물에 뛰어들어 죽음으로서 절개를 지킨 것을 기리는 8녀투강비가 세워져 있다.

목단강시를 관통해 동북쪽으로 흐르는 목단강은 해림시를 경유해 의란(依蘭)에서 송화강에 합류한다. 이전에는 목단강 물길을 따라 배를 이용해 송화강까지 이동하곤 했다. 목단강시 상류의 목단강변에는 경박호(鏡泊湖)로 불리는 큰 호수가 있다. 바다와 접하지 않은 흑룡강성 주민들은 이곳의 수려한 경치와 호수를 즐기기 위해 위락지로 꾸며 놓았다. 발해 상경 용천부 인근에 위치해 접근하기도 수월하다.

(1) 8녀투강기념비

목단강시를 관통하는 목단강변의 빈강(濱江)공원 광장에는 동북항일연군

목단강 8녀투강기념비

에 소속된 여전사들이 일본군과의 전투에서 싸우다 사로잡히지 않기 위해 목단강에 뛰어들어 순국한 것을 기념하기 위해 세운 8녀투강기념비가 세워져 있다. 8명의 여전사 중 안순복과 이봉선은 조선인이었다. 여전사를 형상화한 조각상에 한복을 입은 여인이 등장하는 이유이다.

동북항일연군 제5군 제1사에는 30여 명으로 구성된 여성유격대가 있었는데 유격대는 1938년 10월 목단강 하류에서 숙영을 하던 중 밀정의 밀고로 일본군에 포위됐다. 8명의 여전사는 본대의 철수를 엄호하기 위해 강변쪽에 남아 일본군을 유인했다. 이들 덕분에 본대는 무사히 빠져나갔으나 8명의 여전사는 포위망에서 벗어나지 못했다. 일본군에 포위된 이들은 체포되어 치욕을 당하는 대신 우스훈하(乌斯浑河)에 몸을 던져 순국하는 길을 택했다.

동북항일연군 제2로군 사령관이었던 주보중(周保中)은 이야기를 듣고 '우스훈하 강변 목단강가의 열녀'라는 제사를 남겼고 '8녀투강'을 소재로 한 영화 '중화의 아들딸'이 제작됐다. 8녀투강기념비는 목단강 시내를 흐르는 목단강변에 세워졌지만 8녀투강을 직접 목격했던 한 인사에 따르면 투강 순난지는 현재의 림구현(林口縣)·조령진(刁翎鎭)·작목강(柞木崗) 산 아래를 흐르는, 목단강 지류인 우스훈하 서안이다.

(2) 발해 상경 용천부 고궁터

영안현 중심지에서 서남쪽으로 30km 정도 떨어진 발해진에 위치한다. 이곳은 160여 년 동안 발해의 수도였던 곳으로 당시의 고궁터와 관련된 유적들이 비교적 잘 보존되어 있다. 행정구역상 발해진에 위치하고 있지만 인근에 동경성진이 있어 상경용천부의 궁성 이름인 동경성과 같아 혼동하기도 한다. 넓은 평야지대의 한복판에 자리잡은 도성은 북동 남벽의 약 3km

밖으로 경박호에서 흘러내리는 목단강이 휘돌아 흐르고 있다. 당나라 장안성을 본떠서 고구려식으로 축성됐다. 내성과 외성으로 나누어지며 외성터에는 발해 시대의 절인 홍륭사가 건재하고 있다. 현재의 발해진 소재지도 이곳 외성에 자리잡고 있다. 주위에는 왕릉급 고분군과 성터 등이 남아 있어 당시의 규모를 짐작케 한다.

발해는 대조영이 고구려 멸망 30년이 지난 698년에 현재의 연변조선족자치주 돈화시에 있는 동모산(성산자산) 아래에 나라를 세웠다. 3대 문왕 재위 중반 약 150km 떨어진 이곳 발해진으로 수도를 옮겨 성터를 닦았다. 문왕은 이후 화룡현 서고성과 훈춘시 팔련성으로 수도를 옮겼는데 5대 성왕 때에 이르러 다시 이곳으로 옮겨 발해가 멸망(926년)할 때까지 도읍으로 삼았다. 이곳이 발해의 수도로 기능한 기간은 162년 정도이다.

발해는 넓은 영역을 효과적으로 통치하기 위해 5경을 두었다. 가장 오랫

영안 발해 상경 용천부 성벽과 발해 상경 용천부 유지비

동안 수도로 기능했던 발해진의 상경용천부를 비롯해 중경현덕부(서고성/ 화룡), 동경용원부(팔련성/ 훈춘), 서경압록부(임강), 남경남해부(함북 북청) 등이다. 이 중에 상경용천부와 함께 중경현덕부와 동경용원부는 잠시 발해의 도읍으로 기능하기도 했다. 발해가 거란족이 세운 요나라에 멸망한 후에도 이곳은 괴뢰국인 동란국(926-982?)의 수도로 기능했다.

성은 크게 외성과 내성으로 나누어 있으며, 내성은 궁성(북쪽)과 황성(남쪽)으로 이루어져 있다. 내성은 도시의 중심부에 있는데, 남북 길이가 약 1.4㎞이고 폭은 1.1㎞이다. 이 도시의 기본 간선도로는 황성 남문으로 이르는 대도로인데 남북 길이가 무려 2천195m이고 폭은 110m에 이른다. 당나라 장안성 도로명을 따서 '주작대로'라 부르기도 한다. 궁성 안의 주요 건물은 이 장대한 도로를 따라 늘어서 있다. 네 구역으로 나뉘어지는 궁성은 자금성이라고도 하는데 성안에서 북쪽 가운데에 있고, 가운데 중심 구역에는 7곳의 궁전터가 있다. 또한 발해의 사상과 종교를 엿볼 수 있는 절터도 9군데나 발견되었는데, 7곳은 성안에서 나머지 2곳은 성밖에서 발견되었다.

(3) 한중우의공원/ 김좌진 장군 기념관과 순국터

해림역에서 해랑로를 따라 잠시 걸으면 한중우의공원이 나오는데 공원 안에 백야 김좌진 장군 기념관이 자리하고 있다. 총 1만 6천800km²의 넓은 대지 위에 조성된 한중우의공원은 2002년 6월 착공하여 2005년 10월 완공됐다. 김좌진 장군이 말년에 주로 활동하였고 또 순국한 해림지역의 역사적 의미를 헤아려 이곳에 한중우의공원을 조성하고 그 안에 장군의 기념관을 건립했다. 기념관은 문화관과 종합관으로 나뉘어지는데 문화관에는 숙박 시설을 갖춘 연수원과 동북지역에서의 항일운동 관련 역사 자료를 모아 놓은 전시관이 있다. 종합관에는 한국의 전통문화의 보급을 통해 한국과 중국

해림 한중우의공원

양국 간의 문화 및 경제 교류를 촉진하려는 목적에서 다양한 부대시설을 갖추어 놓았다. 한국의 김좌진장군기념사업회가 직접 관리 운영한다.

김좌진 장군은 1927년 무렵부터 주로 해림시 산시진 지역에서 활동했다. 당시 일제와 동북군벌의 탄압으로 독립운동을 위한 활동이 점점 위축되는 상황에서 백야는 자체적으로 경제 능력을 갖추어야 할 필요성을 절감하고 산시지역으로 옮겨 농지를 개간하고 정미소를 차려 경제적 어려움을 타개하고자 한 것이다. 이곳은 또한 김좌진을 중심으로 하여 조직된 한족총연합회의 근거지이기도 했다. 이곳의 정미소는 한족총연합회 이름으로 세워졌는데 인근 동포들의 편의 제공은 물론 활동자금을 충원하려는 것이었다. 그러나 장군은 바로 이 정미소에서 순국했다.

산시진(山市鎭) 도남촌(道南村)에 위치한 김좌진 장군의 구거지이며 순국지

인 이곳에는 산시중한우의광장이
조성되어 있다. 이곳에는 백야가
흉탄에 쓰러진 금성정미소를 비롯
해 독립운동을 도모했던 관련 시
설들이 조성되어 있다. 당연히 장
군이 1930년 1월 24일 박상실의
흉탄에 쓰러진 순국 지점도 표시
되어 있다. 이곳에는 큰 연자방아

해림 산시진 우의광장에 있는 김좌진장군 흉상

가 전시되어 있어 눈길을 끄는데
금성정미소에서 사용하던 진품이라고 한다. 금성정미소의 위치를 확증한
증거이기도 한 이 연자방아는 한동안 잃어버렸다가 추적 끝에 2013년에 찾
았다.

(4) 동녕요새

목단강시에서 자동차를 타고 동쪽으로 2시간 정도 가면 러시아와 국경을
마주하는 작은 국경도시 동녕현에 이른다. 목단강역에서 기차로 또 다른 국
경도시 수분하까지 이동한 후 버스로 동녕현까지 갈 수도 있다. 연변조선족
자치주 훈춘에서 러시아와의 국경을 접하며 건설된 도로로 동북향하여도
동녕현에 다다를 수 있다. 자동차로 3시간 정도 소요된다.

동녕현 소재지에서 택시로 20여 분 러시아와의 국경지역으로 나가면 만
주국 시기 일제가 러시아군의 공격에 대비해 바위산에 굴을 파 건설한 요새
가 자리하고 있다. 일명 훈산(勛山)요새이다. 요새 어귀에 소련군 동상과 '제
2차 세계대전의 제일 마지막 전장'이라고 쓴 비문이 눈에 들어온다. 이곳이
일본군이 최후까지 저항했던 곳임을 일깨워 준다. 새로 단장한 광장 한편에

동녕요새와 동녕요새군유지박물관 광장

는 요새를 탈환하는 과정의 처절했던 상황을 한눈에 살필 수 있도록 '동녕요
새군유지박물관'이 세워져 있다.

산중턱에 위치한 요새의 동굴 어귀에 이르면 당시 바위를 깎아 동굴을 만
들었던 노동자들의 고통과 절규가 절로 느껴진다. 층계를 따라 20m는 족히
내려가면 지하 요새의 위용이 그대로 드러난다. 동굴을 판 후 콩크리트로
동굴 천정과 양측 벽을 보완함으로써 견고하게 만든 동굴 안은 사방으로 뻗
어있다. 그리고 곳곳에 지휘실, 사관실, 사병실, 식당, 목욕실, 작전실, 창고
등이 자리하고 있었다. 자료에 따르면 당시 이 요새를 구축하는 데 동원된
노동자가 17만여 명에 이르며 이들은 대부분 현장에서 과로로 죽거나 공사
가 끝난 후 비밀 유지를 위해 일본군에 의해 죽임을 당했다고 한다. 실제 요
새 부근에서는 1만 구가 넘는 유골이 쏟아져 나왔다고 한다. 이곳에 동원된

노동자는 중국인은 물론 조선인들도 다수 포함되었다.

만주사변 후 일본군은 1933년 8월에 이르러 동녕지역을 점령했는데 이후이 지역을 소련군과의 전투를 위한 요새로 꾸미기 시작했다. 이에 따라 동녕현 삼차구(三岔口)진 지역에만도 일본군이 파 놓은 요새가 훈산요새 외에여럿 더 있는데 전체 동굴의 길이를 모두 합하면 110km에 이른다고 한다.소련군의 공격에 대비해 동녕현 일대에 건설된 요새들에만 일본군이 12만여 명이 주둔했다고 하니 그 규모를 짐작할 수 있다.

전쟁 막바지에 일본군은 동녕요새를 최후의 방어선으로 인식하며 소련군의 진격에 완강히 저항함으로써 피아간에 많은 피해가 발생했다. 특히 일본왕이 8월 15일 라디오를 통해 항복을 선언했음에도 불구하고 통신이 두절되어 항복 사실을 몰랐던 요새의 일본군은 타 지역에서 항복한 일본군 장교가 천왕이 항복한 사실을 알린 후에야 저항을 멈추었다. 이곳에서는 보름이 지난 8월 30일에야 전쟁이 종식됐다.

동녕지역에 일본군이 대거 주둔함에 따라 이 지역은 항일운동의 주요 격전지였다. 대전자령전투나 동녕현전투 등이 그것이다. 대전자령은 동녕현과 연변조선족자치주 왕청현 경계에 위치하고 있는데 이 전투는 민족주의계열 지청천 장군이 중국 자위군과 연합하여 싸운 전투였다. 동녕요새 내에세워진 박물관에는 김일성 등 인근 지역에서 활동했던 조선인들과 관련된자료도 다수 전시되어 있다.

4) 밀산(密山)

목단강시 동북쪽에 위치한 밀산시는 러시아와 국경 지대에 위치한 오지로서 계서(鷄西)시 관내에 속한다. 동남쪽으로 바다같이 거대한 담수호인 흥

밀산 봉밀산

밀산 흥개호

개호(興凱湖)가 러시아와 국경을 이루고 있고 서북쪽으로는 칠대하시와 접하고 있다. 홍개호는 4천400km²의 넓은 면적으로 서울의 7배에 달한다고 한다. 밀산시 중심부에는 해발 표고 574m의 봉밀산(蜂密山)이 우뚝 솟아 있는데 밀산이란 지명도 이 산에서 유래했다. 산봉우리의 암석과 수림 사이에 들벌이 무리를 지어 다니며 벌집을 짓고 빚은 꿀이 너무 많아 가을이 되면 집집마다 산에 올라 꿀을 땄다고 하여 봉밀산이라 불렀다고 한다.

밀산은 흑룡강성의 최변방에 위치한 오지여서 교통이 불편하지만 요즘은 기차는 물론 고속도로가 연결되어 목단강에서 3시간 남짓이면 당도할 수 있다. 비록 러시아와 국경을 접하고 있는 오지이지만 블라디보스토크에서는 직선거리로 270km 정도 떨어져 있다. 구한말 연해주지역에서 활동하던 조선인들이 접근하기에는 유리했다. 그 결과 이 지역은 일찍이 독립운동의 근거지로 점지되었다. 연해주지역에서 활동하던 권업회나 신민회가 밀산지역을 항일 무장투쟁을 위한 새로운 기지로 활용하기 위한 계획을 추진한 것이다.

조선인들이 밀산에 정착하여 살기 시작한 것은 밀산지역에서 황무지 개간을 위해 개간자들을 모집하기 시작한 1889년경부터로 알려져 있지만 1910년을 전후해 비교적 많은 사람들이 모여들기 시작했다.[63] 이 무렵 밀산지역에서는 이상설·이승희 등이 무장투쟁 기지로서 '한흥동' 건설에 박차를 가하고 있었고 신민회에서도 토지개간 사업과 함께 무관학교를 설립하기로 하고 김성무·이강 등을 밀산 '십리와'에 파견해 기지를 건설하고 있었다. 홍범도 장군도 1915년 7월경부터 2년여 동안 밀산지역에 들어와 활동하였다.[64]

밀산지역은 일제가 노골적 탄압을 시작하면서 서둘러 해외 활동 기지를 물색한 선각자들이 점지한 특별한 곳이지만 이후에도 독립운동의 중요한 기지로 활용되었다. 3·1운동 직후 중국 동북지역이 독립 무장투쟁의 무대로 전환되면서 1920년 봉오동전투를 시작으로 청산리전투 등 잇따라 무장투쟁이 전개됐다. 이에 일본군이 대대적인 독립군 토벌을 꾀하고 무고한 조선인들을 학살하는 경신참변을 획책했을 때 독립군은 이곳 밀산지역으로 모여들었다. 그리고 더 효과적인 독립운동을 위해 개별 독립군부대를 대한독립군단으로 결성했다. 이리하여 무려 3천500여 명에 이르는 대부대가 조직됐다. 또 독립운동의 인적·사상적 토대라고 할 수 있는 대종교도 일제와 동북군벌의 종교 탄압이 강화되자 이곳 밀산 당벽진으로 총본사를 옮겨 활동하였다. 밀산지역에는 대략 20여 개의 독립운동 관련 흔적이 있으나 위치를 비정하고 기념비 혹은 표식비를 세운 것은 일부에 지나지 않는다.[65]

밀산지역 조선족 사회는 연해주지역에서 넘어온 사람들과 후에 연변지역 등지에서 재이주한 사람들 중심으로 형성되어 함경도 출신이 많다. 현재 호적상 2만 6천여 명의 조선족이 사는 것으로 되어 있지만 여타 지역과 마찬가지로 실제 이곳에 거주하는 사람은 1만여 명도 안 된다. 현재 밀산에는 1곳의 조선족향과 17곳의 조선족촌이 있다. 밀산의 조선족동포들은 밀산지역의 특별한 역사성을 인식, 역내의 독립운동 역사는 물론 유적들을 복원하는 데 특별한 관심을 기울이고 있다. 그러한 노력의 일환으로 십리와에 유적기념비를 세운 데 이어 당벽진에 서일장군항일활동유적 기념비를 세웠다. 최근엔 한흥동의 위치를 비정하고 그곳에 유적지 기념비를 세우기 위한 준비에 박차를 가하고 있다.

(1) 서일총재항일투쟁유적지

밀산 시내에서 차를 타고 러시아로 나가는 해관 방향으로 40여 분 가다 보면 멀리 흥개호가 보이는데 그 오른쪽으로 '서일총재항일투쟁유적지'라

밀산 서일총재항일유적지 기념비

는 기념비를 만나게 된다. 행정구역상 밀산시 당벽진에 해당하는데 바로
길 옆에 위치하고 있어 쉽게 찾을 수 있다. 기념비는 총 2천m²에 달하는 부
지 위에 길이 6.5m, 높이 2.5m, 두께 1m, 무게 40여 톤의 화강암으로 제작됐
다.[66] 유적지 조성은 우선 약 20만 위안을 들여 2015년에 1차 공사를 끝냈지
만 주변의 조경 등 2차 공사는 미루어 둔 상태이다.

　서일 총재의 항일 투쟁 관련 기념비를 이곳에 세운 것은 이 지역과 서일
총재의 특별한 인연을 되새기기 위한 것으로 보인다. 1920년 말 청산리대첩
후 독립군부대가 일제의 독립군 대토벌을 피해 밀산지역으로 들어왔는데 9
개의 부대가 당벽진에 모여 대한독립군단을 결성하고 서일을 총재로 추대

하였다. 이듬해 6월 서일 총재는 자유시사변으로 인한 슬픔을 억누르고 이곳 당벽진에서 병사들을 모아 둔병제를 실시하며 무장 독립 투쟁을 견지해 나갔다. 그러나 그해 8월 비적들의 습격을 받아 병사들을 잃게 되자 깊은 시름에 잠겼던 서일 총재는 인근에 있는 숲속으로 들어가 대종교의 조식법으로 스스로 목숨을 끊었다. 서일 총재의 순국지는 기념비에서 동쪽 방향의 홍개호로 가는 길 옆에 있다.

이곳을 서일 총재의 항일 투쟁 유적지로 정하고 기념비를 세운 것은 온전히 밀산지역 조선족동포들의 노력의 결과이다. 군이 말하자면 서일 총재가 이곳 밀산에서 활동한 기간은 1년도 채 되지 않는 짧은 기간이지만 동포들은 그 짧은 기간 동안 대한독립단 총재로서 그가 행했던 항일 투쟁의 의지와 결기를 높이 평가한 것이다. 조선족동포들의 노력을 밀산시정부가 적극 지지함으로써 가능했다고 할 수 있다. 물론 유적지 조성의 뜻을 헤아려 필요한 경비를 지원한 한국인과 조선족 기업가들의 마음도 빼놓을 수 없다.

(2) 십리와항일투쟁유적지기념비

십리와(十里洼)는 밀산시 동북쪽에 위치한 홍개진(興凱鎭)의 비덕강 북쪽 넓은 지역을 칭하는 말이다. 넓은 지역이 지대가 낮아 사시장철 물이 고여 있는 습지여서 교통이 불편한 사정을 반영해 주민들에 의해 붙여졌다. 십리와의 와(洼) 자는 '지대가 낮고 물이 고인 곳'을 뜻하는 글자이다. 지금은 도로도 잘 닦여 있어 교통도 편리하고 관개를 잘 하여 습지는 옥토로 변하였다. 바로 이 지역이 안창호 선생 등이 모금한 돈으로 땅을 사 조선인들을 이주시켜 항일 독립운동 기지로 건설한 십리와농장이 있던 곳이다.

'십리와항일투쟁유적지기념비'가 홍개진 홍농촌 뒷산에 세워진 것은 2009년에 이르러서다. 뒤늦은 감이 있지만 항일 투쟁의 현장을 후세에 널리 알리려는 밀산 현지 조선족동포들과 한국 독지가들의 노력의 결과이다. 조선족마을인 홍농촌이 기념비 건립을 위해 마을 뒷산을 기꺼이 희사한 것도 일이 성사되는 데 기여했다. 기념비는 약 1만m² 면적의 소나무 숲에 산동성에서 가져온 대리석을 기단을 만들고 사천성의 백옥돌을 높이 2m, 넓이 1m로 깎아 한글과 중문으로 비문을 새겨 넣는 형태로 만들었다.

밀산의 십리와 항일 투쟁 유적지는 일제에 나라를 빼앗기게 되자 해외에 독립운동기지를 건설할 필요성을 자각한 선각자들이 초기에 점지한 곳이다. 안창호를 중심으로 하여 결성된 신민회는 일제의 탄압을 피해 해외에 독립운동 기지를 건설하기로 하고 그 대상지로 밀산지역을 택했다. 그리고 이곳에 이강 · 김성무 등을 파견해 토지를 매입토록 하였다. 거금 5만 달러를 모금해 약 3백만 평의 토지를 매입해 500여 가구 2천여 명을 이주시켜 마을을 형성했다. 해외 독립운동 기지의 토대가 마련된 것이다.

이곳에 마을이 형성되자 1911년 안창호를 비롯한 신민회 지도자들이 직접 방문해 현장을 살펴봤으며 1915년에는 홍범도가 합류하여 힘을 합했다. 2년이 넘는 동안 이곳에 머문 홍범도는 함께 온 병사들을 조직해 군사훈련을 하면서 학교를 꾸려 인재를 양성하는 한편으로 농

십리와 항일투쟁유적지기념비

밀산 십리와항일투쟁유적지기념비

지를 만들기 위해 습지를 개간했다. 홍범도는 20여 리 떨어진 비덕강 물을 끌어들여 수전(논)을 만들었는데 당시 홍범도가 앞장서 개간한 수로를 '홍범도 고랑(도랑)'으로 불렀다. 100여 년이 지난 지금도 홍농촌에서는 이 도랑을 이용하고 있다고 한다.[67]

(3) 한흥동터

한흥동(韓興洞)은 일제의 탄압으로 대한제국의 운명이 풍전등화와 같은 상황에서 밀산의 홍개호반 인근으로 집단 이주한 조선인들이 '대한제국을 부흥시킨다'는 뜻으로 부른 마을 이름이다. 한흥동은 백포자향 일대에 처음 세

밀산 한흥동터로 알려진 염호촌 표식비

워졌으며 '고려영'으로도 불렸다. 그러나 한국 학계에서는 아직 한흥동의 정확한 위치를 비정하지 못하고 있다. 오랜 역사가 흐르고 당시의 기록은 물론 증언을 확보하지 못했기 때문이다. 그래서 한흥동에 대한 구체적인 근거를 마련하지 못한 채 당시의 이야기들만 전설처럼 전해지고 있다. 그러나 최근 밀산 조선족 사회에서는 한흥동의 위치를 구체화하고 이곳에 기념비를 세우기 위한 준비를 진행 중에 있다. 위치는 흥개호 가까이에 있는, 백포자향 염호촌 3조가 자리잡고 있는 곳이다.

한흥동의 건립은 이상설을 중심으로 하는 독립운동 세력이 이곳에 땅을 구입하고 1909년에 이르러 대유학자인 이승희가 직접 나서 이주민 100여

호를 정착시키면서 구체화됐다. 이것은 시간적으로 볼 때 안창호 등 십리와 농장을 세운 것은 물론 신민회가 주축이 되어 유하 삼원포에 경학사를 세운 것보다 더 빠르다. 이승희는 4년여 동안 한흥동에 머물면서 '민약'을 만들어 마을사람들의 단결을 도모하는 등 마을의 기초를 다졌으며 마을이 자리를 잡자 '한민(韓民)학교'를 세워 직접 교재를 만들어 학생을 가르치기도 했다.

그러나 1913년경에 이르러 독립운동 기지로서 한흥동 건설에 변화가 생겼다. 연해주지역 독립운동 진영의 내분으로 자금 지원이 어렵게 되면서 기지 건설이 위축되었으며 이승희도 한흥동 건설과 관련된 일을 다른 사람에 맡기고 서간도지역으로 떠났다. 그러나 한흥동의 명맥은 만주사변이 발발해 마을이 강제로 폐지될 때까지 지속됐다. 특히 홍범도가 1915년 십리와농장에 들어오자 한흥동에도 무관학교를 세워 홍범도를 교관으로 초빙하기도 했다.

한흥동이 설립된 과정은 십리와농장이 설립되는 과정과 유사하다. 해외 독립운동 기지를 세울 필요성을 절감한 선각자들이 밀산을 적지로 생각하고 이곳에 마을을 세운 것이다. 그럼에도 불구하고 밀산에 독립운동 기지로 두 곳의 조선인 마을이 형성된 것은 독립운동의 방략에 대한 생각의 차이 때문이었다. 독립운동의 방향과 관련해 당시엔 크게 두 가지 흐름이 있었는데 하나는 안창호 등을 중심으로 하는 공화주의파이고 다른 하나는 이상설 등 조선을 계승한 대한제국을 재건하려는 왕정 복벽주의파이다. 복벽주의파에는 조선이나 대한제국에서 벼슬을 했거나 유림으로서 의병을 했던 사람들이 참여했다.

5. 백두산지역

1) 백두산 개관

한국 사람들은 백두산에 특별한 애정이 있고 그런 만큼 많은 관심을 가지고 있지만 구체적 사안에는 다소 둔감한 것 같다. 백두산은 하나의 산봉우리가 아니라 주변의 모든 봉우리를 망라한 광의의 의미의 명칭이다. 천지를 둘러싸고 있는 2천500m가 넘는 봉우리만도 22개나 된다. 대체로 백두산을 한민족과의 관계 속에서만 생각하지만 백두산을 특별히 생각하는 다른 민족도 있음을 간과한다. 오랫동안 백두산 주변에서 살아온 만주족(여진족)이 그들이다. 백두산 주변에는 만주족의 시조와 관련된 설화도 있다. 백두산이 북한과 중국의 경계를 이루고 있어 북한에서도 정치적으로 백두산에 각별한 관심을 기울이고 있다. 그런 연유로 백두산에 대한 주장도 나라마다 차이가 있다.

명칭도 남한과 북한은 공히 백두산으로 부르지만 중국은 장백산(長白山)으로 부른다. 하지만 중국도 1980년대 초까지는 백두산으로 불렸다. 등소평이 1983년 백두산에 올라 장백산이라는 휘호를 쓴 후부터 장백산이라는 이름이 널리 쓰이기 시작했다는 것이 정설이다.[68] 백두산의 여러 봉우리 중 주봉의 이름을 한국은 병사봉으로, 북한은 장군봉으로 부른다. 중국은 백두산을 장백산이라 부르며 백두산의 주봉도 중국 쪽에서 제일 높은 백운봉을 칭하는데 그 이름도 백두봉 또는 장백봉이라 부른다. 한국에서는 백두산의 높이를 2천744m로 기록하고 있다. 그러나 북한은 2천750m, 중국은 2천749.6m라고 주장한다. 산의 높이는 산 아래의 평지부터가 아니라 통상 해수면에서부터 높이를 측정하는데 각 나라마다 고도 측정의 기준이 되는 수준원점(水

準原點)이 다르기 때문이다. 측정하는 기준이 다르니 백두산의 높이도 다를 수밖에 없다.

백두산은 해발 2천155m 되는 곳에 위치한 거대한 화산 분화구에 물이 고여 형성된 천지(天池)를 2천500m 이상의 봉우리 22개가 둘러싸고 있는 산계(山系)로서 한반도와 중국 동북지역에 넓게 걸쳐있다. 북한과 중국이 1962년에 체결한 조중변계조약에 의거해 천지의 54%가 북한 측에 속한다. 백두산 천지 주변에 있는 2천500m 이상의 봉우리 22개 중 북한 측에는 6개, 중국 측에는 11개가 속해 있다. 제운봉 등 5개 봉우리는 북한과 중국의 경계에 걸쳐 있다.

백두산의 범위에 대한 인식에도 나라별로 차이가 있다. 중국은 대체로 북쪽으로는 연변조선족자치주의 안도현 송강진까지, 서쪽으로는 길림성 무송현까지, 동쪽으로는 서두수까지, 남쪽으로는 개마고원 갑산까지로 남북 길이 310km, 동서 넓이 200km의 광범위한 지역을 이른다. 한국은 천지 중심의 마그마 활동으로 화산암이 널려있는 지역을 백두산의 범위로 말하는데 남북 길이 400km, 동서 넓이 240km로서 북한지역에 속한 넓이만도 전라북도 지역과 비슷한 8천km²에 이른다.[69] 그러나 백두산의 협의의 범위는 한국과 중국 모두 백두산의 주봉들을 중심으로 칭하고 있다.

백두산을 오르는 공식적인 길은 동서남북 방향으로 모두 네 곳이 있다. 중국 측에서 북파, 서파, 남파 등 세 곳으로 오를 수 있고 북한측에서는 한 곳으로만 오를 수 있는데 굳이 중국식으로 방향을 말하자면 동파라고 할 수 있다. 네 곳이 모두 특색이 있지만 천지의 물이 달문을 통해 흘러내려 웅장한 비룡폭포(장백폭포)를 만들어 내는 중국 측의 북파가 여러 가지 볼거리를 지니고 있다고 할 수 있다. 예전에는 북파로 오를 경우 비룡폭포 옆으로 난 터널을 통해 달문을 거쳐 천지까지 다가갈 수 있었다.

한국인이 백두산으로 가는 길은 당장은 중국으로 가는 방법밖에 없다. 연변조선족자치주 주도인 연길에서 자동차를 이용해 가는 것이 가장 일반적이다. 연길에서 이도백하까지는 자동차로 약 3시간 소요된다. 용정에서 기차를 타고 이도백하까지 가서 다른 차편을 갈아타는 방법도 있다. 이 경우에도 3시간 정도 소요된다. 최근엔 백두산 서파 부근에 공항이 생겨 비행기를 이용하는 사람이 늘었다. 그러나 이곳 공항은 국제선이 연결되지 않아 한국에서 가려면 중국내 국제선 공항을 경유해야 한다. 연길 공항에서도 백두산공항까지 가는 노선이 있다. 요즘은 중국 동북지역의 도로사정이 좋아 심양이나 장춘 등지에서도 고속도로를 이용해 백두산에 가기도 한다. 그러나 가능한 연길공항을 이용하면 연변조선족자치주의 풍물을 접하는 등 특별한 묘미를 즐길 수 있다. 이 지역에 산재해 있는 독립운동 역사를 직접 접하는 것은 덤이다.

2) 백두산과 국경 문제

한민족에게 있어서 백두산은 특별한 의미가 있다. 단군신화에서 비롯된, 민족의 성산(聖山)으로서의 이미지가 깊게 각인되어 있기 때문이다. 실제로 백두산은 고조선 부여 고구려 발해 시대를 거치며 우리 민족과 함께했다. 그러나 발해가 거란족의 요나라에게 패한 이후부터 조선의 세종이 4군6진을 개척할 때까지 한민족이 지배하는 영역에서 떨어져 있었다. 즉 1440년대 4군6진이 개척되면서 두만강-백두산-압록강이 중국 동북지역과 경계를 이루게 되어 한쪽만이라도 한민족과 다시 인연을 맺게 되었다.

그러나 1600년대 들어 백두산 북쪽 지역을 근거지로 하여 살아오던 여진족이 세력을 키워 청나라를 세우면서 백두산을 둘러싸고 한민족과 여진

백두산 천지

족 간의 긴장관계가 형성됐다. 그 결과 1712년 조선과 청나라는 양국 관리를 파견해 백두산 주변의 경계를 획정하기 위한 담판을 하여 이른바 백두산정계비를 세웠다. 백두산정계비는 그 위치가 백두산 동남쪽 4km 지점에 있을 뿐 아니라 경계에 대한 표현도 애매해 결국 조선과 청나라 간의 분쟁의 빌미가 됐다. 이에 따라 1800년대 말 조선과 청나라는 수차례에 걸쳐 경계 문제를 두고 담판을 벌였으나 해결하지 못했다. 논쟁이 된 부분은 정계비에 적힌 토문강(土門江)에 대한 해석과 관련된 것이었다. 조선은 송화강 지류인 토문강으로 인식한 반면 청나라는 두만강을 지칭한다고 주장한 것이다.

백두산정계비를 두고 펼쳐진 조선과 청나라의 분쟁은 조선과 청나라가 일제의 침략 대상이 되면서 엉뚱한 방향에서 정리됐다. 조선의 해석을 지지하는 입장을 취하던 일제가 1909년 이른바 '간도협약'을 통해 청나라의 입장을 지지하고 나선 것이다. 결국 청나라는 일제로부터 백두산정계비에 대한 지지를 얻어내는 대신 일제가 중국 동북지역을 침략하기 위한 발판을 구축할 수 있도록 갖가지 이권을 제공했다. 조선은 이듬해인 1910년 일제의 완전한 식민지가 됨으로써 더 이상 간도협약의 부당성을 주장할 수 없는 처지가 되었다. 그리고 일제에 의해 만주사변이 발발한 후 백두산정계비는 흔적도 없이 사라졌다.

일제의 패망과 함께 광복을 맞았으나 남북이 분단되고 국제사회는 이념적 대립에 의한 냉전체제로 편이 나뉘면서 남한 사람들은 백두산에 접근할 수 있는 길이 막혔다. 그러나 냉전체제가 종식되고 1992년 8월 한중수교가 이루어지면서 남한 사람들도 중국 동북지역에 갈 수 있게 되어 요즘은 누구나 백두산에 쉽게 오를 수 있다. 반면 북한 사람들은 중국과 이념적 유대를 갖고 우호적 관계를 유지함에 따라 백두산에 대한 다툼을 하지 않았다. 국경 문제가 중요한 이슈가 되지 않음에 따라 묵시적으로 이전과 같이 두만강-백두산-압록강 선을 경계로 인정하였다고 할 수 있다.

그러나 1950년대를 거치면서 사회주의진영 내에서 이념 분쟁이 일어나고 국경에 대한 다툼이 벌어지게 되자 북한과 중국도 더 분명하게 국경을 정할 필요를 느끼게 되었다. 이에 따라 1962년 10월 김일성과 주은래가 회담을 갖고 전문 5조로 된 '조중변계조약'을 체결하였다. 이 조약은 1964년 3월 박성철과 진의(陳毅) 두 외무장관 사이에 '조중변계의정서'가 체결되면서 발효되었다. 그러나 이 조약은 철저하게 비밀에 부쳐져 1990년대 말까지 세상에 알려지지 않았다. 그에 따라 "김일성이 백두산을 중국에 팔아넘겼다"는 등의 유언비어가 떠돌아 일부 사람들을 자극하기도 했다.

북한과 중국은 지금도 공식적으로는 조약 내용을 공개하지 않고 있으나 백두산 주변에 경계석을 세우는 형태로 합의한 내용을 이행하고 있다. 북한과 중국 간에 이루어진 경계의 내용을 정리하면 다음과 같다. 첫째, 두만강과 압록강이 발원된 곳부터는 두 강을 경계로 하고 있다. 둘째, 두만강과 압록강 상의 섬 중에는 북한 측이 관할하는 것이 다수이다. 예컨대 두만강 상의 온성섬이나 압록강 상의 황금평 위화도와 같이 섬이 중국 측에 붙어 있어도 북한 소유로 인정하고 있다. 셋째, 두만강과 압록강이 발원하기 전 백두산 언저리는 경계석을 세워 경계를 표시한다. 양측은 앞서 압록강 발원지 근처에 1호 경계석을, 천지 서쪽 끝에 5호 경계석을 세웠다. 그리고, 천지 동쪽 끝에 6호 경계석을, 두만강 발원지 근처에 21호 경계석을 세웠다. 하지만 2009년 경부터 두만강 발원지 경계석이 21호에서 69호로 바뀐 것으로 볼 때 이 무렵부터 경계석의 번호가 전체적으로 바뀌었을 것으로 보인다.

3) 백두산 지형 및 지질[70]

백두산은 지질학상으로 약 7천만 년 전인 지질연대 제3기 백악기 말에 분출한 염기성 조면암과 그 후 제4기 홍적기에 다시 분출한 유동성 많은 현무암으로 뒤덮인 어스피리 용암고원이 조성되어 일명 천명이라고도 불리는 고산고원을 이루고 있다. 해발 1800미터까지 수해(樹海)를 이루어 정상의 봉우리는 그 이름과 같이 회백색의 경석질 사력층으로 뒤덮여 백두산은 돔형의 복잡종상 화산으로 솟아 있다. 『이조실록(李朝實錄)』에 따르면 선조(宣祖) 30년, 현종(顯宗) 9년, 숙종(肅宗) 28년(1702)에 백두산 화산이 분출하였다고 한다.

백두산 사정에는 함몰된 천지 용담(龍潭)이라고 부르는 면적 7㎢의 화산호(火山湖)가 태고의 청수(淸水)를 담고 있는데, 그 길이 4.5㎞, 너비가 12㎞, 수심이 370m, 고도가 2.26m로 장엄한 경관이 심장형으로 전개되어 있다. 백두산 천지의 깊이는 1929년 여름 영국인 홈스의 31m설과 독일인 로젠버그의 300m이상 설, 1930년 미국인 모리츠와 영국인 부우츠 두 사람의 312.7m설이 있으나, 오늘날에는 370m로 확정되었다. 천지의 물은 북쪽 백암산(白岩山)과 차일봉(遮日峰)사이 달문(達文)이라고 불리는 화구벽의 틈을 통해 높이 68m의 비룡폭포(장백폭포)로 떨어져 협곡을 따라 북쪽의 동북 평원을 지나는 송화강(松花江) 상류가 되고 있다.

일반적으로 압록강(鴨綠江)과 두만강(圖們江)도 천지가 원류라고 하나, 실제로 이 두 강은 동남쪽 호반(湖畔)과 삼지연(三池淵)에서 압록강을 서쪽으로 흐르게 하고, 동쪽 적봉(赤峰) 단지와 기슭에서 두만강의 원두곡류를 찾을 수 있을 뿐이다. 송화강처럼 천지물이 원류가 되는 것은 아니다. 즉 실제 천지물이 흘러내리는 것은 송화강이 유일하다.[71]

백두산은 사화산(死火山)이 아니라 휴화산(休火山)이다. 따라서 언제든지 다

백두산 천문봉에 있는 안내도

시 화산 폭발이 일어날 수 있다는 것이다. 백두산의 화산 폭발과 관련, 그동안 발해의 멸망이 이와 관계가 있다는 주장이 그럴듯하게 떠돌았으나 최근 사실이 아니라는 연구 결과가 나왔다. 미국과 중국 영국 등 국제 공동 연구팀은 백두산에서 화산 폭발이 서기 946년 10월에서 12월 사이에 발생했다고 연구 결과를 발표했다. 백두산 화산 폭발 당시 뜨거운 용암에 뒤덮여 죽은 낙엽송의 화석을 이용한 이 연구는 백두산 화산 폭발이 발해 멸망 20년 뒤에 일어났다고 밝힘으로써 그동안 떠돌던 얘기가 사실이 아님을 밝혔다.[72]

이런 가운데 최근 백두산의 화산 폭발 가능성에 대한 주장이 잇따르고 있어 세인의 관심이 커지고 있다. 부산대 지구과학교육과 윤성효 교수는 2015

년 4월 연합뉴스에 백두산 화산이 활성화하려는 조짐이 최근 뚜렷하게 나타나고 있어 예의 주시해야 한다고 말했다. 그는 2009년부터 침강하던 백두산 천지 칼데라 외륜산의 해발이 2014년 7월부터 서서히 높아지는 것으로 나타났다며 이같이 주장했다. 중국 국가지진국 지질연구소 활화산연구센터와 공동으로 전자 거리측정기를 이용해 해발을 측정한 결과 이 같은 결론에 도달했다고도 밝혔다. 그는 또 "해발, 온천수 온도, 헬륨 농도가 모두 상승 또는 증가하는 것은 마그마의 뜨거운 기운이 점차 위로 올라오고 있다는 것을 뜻한다."고 강조했다.[73]

백두산의 화산 폭발 가능성이 제기되면서 북한도 백두산의 화산 폭발 가능성을 염두에 두고 예의 주시하고 있다. 최근엔 영국 등 외국 연구자들과 공동으로 연구를 진행해 백두산 아래 마그마가 존재한다고 밝히기도 했다. 이에 대해 한국 측 연구자들은 백두산에 마그마가 존재한다는 것은 폭발할 수 있다는 의미라고 분석했다. 이런 상황에서 북한이 백두산 인근에서 잇따라 지하 핵실험을 하는 것이 백두산의 화산 폭발에 영향을 미칠 것이라는 분석이 제기되고 있다.

연세대학교 지구시스템과학과 홍태경 교수는 2016년 2월 국제학술지에 발표한 논문에서 "북한이 강행한 1-3차 핵실험 지진파를 분석한 결과 핵실험으로 발생한 지진이 규모 7에 이르면 백두산 분화를 촉발할 수 있다."고 주장했다. 홍교수는 또 "백두산 마그마 위치와 북한 핵실험이 일어난 함경북도 풍계리 위치는 116km밖에 떨어져 있지 않다."며 "백두산 지하의 마그마 방에 마그마가 가득 차 있는 상태에서 지진이 압력을 가하면 화산 분화를 촉진하는 크리거링 효과를 낼 수 있다."고 말했다. 연구 결과는 북한이 2006년과 2009년, 2013년에 핵실험 때 관측된 지진파를 활용해 시뮬레이션한 것이다.[74]

백두산 비룡폭포

1.

한민족은 수많은 외침을 받으면서 면면이 역사를 이어 왔다. 그 영역은 한반도는 물론 중국 동북지역을 포함한다. 일부 동의하지 않는 사람도 있지만 혹자들은 900여 차례 이상의 외침(外侵)을 받았다고 말하기도 한다. 그 과정에서 백성들이 겪어야 했을 아픔은 짐작하고도 남음이 있다. 외침을 받아 전장에서 희생된 사람들과 함께 포로로 잡힌 병사들이나 강제로 끌려간 백성들도 부지기수였다.

한민족이 겪었던 슬픈 역사는 1800년대 후반 들어 근대화가 시작된 이후에도 되풀이됐다. 먼저 근대화를 이룬 일제가 강압적으로 압박하자 나약한 나라를 대신해 백성들이 의병을 일으켰지만 조선은 식민지로 전락하고 말았다. 백성들은 다시 평화적으로 혹은 무장투쟁으로 일제에 맞섰다. 일제의 식민지배에 맞서 싸운 한민족이 독립을 위해 무장투쟁을 일으킨 주무대는 중국 동북지역이었다.

일제가 조선을 병탄한 1910년경 중국 동북지역에는 이미 20만여 명의 조선인들이 이주하여 살아가고 있었다. 두만강과 압록강을 경계로 한 이 지역은 지리적으로 한반도와 가까울 뿐 아니라 다수의 조선인들이 정착해 살아가고 있다는 점에서 힘을 기르며 일제로부터 독립을 준비하기에 안성맞춤이었다. 뜻있는 이들은 전 재산을 팔아서 가솔을 이끌고 고향을 떠나 이곳으로 망명해 목숨을 걸고 투쟁했다.

중국 동북지역으로 이주한 사람들이 모두 독립운동에 나선 것은 아니었다. 일부는 먹고살기 위해 넓고 비옥한 땅을 찾아 이곳으로 이주했다. 그러나 이곳에서의 삶은 그야말로 고난의 연속이었다. 초기 이주자들은 산짐승과 싸우며 특별한 쟁기도 없이 맨손으로 거친 땅을 개간해야 했다. 벼농사를 위해 몸을 써서 물길을 만들어 수전을 개발하기도 했다. 나중에 이주 대열에 합류한 사람들은 땅의 권리를 확보하는 데 어려움을 겪었다. 먼저 이곳에 자리잡은 한족이나 현지 관리들의 부당한 요구에 맞서야 했고 마적들의 약탈에도 대비해야 했다. 일제가 동북지역을 침략하면서는 그들의 착취로 고통을 당해야 했다.

그러나 독립운동을 위해 이주하지 않았다고 하여 이들의 삶이 독립운동과 무관한 것은 아니었다. 중국 동북지역에서 살아간다는 이유만으로도 이들은 독립운동을 위한 든든한 후원자였을 뿐 아니라 조력자였다. 특별한 경우에는 직접 독립운동에 뛰어들어 독립투사가 되어야 했다. 독립운동을 하지 않아도 이런저런 이유로 일제에 감시당하는 것은 물론 극단적 피해를 감당해야만 했다. 중국 동북지역이 독립운동의 무대가 된 후 이곳에 사는 한민족은 어떤 이유로든 일제와 맞서 싸우거나 일제의 탄압을 받는 그런 존재였다.

2.

한민족이 다시 중국 동북지역과 관계를 맺게 된 것은 발해가 멸망한 후 900여 년이 훌쩍 지난 뒤의 일이다. 고구려가 나당연합군에 의해 패(668년)한 후 대부분의 고구려 영토가 당나라에게 넘어가게 되어 동북지역은 한민족의 영역에서 멀어져 갔다. 30년 후 발해가 건국(698년)되면서 다시 인연이 이어졌지만 228년 후 거란에 의해 발해가 멸망(926년)하자 이 지역과는 거리를 두어야 했다.

이후 한민족의 삶의 무대는 한반도 안으로 제한됐다. 두만강과 압록강이 중국 동북지역과 경계를 이루게 된 것도 500여 년이 지난 뒤인 조선 세종 때에 이르러 4군6진이 개척된 15세기 전반기에 이르러서였다. 그리고 다시 400여 년의 세월이 흐른 19세기 말에 이르러 한민족은 살 길을 찾아 중국 동북지역으로 이주를 시작했다.

한민족이 한반도 안에 갇혀 살아가는 동안 경계를 접한 채 밀고 당기는 등 부대끼며 살았던 민족은 한족도 있었지만 거란족 · 몽골족 · 여진족(만주족) 등 대부분 북방민족이었다. 이들은 중국 동북지역을 포함한 이 지역에서 수 천 년을 함께 살아오며 때로는 부딪치고 때로는 융합하면서 역내의 질서와 역사를 만들어 왔다. 수많은 외침을 당해 온 한민족에게는 고난의 시간이었지만 그 역사는 결코 단선적인 것만은 아니었다. 특히 만주족과는 오랜 역사 속에서 이웃하여 살아오면서 특별한 인연을 만들어 왔다.

여진족은 청나라를 건국(1636년)한 후 족명을 만주족으로 바꾸었으며 두만강과 압록강 주변지역을 봉금지대로 설정(1673년)해 여타 민족이 이 지역에 들어가지 못하게 하였다. 조선도 이에 화답해 월강금지령을 내렸다. 오랜 기간 이어져 온, 뺏고 뺏기는 역사가 끝나고 두만강-백두산-압록강을 경계로 하여 한반도와 중국 동북지역이 정치사회적으로 분리되었다. 동북아시아는 아직 근대적 정치 질서를 형성하지 못했지만 이곳에서는 나라와 나라의 경계를 구체화하는 그러한 질서가 만들어지기 시작한 것이다.

두만강-백두산-압록강 대안지역이 봉금지대로 설정되고 도강금지령이 내려짐에 따라 한민족이 중국 동북지역으로 들어가는 것은 원천적으로 차단되었다. 그래서 중국 동북지역, 특히 북간도와 서간도 지역은 한민족이 다시 이주할 무렵 사람이 살지 않는 무주공산 지역으로 남아 있었다. 그런 점에서 이 기간은 한민족이 다시 중국 동북지역과 인연을 맺을 날을 준비하는 시간이었는지도 모른다. 먼저 근대화를 이룬 서양세력에 의해 동북아시아 국가들이 근대화를 강요받으면서 상황은 변했다. 쇠약해진 청나라가 봉금정책을 폐지(1881년)하고 조선인들은 먹고 살 길을 찾아 두만강과 압록강을 건너 중국 동북지역으로 이주를 시작했다. 한민족이 다시 중국 동북지역과 인연을 맺게 된 것이다.

3.
　동북아시아 국가들은 근대를 수용하는 과정에서 각기 다른 입장을 취했다. 청나라는 역내의 강자로서 그 필요성을 인정하지 않은 채 어떻게 하면 제국의 위상을 유지할 수 있을 것인지를 생각하며 수동적으로 근대를 맞이했다. 조선은 대국인 청나라를 바라보며 역사가 바뀌는 전환기적 상황을 애써 외면하였다. 그러나 일본은 서양의 문호개방 요구를 적극 수용하며 서둘러 근대화를 추진하였다. 그리고 아시아 국가면서 아시아를 벗어나 서양과 같은 나라가 되겠다는 탈아입구(脫亞入歐)의 목표를 추구했다.

　근대를 수용하는 과정에서의 이 같은 입장 차이는 이후 동북아시아에서의 질서 변화에 결정적인 요인으로 작용하였다. 적극적으로 서양 문물을 받아들인 일본은 동북아시아의 새로운 강자가 되어 침략국이 되었고 조선은 근대를 이루지도 못한 채 일본의 식민지로 전락(1910년)했다. 그리고 청나라는 서양의 제 세력에게 갖가지 수모를 당하다 끝내 멸망(1911년)의 길로 들어섰다.

　사실상 1800년대 말부터 시작된 20세기 한민족이 겪은 슬픈 역사는 이렇게 근대를 수용하는 과정에서 올바로 대처하지 못한 때문이었다. 세상을 뒤바꾸어 놓은 역사의 소용돌이 속에서 세상이 어떻게 변하고 있는지 그것이

어떤 결과를 가져올 것인지를 헤아리지 못한 무지로 인해 나라는 식민지로 전락했고 백성은 그 대가로 피 흘리며 암울한 세월을 살아야 했다. 역사는 우리에게 '결과로서의 역사 문제'가 아니라 '진행되고 있는 역사를 대하는 태도의 문제'가 중요하다는 교훈을 일깨워 준다. 역사를 바라보는 시각, 역사의 트렌드를 파악할 수 있는 안목, 그리고 그것을 현실에 적용하려는 자세가 무엇 보다도 중요하다는 것이다.

역사는 반복된다고 한다. 그래서 우리는 21세기를 맞이하며 20세기를 맞이했을 때의 암울한 역사가 되풀이될 것을 경계했다. 그러한 우려가 진심이라면 우리는 지금 다음과 같은 질문에 스스로 답해야 한다. 21세기의 새로운 역사적 트렌드는 무엇인가? 우리는 지금 역사가 나아가고 있는 방향을 제대로 파악하고 있나? 우리는 바람직한 미래를 위해 스스로 파악하고 있는 역사적 트렌드에 공감대를 형성하고 그것을 현실에 적용하기 위해 노력하고 있나?

21세기의 역사적 트렌드는 경계를 짓기보다 소통하고, 특정한 것을 고집하기보다 융합하고, 자기만의 세상을 구축하기보다 함께 더불어 살아가는 것을 지향한다. 이러한 현상은 국제 질서에서도 통용되고 있다. 이렇게 보면 국민을 단위로 하여 다른 국가와의 경계를 높이 세우고, 민족을 중심으로 형성된 국민국가의 이익만을 추구하던 근대적 국가의 모습은 오늘날의 새로운 역사적 트렌드에 적합하지 않다. 비록 많은 국가들이 여전히 그와 같은 모습을 보이고 있음에도 말이다.

새로운 역사적 트렌드에 따라 시급히 질서를 재정립해야 할 지역 중의 하나가 근대화 이후의 갈등과 대립의 역사가 이어지고 있는 동북아시아이다. 특히 한국과 중국 그리고 일본 세 나라는 시대 상황에 맞춰 소통하고 교류하면서도 아직 20세기에 겪었던 역사적 유산을 정리하지 못한 채 갈등과 대립을 반복하고 있다. 따라서 더 희망적인 미래를 준비하지 못하고 있다. 어떻게 갈등과 대립의 역사를 끊어 내고 새로운 미래를 만들어 낼 것인가?

4.

"역사의 길은 네프스키광장의 탄탄대로와 같은 것은 아니다. 그것은 때로는 광야를 횡단하고 어떤 때는 나락 위를 넘는다. 여기서는 흙모래를 뒤집어쓰고 저기서는 진창에 빠진다." 러시아의 혁명적 민주주의자인 체르니셰프스키가 한 말이다. 중국 동북지역으로 이주해 이곳에서 독립운동에 나선 조선인들은 체르니셰프스키의 이 말을 이미 헤아리고 있었음이 틀림없다. 그들은 새로운 역사의 길을 만들기 위해 흙모래를 뒤집어쓰고 진창에 빠지는 것보다 더 험한 길을 스스로 선택했다.

그 선택은, 작게는 조선의 독립을 목표로 했지만 크게는 동양의 평화를 위한 것이었다. 한국과 중국 그리고 일본 3국 간 협력을 토대로 동양의 평화를 달성하자는 안중근의 동양평화론이 구체적인 사례이다. 홍암 나철도 일본의 총리대신 등에게 서신을 보내 동양 평화를 위해 독립을 보장하라고 촉구했다. 독립 무장투쟁을 천명한 무오독립선언에 서명한 39인의 독립운동 지도자들이 육탄혈전(肉彈血戰)을 통해 독립을 추구한 것 역시 궁극적으로 동양 평화를 보장하고 인류 평등을 실시하기 위한 과정이었다.

100여 년 전 그 엄혹한 시대 상황 속에서 동양 평화를 갈망했던 선열들의 혜안은 오늘날에도 유효하다. 실제로 2000년대에 들어서면서 동북아시아공동체라는 이름으로 역내의 국가와 민족이 더불어 살아가기 위한 길을 모색해 왔다. 그러나 그 길로 나아가기 위한 동력은 아직 미미하다. 여전히 한중일 3국 간 갈등적 현상은 지속되고 있고 이를 해소하기 위한 방책을 마련하려는 노력은 별로 눈에 띄지 않는다. 동북아시아공동체의 비전에 대한 공감대도 크게 확장되지 못하고 있다.

그럼 이 답답한 현실을 누가 어떻게 타개할 것인가? 일본의 와다 하루키(和田春樹)는 일찍이 동북아시아 역내 국가와 민족이 더불어 살아가기 위한 공동의 집을 지어야 한다며 그 역사(役事)는 역내 각 국가에 흩어져 살아가는 한민족에 의해 이루어질 수 있다고 말했다. 와다 하루키의 이 주장에 동의한다. 나아가서 지역적으로 한중일 3국 간 갈등의 역사가 응축되어 있고 지리적으로 동북아시아의 중심지역이라고 할 수 있는 중국 동북지역을 역내의 평화공간으로 만들어 가려는 노력을 더 하자는 제안을 하고자 한다. 역내 국가들이 중국 동북지역에서 21세기의 소통과 융합의 트렌드를 접목함으로써 동양 평화를 위한 새로운 기회를 만들어 가자는 것이다.

중국 동북지역은 특별한 곳이다. 지정학(geopolitics)의 창시자라고 할 수 있는 핼퍼드 맥킨더(Halford Mackinder, 1861-1947)의 용어를 빌리면 이곳은 동아시아의 심장지역(heart land)이라고 할 수 있다. 그 의미는, 고전지정학에서 말하는 자국만의 이익이 아니라 역내 국가와 민족이 공동의 이익을 추구하기 위해, 21세기의 소통과 융합의 트렌드를 받아들임으로써 이 지역을 더불어 살아가기 위한 장으로 만들어야 한다는 것이다. 그런 점에서 한민족의 일원인 동시에 중국 공민으로서 중국 동북지역에서 살아가는 조선족동포들의 위상과 역할 그리고 가치는 재조명되어야 할 것이다.

5.
중국 동북지역과 한민족의 관계를 살펴본 이 글은 민족주의적 시각에서 기술됐다. 그러나 이미 언급한 바처럼 궁극적으로는 민족주의를 넘어 동북아시아 역내의 국가와 민족이 함께 미래로 나아가기 위한 동북아시아공동체의 비전을 구현하기 위해 복잡하게 얽힌 지난 역사를 사전에 정지하는 과정이었다. 물레를 돌리기 위해 먼저 헝클어진 실타래를 정리해야 하는 것과 같은 이치라고 할 수 있다.

따라서 이 글은 한국인들이 중국 동북지역과 한민족의 역사적 관계는 물론 근대 이후 이 지역에서 이루어진 독립운동의 역사와 오늘날에도 이곳에서 살아가는 조선족동포들의 삶을 더 많이 이해함으로써 중국 동북지역과 조선족동포들의 지정학적 및 지문화적 가치를 온전하게 평가하기를 바라는 마음을 담았다. 중국 동북지역과 조선족동포들에 대한 편협한 인식과 배타적 접근을 배제하고 이 지역을 무대로 하여 그들과 함께 새로운 미래로 나아갈 수 있는 토대를 마련하고자 했다. 그래서 더 많은 한국 사람들이 중국 동북지역을 찾아 이 지역 곳곳에 스며 있는 지난 역사의 흔적을 되새기고 이곳에서 사는 사람들을 이해할 수 있도록 대중적 관심을 제고하고자 했다.

이를 위해 글을 준비하면서 몇 가지 원칙을 세웠다. 우선 중국 동북지역의 역사를 일방적이고 단선적이 아닌 상호적이고 융합적인 관점에서 살핌으로써 편가르기 식을 지양하고자 했다. 지역 이념 방략에 따라 분열된 독립운동의 역사를 좀 더 이해하기 쉽게 종합적으로 정리하고자 했다. 그리고 오랜 시간적 단절과 지체로 인해 혼돈을 주고 있는 중요한 역사 유적들에 대한 비정 문제 등을 분명하게 기술하고자 했다.

그러나 아쉽게도 글을 시작할 때의 생각과 달리 능력 부족으로 그 뜻을 제대로 살리지 못했다. 특히 일부 역사 유적의 비정 문제와 관련해서는 여러 주장들이 엇갈리고 있어 어느 것이 옳은지를 헤아리기도 쉽지 않았을 뿐 아니라 현장을 확인하기도 어려웠다. 더욱이 비정되어 있는 곳도 실제 표식비조차 없는 곳이 많았다. 중국의 영토에 있는 유적이라 마음대로 비를 세울 수 없기 때문이다. 다행스럽게도 뜻있는 조선족동포들의 노력으로 최근에도 몇몇 지역에서 유적기념비나 추모비 등이 세워지고 있었다. 이들의 뜻과 노력이 더 큰 열매를 맺을 수 있도록 힘을 보태는 것이 지금 우리가 해야 할 일이다.

중국 동북지역에 대한 글을 쓰면서 이 지역의 지정학적 가치에 대해 더 많은 것을 헤아릴 수 있었다. 또한 이 지역에서 살아온, 그리고 살고 있는 사람들에 대해 더 많은 관심이 필요하다는 것을 느꼈다. 사람들은 흔히 당장의 필요를 쫓아 생각하고 평가하며 관계를 맺는다. 그러나 때로는 눈을 들어 멀리 내다보며 눈앞의 이익보다 진정으로 가치 있는 일을 찾아 나서야 한다. 중국 동북지역과 한민족의 인연을 생각하면 이 지역과 이곳에 사는 사람들에 관심을 갖고 관계를 키우는 것도 지금 우리가 해야 할 가치 있는 일임에 틀림없다. 책을 읽는 독자들이 나와 같은 생각을 하기를 기대한다.

여러 가지 이유로 일일이 거명하지는 못하지만 책을 준비하면서 많은 사람들을 만나 물심양면으로 헤아릴 수 없는 큰 도움을 받았다. 그들에게 진심으로 고마움을 전한다. 특히 중국 동북지역 곳곳에 자리 잡고 살아가면서 한민족의 역사와 문화를 지키기 위해 촌음을 아껴 쓰며 궂은일을 마다하지 않는 조선족 향토사학자들에게 경의를 표한다. 멀지 않아 이들의 노고가 빛을 발하게 될 날이 올 것으로 기대하며 나 또한 그들과 뜻을 함께 할 것임을 다짐한다. 출판계의 어려운 사정에도 선뜻 책 출판에 나서준 도서출판 '모시는사람들'의 박길수 대표, 그리고 편집부 여러분에게도 심심한 감사의 인사를 드린다.

주석

1《동아일보》, 1934.12.2.

2 집필소조, 『연변조선족자치주 개황』(중국 연길; 연변인민출판사, 1984), 16쪽.

3 김호림, 『연변 100년: 역사의 비밀이 풀린다』(서울; 글누림, 2013), 머리글 참조.

4 박청산·김철수, 『이야기 중국조선족력사』(중국 연길; 연변인민출판사, 2000), 52-54
  쪽.

5 위의 책, 48-54쪽.

6 위의 책, 44-46쪽.

7 『중국조선족력사상식』(중국 연길; 연변인민출판사, 1998), 9-11쪽.

8 위의 책, 11쪽.

9 3.13만세운동 희생자 수에 대해서는 17명 혹은 19명 등으로 나뉘지만 여러 가지 정황
  으로 볼 때 최종 사망자는 19명으로 파악된다. 이에 대해서는 박창욱 리경애, "간도국
  민회를 재차 론함", 『룡정 3.13반일운동 80돐 기념문집』(중국 연길; 연변인민출판사,
  1999), 42-44쪽 참조.

10 김당택, 『우리한국사』(서울; 푸른역사, 2006), 416-417쪽.

11 이덕일, 『근대를 말하다』(서울: 역사의 아침, 2012), 364쪽.

12 곽승지, 『조선족, 그들은 누구인가』(서울; 인간사랑, 2013), 52쪽.

13 주선양대한민국총영사관, 〈동북3성 방문안내서〉(2016) 참조.

14 이옥희, 『북중접경지역』(서울; 푸른길, 2011), 21쪽.

15 위의 책, 116-130쪽.

16 토마스 바필드, 윤영인 옮김, 『위태로운 변경』(서울; 동북아역사재단, 2009) 참조.

17 안주섭, 『우리땅의 역사』(서울; 소나무, 2007), 214쪽.

18 위의 책, 225쪽.

19 위의 책, 239-240쪽.

20 남주성, 『흠정 만주원류고 상/하』(서울; 글모아출판, 2010) 참고.

21 이상훈, "청태조 누르하치는 신라인 후손", 『조선펍』, 고대사학자 심백강 인터뷰,
   2015.3.31. http://pub.chosun.com/client/news/viw.asp?cate=C02&mcate=M1001&n
   NewsNumb=20150316940&nidx=16941 2017.2.25

22 김춘선, "중국 조선족 이주사 연구동향: 중국 조선족사학계 연구를 중심으로", 〈제93
   차 중국학연구회 정기 발표회 자료집〉, 동덕여자대학교 대학원, 2012.5.19 참고.

23 중국 동북지역에서 근대가 시작된 기점에 대해서는 두 가지 시각이 있다. 하나는 관

내지역과 마찬가지로 1차 아편전쟁을 기점으로 하는 것이고 다른 하나는 관내지역과 달리 동북지역에서 근대의 기점을 2차 아편전쟁으로 하여야 한다는 주장이다. 『중국 동북지역 도시사 연구』를 쓴 중국 동북사범대학 취샤오판 교수는 후자의 입장을 취하며 근대 동북 도시사의 기점을 영구(營口)의 개항 시점인 1861년으로 설정했다. 취샤오판, 박우 옮김, 『중국 동북지역 도시사 연구: 근대화와 식민지 경험』(서울; 진인진, 2016), 27쪽.

24 박청산 · 김철수, 『이야기 중국조선족력사』, 54쪽.

25 위의 책, 56쪽.

26 위의 책, 71-72쪽.

27 위의 책, 101-106쪽.

28 위의 책, 59쪽.

29 신용하, "의병항거 일제 강점 3년 늦췄다", 《동아일보》, 1988.8.12.

30 곽승지, "중국 동북지역에서 3 · 1운동 후속운동," 〈세계로 퍼진 3 · 1운동〉, 3 · 1운동 100주년 기념사업 국제학술대회(2016.11.18) 자료집, 44-46쪽.

31 이덕일, 『근대를 말하다』, 320-322쪽.

32 이하는 이덕일의 『근대를 말하다』 346-371쪽을 중심으로 재정리했음을 밝힌다.

33 위의 책, 187-192쪽.

34 박청산 · 김철수, 『이야기 중국조선족력사』, 64쪽.

35 박환, 『만주지역 한인유적답사기』(서울; 국학자료원, 2012), 108쪽.

36 이덕일, 『근대를 말하다』, 323쪽.

37 조선족 작가 류연산은 2000년 초부터 10여 년 동안 신철(가명)을 만나 생생한 증언을 듣고 전기소설 『문화혁명을 이긴 한국인 신철』(서울, 여울목, 2015)을 기록했다. 이 글은 류연산의 소설을 토대로 작성한 것이다.

38 곽승지, "중국 동북지역에서의 3 · 1운동 후속운동" 참조.

39 인터넷 길림신문; http://blog.naver.com/kst3175/220222494835 2017.3.25.

40 연변대학교 홈페이지, http://www.ybu.edu.cn/xxgk/ydjj.htm, 2017.2.10.

41 주성화 외, 『독립운동의 성지 간도를 가다』(서울; 산과 글, 2014), 241-258쪽 참조.

42 김혁, 『윤동주코드』(중국 연길; 인민출판사, 2015), 89-90쪽.

43 김철수, 『연변항일사적연구』(중국 연길; 연변인민출판사, 2002), 482쪽.

44 위의 책, 473쪽.

45 박환, 『만주지역 한인유적답사기』, 507-508쪽.

46 박치정, 『화령국왕 이성계』(서울; 삼화, 2015) 참조.

47 김철수, 『연변항일사적지연구』, 207-236쪽 참조.

48 위의 책, 110-111쪽.

49 위의 책, 111-112쪽.

50 위의 책, 113-115쪽.

51 위의 책, 115쪽.

52 1900년대 초까지는 길림이 장춘보다 더 큰 도시로서 이 지역의 중심지역이었으나 철도가 장춘을 지나면서 장춘이 중심지로 바뀌었다. 취샤오판, 『중국 동북지역 도시사 연구』참고.

53 일부 논자들은 대한독립선언에 영향을 미친 대종교의 동도본사가 있던 왕청현에서 발표된 것으로 말하기도 한다. 국가보훈처의 독립유공자 김동삼의 공훈록에도 왕청현에서 발표된 것으로 되어 있다.

54 박환, 『만주지역한인유적답사기』, 199-201쪽.

55 《한겨레》, 2014.12.1; http://well.hani.co.kr/552014 2017.4.20.

56 박환, 『만주지역한인유적답사기』, 206쪽.

57 《연합뉴스》, 2017.1.11.

58 《연합뉴스》, 2012.8.10.

59 최범산, 『압록강아리랑』(서울; 달과 소, 2012), 29-32쪽.

60 유병호, "대한민국임시정부의 안동교통국과 이륭양행 연구", 『한국민족운동사연구』제62집(2010.3), 한국민족운동사학회, 77-102쪽.

61 국가보훈처, 국외 독립운동 사적지 웹사이트, 지역별 사적지 정보, 중국 요녕성편, http://oversea.i815.or.kr/country/?mode=V&p=2&l_cd=china&area=ARA007&m_no=CN00250, 2017.2.6.

62 《연합뉴스》, 2017.3.14.

63 맹고군, "중국 밀산지구에서의 행적과 독립운동", 〈여천 홍범도장군 순국 73주기 추모식 및 학술회의 자료집〉(2016.10.25), 110쪽.

64 위의 글, 110-112쪽.

65 피금년, "밀산시 서일총재항일투쟁유적비 제막행사 거행", 《흑룡강신문》, 2015.8.6.

66 위의 글.

67 맹고군, "중국 밀산지구에서의 행적과 독립운동," 111쪽.

68 양대언, 〈백두산(장백산)과 북방영토 문제〉, 연변과기대 한국학연구소, 3쪽.

69 위의 글, 4-5쪽.

70 http://www.culturecontent.com/content/contentView.do?content_id=cp043102040001 참조.

71 네이버 지식백과, 〈백두산의 지형 1〉(문화컨텐츠닷컴/ 문화원형백과 백두산), 2004,

한국콘텐츠진흥원, http://terms.naver.com/entry.nhn?docId=1763855&cid=49241&c
ategoryId=49241 2017.2.27 참고.

72 SBS, 취재파일플러스, "발해, 백두산 화산 폭발로 멸망 주장…뒤집은 연구", http://
news.sbs.co.kr/news/endPage.do?news_id=N1004052330&plink=ORI&cooper=NA
VER&plink=COPYPASTE&cooper=SBSNEWSEND, 2017.2.28 참고.

73《연합뉴스》, 2015.4.12.

74《한국경제》, 2016.2.17.

0. 국내자료

〈단행본〉
가토 요코, 김영숙 옮김,『만주사변에서 중일전쟁으로』, 어문학사, 2012
강대민 책임편집,『기억 속의 만주국 II: 중국 동북지역 조선인의 만주국 체험』, 경인문
　　　화사, 2013
강수원 편저,『우리배달겨레와 대종교역사』, 도서출판 한민족문화사, 1993
곽승지,『동북아시아시대의 연변과 조선족: 현상 진단과 미래가치 평가』, 아이필드, 2008
곽승지,『조선족, 그들은 누구인가: 중국 정착 과정에서의 슬픈 역사』, 인간사랑, 2013
곽승지 외,『중국 동북3성 조선족마을 현황연구』, 재외동포재단, 2014
김당택,『우리한국사』, 푸른역사, 2006
김용옥,『도올의 중국일기 I』, 통나무, 2015
김중생,『조선의용군의 밀입북과 6.25전쟁』, 명지출판사, 2001
김한규,『요동사』, 문학과지성사, 2004
김호림,『연변 100년: 역사의 비밀이 풀린다』, 글누림, 2013
김효순,『간도특설대』, 서해문집, 2016
권향숙,『이동하는 조선족: 소수민족의 자기통치』, 한국학중앙연구원출판부, 2015
남주성,『흠정 만주원류고 상/하』, 글모아, 2010
동북아역사재단 편,『만주: 그 땅, 사람 그리고 역사』, 동북아역사재단, 2007
류연산,『문화혁명을 이긴 한국인 신철』, 여울목, 2015
박치정,『화령국왕 이성계』, 도서출판 삼화, 2015
박　환,『만주지역 한인유적답사기』, 국학자료원, 2012
방동인,『한국의 국경획정연구』, 일조각, 1997
안주섭 외,『우리땅의 역사』, 소나무, 2007
양대언,『조, 중변계조약에 따른 압록강, 두만강 도서연구』, 연변과학기술대학 한국학연
　　　구소, 2007
와다 하루끼 지음, 이종석 옮김,『김일성과 만주항일전쟁』, 창작과 비평사, 1992
이덕일,『근대를 말하다』, 역사의 아침, 2012
이옥희,『북·중 접경지역: 전환기 북·중 접경지역의 도시네크워크』, 푸른길, 2011
이홍문, 양필승 옮김,『만주현대사: 항일 무장 투쟁기(1931-1945)』, 대륙연구소 출판부,
　　　1992

조동걸, 『독립군의 길따라 대륙을 가다』, 지식산업사, 1995

주성화 외, 『독립운동의 성지 간도를 가다』, 산과 글, 2014

중국해양대학교 해외한국학 중핵대학 사업단 편, 책임편집 이해영, 『귀환과 전쟁, 그리고 근대 동아시아인의 삶』, 도서출판 경진, 2011

최범산, 『압록강아리랑』, 달과 소, 2012

최범산, 『두만강아리랑』, 주류성, 2015

취사오판, 박우 옮김, 『중국 동북지역 도시사 연구』, 진인진, 2016

토마스 바필드, 윤영인 옮김, 『위태로운 변경』, 동북아역사재단, 2009

하라 아키라, 『청일 · 러일전쟁 어떻게 볼 것인가』, 살림, 2015

한국독립유공자협회 엮음, 『중국동북지역 한국독립운동사』, 집문당, 1997

한명섭, 『남북통일과 북한이 체결한 국경조약의 승계』, 한국학술정보(주), 2011

한석정 · 노기식 편, 『만주, 동아시아 융합의 공간』, 소명출판, 2008

한중일3국공공동역사편찬위원회, 『한중일이 함께 쓴 동아시아 근현대사』, 휴머니스트, 2012

『동북3성 방문 안내서: 요녕성 길림성 흑룡강성』, 주선양대한민국총영사관, 2015

〈연구논문〉

곽승지, "중국 동북지역에서 3.1운동 후속운동", 『세계로 퍼진 3.1운동』, 3.1운동 100주년 기념사업 국제학술대회, 한국프레스센터 국제회의장, 2016.11.18

김춘선, "중국 조선족 이주사 연구동향: 중국 조선족사학계 연구를 중심으로", 『제93차 중국학연구회 정기 발표회 자료집』, 동덕여자대학교 대학원, 2012.5.19

맹고군, "중국 밀산지구에서의 행적과 독립운동", 『여천 홍범도장군 순국 73주기 추모식 및 학술회의 자료집』, 국립고궁박물관, 2016.10.25

유병호, "대한민국 임시정부의 안동교통국과 이륭양행 연구", 『한국민족운동사연구』 제62집, 2010.3

〈기타〉

류재복, "일본군의 대학살 현장, 분노만이 솟구쳐", 《일간투데이》, 2016.2.28

신용하, "의병항거 일제 강점 3년 늦췄다", 《동아일보》, 1988.8.12

양대언, 《백두산(장백산)과 북방영토 문제》, 연변과학기술대학 한국학연구소

이상혼, "청태조 누르하치는 신라인 후손", 《조선펍》, 고대사학자 심백강 인터뷰, 2015.3

"만주신행정구획: 4성을 10성으로", 《동아일보》, 1934.10.5

"배일당의 근거지", 《동아일보》, 1921.3.12

《연합뉴스》

《한겨레신문》

《한국경제》
《길림신문》
《흑룡강신문》
SBS
인터넷 네이버 지식백과 등

0. 중국자료

〈국문자료〉
김기봉 외,『일본제국주의의 동북침략사』, 중국 연길: 연변인민출판사, 1987
김철수,『연변항일사적연구』, 중국 연길: 연변인민출판사, 2002
김 혁,『윤동주 코드』, 중국 연길: 연변인민출판사, 2015
리광인 김송죽,『백포 서일장군』, 중국 북경: 민족출판사, 2015
박청산 김철수,『이야기 중국조선족력사』, 중국 연길: 연변인민출판사, 2000
전정혁 주필,『조선혁명군과 량세봉장군 항일투쟁사론』, 중국 심양: 료녕민족출판사,
      2013
조문기 정 무,『항일명장 량세봉』, 중국 북경: 민족출판사, 2010
집필소조,『연변조선족자치주개황』, 중국 연길: 연변인민출판사, 1984
최국철,『석정 평전: 최후의 결전가』, 중국 연길: 연변인민출판사, 2015
편사조 편,『연변조선족사 상/하』 중국 연길: 연변인민출판사, 2010
『길림성력사: 향토교재 전1권』, 연변교육출판사, 1999
『룡정 3.13반일운동 80돐 기념문집』, 중국 연길: 연변인민출판사, 1999
『중국공산당 연변조선족자치주조직사』, 중국 연길: 연변인민출판사, 1990
『중국조선족력사상식』, 중국 연길: 연변인민출판사, 1998
『20세기 중국조선족 역사자료집』, 중국조선민족문화혜술출판사, 2002

〈중문 자료〉
金澤 主編,『吉林朝鮮族』, 吉林人民出版社, 1993
朴昌昱,『中國朝鮮族歷史研究』, 中國 延吉: 延邊大學出版社, 1995
朴蓮玉 舒景祥,『黑龍江朝鮮族』, 哈爾濱出版社, 2008
孫春日,『中國朝鮮族史考』, 中國 香港: 香港亞洲出版社, 2011
延邊朝鮮族自治州地名委員會(內部資料),『延邊朝鮮族自治州地名彔』, 中國 延吉: 延邊新
      華印刷廠, 1985
編寫組,『朝鮮族簡史』, 中國 延吉: 延邊人民出版社, 1986
編寫組,『延邊朝鮮族史 上』, 中國 延吉: 延邊人民出版社, 2010

찾아보기

[ㄱ]

『금사(金史)』 76
『만주원류고(滿洲源流考)』 77
간도성(間島省) 26, 29
간도시 26, 30
간도 일본총영사관 47, 182
간도지역 20, 108
간도파출소 47, 92
간도협약 42, 47, 81, 92
강동 6주 73
경술국치 87, 99, 143, 162
경신대참변 111
경학사 238
고려령 36
고씨촌 84
공험진 73
공화주의파 115, 310
관동군 48, 50, 51, 259
관동군 사령관 51, 54
관동부 259
관전 263
광개토대왕비 247
국공내전(해방전쟁) 58, 88, 149
국내성 246
국민대표회의 118, 132
국민부 121, 139
권하해관 216
귀화입적 95
금상경역사박물관 292
금성정미소 299
금원문화여유구 282, 292
길림 233

[ㄴ]

길회선 64
김교헌 146, 197
김구 156
김동삼 117, 131, 237
김성무 303, 307
김약연 123
김원봉 233, 234
김좌진 104, 110, 293, 297

[ㄴ]

나철 142, 197
남만철도 41, 44, 51, 258
남만한족통일회의 115
내두산 201
내두산촌 201
노학당 135
녹둔 212
녹둔도 80, 213
농지개간형 이주 87
누르하치 75, 201, 254, 271, 277

[ㄷ]

단군교 143
단동 262
당벽진 304
대고산 238
대련 258
대성중학 109, 181
대전자령전투 217
대조영 78, 218
대종교 142, 218, 293
대한독립군단 112, 114, 304, 305
대한독립선언(무오독립선언) 104, 106, 145
대한정의단 220
대한통군부 114
대한통의부 112, 115, 242

덕원리 218
도문 204
독립 무장투쟁 97
독립운동형 이주 87, 90
독립전쟁론 105
독립준비론 105
돈화 217
동간도 22
동경성 295
동경용원부 297
동녕 299
동녕요새 299
동모산 218, 296
동북군벌 50, 104, 119, 252, 298
동북동부철도통도 282, 293
동북(봉천)군벌 48
동북열사기념관 286
동북윤함사 231
동북윤함사진열관 237
동북제일수전비 128
동북항일연군 141, 295
동삼고속도로 282
동양평화론 137
동창학교 145
동청철도 44, 282, 284
동호계 75
동흥중학 109, 185
두만강 발원지 199
두만강풍경구 207

[ㄹ]
러일전쟁 45, 102, 261

[ㅁ]
마루타 290
만몽영유계획 52
만주국 25, 51, 53

만주사변 25, 50, 52, 87, 156, 253
만주족 37, 83, 253
맹부덕부대 48
명동교회 124
명동촌 91, 98, 123, 124, 125, 190
명동학교 109
목단강 294
문명교류학 153
문화대혁명 148, 150
민족구역자치제 22, 166
밀산 301

[ㅂ]
바필드 71
박씨촌 85
박은식 272
발해 78
발해 고분군 227
방천풍경구 212, 213
방청살이 96
배달학교 245
백두산 311
백두산 분화 319
백두산정계비 40, 41, 42, 315
백두산 화산 317
백서농장 202, 237, 240
베이징조약 44, 80
복벽주의파 115, 310
봉금령 29, 33, 37
봉금정책 28, 38, 90, 94
봉금지대 86, 90, 94
봉금지역 28, 38
봉밀산 303
봉오동 208
봉오동전투 97, 104, 111, 206, 208
봉천군벌 90
봉천역 252

부르하통하(布尔哈通河) 31, 167
부민단 238, 240, 242
북간도 22, 99, 108, 110, 113
북로군정서 111, 217, 219
북방민족 70, 71, 72, 75
비트포겔 71

[ㅅ]
사관연성소 221
사은기념비 178
산성자산성 247
산시중한우의광장 299
삼시협약 48, 50
상경용천부 293, 295, 297
상경회령부 282
상부지 92
상해임시정부 111, 120
생계형 이주 87, 90
서간도 22, 111, 113
서대파 221
서로군정서 111, 242
서안사건 50
서일 110, 114, 115, 197, 218, 305
서전서숙 98, 103, 108, 162
선구자 180
선춘령 73
성경(盛京) 252
성소피아성당 284
세종 79
소왕청 동만항일유격 근거지 159
소왕청혁명근거지 217
소작농 96, 97
소작료 97
송몽규 생가 190
송화강 283, 294
수남촌 206, 208
수변루(戍變樓) 176

수월 스님 205, 210
수전(논) 90, 126
숙신계 75
신경(新京) 231
신민부 115, 118, 293
신민회 303, 307
신빈현 271
신압록강대교 262, 266
신채호 145, 272
신철 148
신한촌 188
신흥강습소 237, 238
신흥무관학교 114, 130, 133, 158, 237, 240, 242, 245
신흥학교 240
신흥학우단 237, 245
실크로드 152
심양 252
십리와 303
십리와농장 310
쌍성총관부 74

[ㅇ]
아골타 74, 76
아리랑고개 36
아이훈조약 44
안도 193
안중근 103
안중근 의사 기념관 284, 286
안창호 106, 120, 307
압록강단교 266
압록강대교 266
애국열사릉 140
양세봉 139, 276
여순 258
여순감옥 259
여진족 37, 40, 75

역치(易幟) 50
연길 30, 167
연길감옥탈옥기념비 175
연길도윤공서 29
연길하(延吉河) 31, 167
연변 30, 164
연변과학기술대학 171
연변대학 170
연변조선민족자치구 30, 165
연변조선족자치주 27, 30, 165
연변혁명열사능원 173
연집강(煙集崗) 28, 31
연훈제변(延琿诸边) 31
염호촌 309
예맥계 75
오가황소학교 256
오녀산성 279
오도호록정거사비 178
오오무라 마스오 191
오족협화 87
오회분 5호묘 249
온성섬 204
왕덕태 201
왕청 216
왕청문 271, 275
외교독립론 105
요녕농민자위단 139, 141
요녕성 250
요동반도 44, 258
요동 정벌 74
요동지역 72, 75
요하(遼河) 250
용담산성 234
용문교 185
용원부 212
용정 32
용정의 노래 180

용정촌 91
용호각 213
원지(圓池) 193, 199
월강금지령 33, 37
위만황궁박물관 231
위화도 79, 268
유연산 148, 151
유인석 269
유조변장(柳條邊牆) 38
유조호(柳條湖/류타오후) 52
유하(柳河) 237
육도하 32, 179
육문중학 233, 235
육정산풍경구 227
윤관 73, 76
윤동주 123, 181, 191
윤동주 묘 188
윤동주 생가 190
윤세복 146, 198
윤희순 134
은진중학 109, 181
을사늑약 46, 87, 91, 98, 102, 103, 107,
    182
의열단 157, 234
이강 307
이다 스케오 160
이동휘 106, 224
이륭양행(怡隆洋行) 155, 263, 264
이민실변정책 39, 90
이상룡 132, 237, 263
이상설 108, 303
이상설기념관 181
이성계 74, 79, 212
이승만 105
이종호 224
이진룡장군 268
이홍광 273

이회영 129, 237, 263
일반명령 제1호 55
일송정 183
임오교변 147
입민족설 81

[ㅈ]
자유시사변(黑河事變) 114, 115
장군총 248
장백산(長白山) 311
장백조선족자치현 231
장씨수부 255
장영자해관 216
장작림(張作霖) 48
장춘 231, 233
장학량(張學良) 48, 50
전만통일회의주비회 118
전민족유일당촉성회 120
전민족유일당협의회 120
점산호 95
접경지역 62, 282
정동학교 109, 125
정미7조약 108
정수일 152
정율성 287
정율성기념관 285, 287
정의부 115, 117, 236
조선공산당 만주총국 55
조선의용군 149
조선의용군 오가황회의 257
조선통감부 46
조선혁명군 139, 141
조선혁명당 139
조중변계조약 82, 316
조지 루이스 쇼 264
졸본성 246, 251, 272, 279
주지역 20

중경현덕부 297
중광단 145, 217, 219
중소우호동맹조약 56, 57, 58
중원 70, 71
중원지역 72
중일전쟁 87
집단부락 98
집안 245

[ㅊ]
차항출해 전략 27, 67, 211
참의부 115, 116
창동중학 169
창동학교 109, 125, 169
천리장성 73
천입민족설(遷入民族說) 86
청산구 268
청산리전투 111, 130, 193, 196
청산리전투기념비 194
청산촌 194
청영릉 271, 277
청일전쟁 44, 102, 258
청파호 143, 196
초간국(招墾局) 29
최봉설 188
최윤구 141
치발역복 95

[ㅋ]
칼 비트포겔 70

[ㅌ]
탐라총관부 74
태평촌 221
태프트-가쓰라밀약 46
토마스 바필드 70
토문강 41, 315

토지조사사업 122
토착민족설(土着民族說) 81, 82
통의부 116
통일인 154
통화(通化) 237
통화성 26

[ㅍ]
팔련성 212, 296
팔로군 군가 288
포츠머스조약 47, 51
풍서리 204

[ㅎ]
한민족 디아스포라 91
한족총연합회 298
한족회 114, 238, 242
한중수교 315
한중우의공원 297
한홍동 303
할빈 283
함보(函普) 76
항일영렬기념비 272
해란강 32, 179, 183
행정구역 24, 25, 28
행정체계 23
혁명열사릉 141
혁신의회 120
홍범도 104, 110, 307
홍범도 고랑 308
화룡 192
화성의숙 236
화엄사 205, 210
화흥학교 275
환도산성 247
환인현 272
황금평 66, 268

후금 37
후세 다쓰지 157, 158
훈춘 211
흑룡강성 293

[기타]
1국1당주의 원칙 54
3·1독립선언 104
3·13만세운동 104, 163, 180, 186
3·13반일의사릉 181, 186, 188
3국 간섭 44
4군 6진 40, 75, 80
5족협화 54
7인 묘역 243
8녀투강기념비 294
9·18박물관 256
15만원탈취기념비 188
731부대 285, 289

중국 동북지역과 한민족

등록 1994.7.1 제1-1071
1쇄 발행 2017년 6월 30일
2쇄 발행 2018년 1월 10일

지은이 곽승지
펴낸이 박길수
편집인 소경희
편 집 조영준
관 리 위현정
디자인 이주향
펴낸곳 도서출판 모시는사람들
         03147 서울시 종로구 삼일대로 457(경운동 수운회관) 1207호
전 화 02-735-7173, 02-737-7173 / 팩스 02-730-7173
홈페이지 http://www.mosinsaram.com/

인 쇄 상지사P&B(031-955-3636)
배 본 문화유통북스(031-937-6100)

값은 뒤표지에 있습니다.
ISBN 979-11-86502-87-7   93910

* 잘못된 책은 바꿔 드립니다.
* 이 책의 전부 또는 일부 내용을 재사용하려면 사전에 저작권자와 도서출판 모시는
사람들의 동의를 받아야 합니다.

이 도서의 국립중앙도서관 출판예정도서목록(CIP)은 서지정보유통지원시스템 홈페
이지(http://seoji.nl.go.kr)와 국가자료공동목록시스템(http://www.nl.go.kr/kolisnet)
에서 이용하실 수 있습니다.(CIP제어번호: 2017013267)

* 이 책은 삼성언론재단의 저술지원사업으로 출간되었습니다.